晋商与京杭大运河

王勇红 著

中国社会科学出版社

图书在版编目（CIP）数据

晋商与京杭大运河/王勇红著 .—北京：中国社会科学出版社，2014.9
ISBN 978-7-5161-4850-1

Ⅰ.①晋… Ⅱ.①王… Ⅲ.①晋商—关系—大运河—流域开发—研究—明清时代 Ⅳ.①F729②F127

中国版本图书馆 CIP 数据核字（2014）第 222586 号

出 版 人	赵剑英
责任编辑	顾世宝
责任校对	张 慧
责任印制	李寡寡

出　　版	中国社会科学出版社
社　　址	北京鼓楼西大街甲 158 号
网　　址	http://www.csspw.cn
发 行 部	010-84083685
门 市 部	010-84029450
经　　销	新华书店及其他书店
印　　刷	北京明恒达印务有限公司
装　　订	廊坊市广阳区广增装订厂
版　　次	2014 年 9 月第 1 版
印　　次	2014 年 9 月第 1 次印刷
开　　本	710×1000　1/16
印　　张	15.75
插　　页	2
字　　数	241 千字
定　　价	48.00 元

凡购买中国社会科学出版社图书，如有质量问题请与本社营销中心联系调换
电话：010-84083683
版权所有　侵权必究

序

《晋商与京杭大运河》是王勇红从事区域经济史研究以来出版的第一本专著。该书从区域经济史的角度专门研究京杭大运河沿线晋商的商贸活动，而在晋商研究领域此课题以前很少有学者涉猎，因而是一项具有创新性的学术成果。

早在2002年，勇红考入山西大学经济与工商管理学院跟随我攻读区域经济史硕士研究生，就对晋商研究产生了浓郁兴趣，且具备了一定的科研能力。2005年，勇红毕业后，供职于山西省社会科学院，仍从事区域经济史的研究工作，重点依然是晋商研究。他不辞辛苦，骑摩托几乎跑遍了山西各乡镇，进行田野调查，拍照、誊抄碑刻，短短四年便配合张正明、科大卫二位先生共同出版了一百一十多万字的《明清山西碑刻资料选》续一、续二，为学界研究献上了一块厚重的基石。

晋商研究已有近百年历史。自20世纪二三十年代始，已有马寅初、陈其田、卫聚贤等学者开始晋商文化遗产的整理工作，发表了一批论文，出版了相关著述。20世纪80年代至今，晋商研究逐步繁荣。省内张正明、孔祥毅、黄鉴晖、史若民、葛贤慧、华而实、赵荣达等老一辈晋商研究专家积累了丰富成果，夯实了基础。近年来，研究晋商的中青年学者不断涌现，使晋商研究持续升温。三代学者的不懈努力和相关文学文艺作品通过媒体的传播，使晋商现象日益引起学界以及社会各界的广泛关注。

晋商学科的研究对象是运用多种方法全方位、多角度探讨明朝到民国时期山西商人从事商品和资本经营的活动以及当代新晋商的经营活动。主要研究晋商资本的发生、发展规律，晋商的经营战略、管理艺术、企业文化，晋商与政府、与外商、与亚欧经济交往的关系，晋商精神、商业伦理、哲学思想，晋商在教育、文化、戏剧、武术、建筑、饮食等方面的特点，晋商对社会的影响与互动，以及当代新晋商发展的经验教训等。

晋商研究领域十分广泛，是源于这一现象的复杂性。在几百年的晋商发展历史长河中，晋商不仅在其活动疆域的广阔性方面引人注目，更重要的是在许多领域所创造的成就非常显著。除了晋商贸易、山西票号、企业经营、晋商行会等领域的成就需要我们通过深入挖掘史料去进一步探讨其内在规律，同时，晋商留下的遗产，如建筑、教育、文化、哲学、戏剧、族谱、民俗等领域亦需要我们跨学科地整合学术资源并深入挖掘。研究晋商的重要目的是在还原历史本来面目，既不夸大其长也不遮羞护短的前提下，总结经验教训，透过表象探讨晋商的内在本质和规律，古为今用。因此，我认为晋商研究今后涉及的重要领域主要有以下几方面：（1）晋商的发展、兴衰过程。总结晋商衰败的原因，尤其是对晋商在19世纪末到20世纪初的中国第一次对外开放中走向失败过程中内在体制、机制出现的问题、金融结构的调整以及与外来资本之间关系的研究和总结，对于中国企业走向国际化、迎接国际挑战和机遇具有重要的借鉴意义。（2）经营之道是近二十年来晋商研究的重要方面，成果颇丰，许多方面被当代商人所借鉴，但是对晋商经营管理之精髓的研究，还需要进一步认真总结研究，例如晋商的经营管理策略和技巧、晋商的行会制度和组织制度、晋商的财务会计与核算制度、晋商的经营哲学等，尚须运用经济学、管理学理论进一步深入探讨。（3）山西票号是晋商的创造，也是其经营活动的重要内容。对山西票号的研究历来为晋商研究的学者所重视，不仅仅因为山西票号是中国近代金融的先驱，重要的在于山西票号在其经营过程中所创造的经营理念、经营思想、金融创新等。与此同时，晋商的典当、账局、钱庄也十分重要，影响很大。因此，通过史料的深入挖掘，廓清它们各自的基本情况以及票号究竟产生于何时，四者之间的关系及异同等对现代金融亦有借鉴意义。（4）辐射全国各大商埠甚至深入海外的山西商帮为明清社会经济发展作出了重要贡献。要对晋商历史地位和作用进行全面客观的总结，必须尽可能地澄清他们在各地尤其是在北方的活动状况，行业分布等。

在此基础上得出的定性结论更具说服力。（5）晋商文化是社会经济与文化发展历史大背景下的产物。数百年的晋商发展史为我们留下了许多文化遗产，如晋商会馆、豪宅大院、经营店铺等。这些建筑遗址不仅是历史见证，而且具有特殊的历史、文化、艺术内涵，值得我们从建筑学、艺术学的角度去研究、挖掘。（6）晋商的企业制度具有十分丰富的内容。一些制度曾经成就了晋商的事业，例如原始的股份制、所有权与经营权分离制度、人力资本制度等还有一些制度则是晋商衰败的重要原因，例如股权结构失衡、内部人控制问题、信息不对称和道德风险存在而外部环境恶化下的监督机制失灵等。总结晋商在经营管理方面的经验教训对当代企业具有很现实的借鉴价值。（7）晋商研究贵在创新。著名经济史学家吴承明先生提出经济史学研究应力求做到新角度、新方法、新观点、新史料，其中史料是基础的基础。目前，晋商研究最大的瓶颈是史料的深入挖掘不够，一些研究成果同质化、臆断化，究其根源主要是史料基础不扎实，难以有质的突破。因此，广泛开展田野调查、辑录碑刻、收集文物，深入挖掘笔记档案、古籍文献中有关晋商的史料就显得尤为重要。在此基础上，用新方法、新角度探讨晋商现象所得出的结论、观点将更客观、本真。例如：山西票号究竟产生于何时，晋商股份制产生、形成于何时，山西盐商的产运销前后变化及内外管理体制、机制，晋商在东北、西北、两湖、闽南、江浙等主要活动区域的规模与行业分布，晋商长途贩运主要路线的考证及其带动下沿线城镇人流、物流、资金流、信息流的集聚，等等。

从区域经济地理的角度对晋商进行研究，是一个很好的重要视角。勇红的《晋商与京杭大运河》，就是在大量挖掘史料的基础上沿着这一思路进行探索的成果。作者重点研究了明清时期在京杭大运河流域经商的山西商人的活动，尤其是对晋商在运河沿线城镇经营的行业构成及内容进行了深入考察。作者以京杭大运河流域的九大商埠为主线，考察了晋商在北京、天津、临清、聊城、济宁、淮安、扬州、苏州、杭州以及运河沿线部分中小城镇的经商活动。作者将晋商在京杭大运河流域的经商活动分为两类。一类是促进山西地区与京杭大运河流域商品物质大交流的商业活动。晋商借助运河这一交通大动脉将山西的特色产品、农产品、矿产品和手工业品，贩运到运河流域的各个城镇，又将京杭大运河流域的农产品、手工业品，通过大运河贩回山西市场。另一类是晋商沿京杭大运河双向长途贩运至其他地区的商业活动。尤其是把江南的粮食、手工业产品向北贩运到山东、北京，甚至转贩到东北地区。此外，作者还就晋商在京杭大运河流域所从事的金融业的状况、商人会馆、活动特点和南北文化互动中所起的作用以及晋商能够在京杭大运河沿线发展和衰落原因及启示等进行了较深入的评介剖析。

希望勇红继续努力，百尺竿头更进一步，不断有力作问世。

是为序。

刘建生

2013年8月于养拙斋

目 录

绪论 ……………………………………………………………… (1)
 一 研究对象及研究价值 ………………………………… (4)
 二 研究成果概述 ………………………………………… (7)
 三 研究方法及本书框架 ………………………………… (12)

第一章 环境背景 ………………………………………………… (1)
 一 京杭大运河区域的商品流通 ………………………… (1)
 二 明清晋商经营概况 …………………………………… (9)

第二章 坐贾：在大运河区域开设店铺的晋商 ……………… (20)
 一 京、津、冀地区 ………………………………………… (22)
 二 山东地区 ……………………………………………… (36)
 三 江浙地区 ……………………………………………… (51)
 四 商业小城镇 …………………………………………… (65)

第三章 行商：促进山西与大运河区域商品流通的晋商 ……… (68)
 一 山西通往大运河区域的商路 ………………………… (69)
 二 通过京杭大运河走向全国的山西商品 ……………… (72)

第四章 行商：从事南北双向贩运活动的晋商 ……………… (94)
 一 盐业 …………………………………………………… (94)
 二 茶叶 …………………………………………………… (109)

三　丝绸 …………………………………………………… (114)
　　四　粮食 …………………………………………………… (116)
　　五　棉布 …………………………………………………… (119)
　　六　铜业 …………………………………………………… (127)

第五章　从事金融业的晋商 ………………………………… (132)
　　一　晋商金融业的发展 …………………………………… (133)
　　二　在大运河区域的辉煌 ………………………………… (142)

第六章　京杭大运河区域的晋商会馆 ……………………… (161)
　　一　晋商在大运河区域设立的会馆 ……………………… (162)
　　二　大运河区域晋商会馆的特点 ………………………… (183)

第七章　晋商在大运河区域的社会活动 …………………… (186)
　　一　晋商在南北方文化交流中的重要作用 ……………… (186)
　　二　晋商在京杭大运河区域发展的原因 ………………… (193)
　　三　其他问题 ……………………………………………… (196)

第八章　晋商在京杭大运河区域的衰落 …………………… (204)
　　一　运河阻塞导致商业的衰落 …………………………… (204)
　　二　近代交通运输方式的变化 …………………………… (206)
　　三　近代国际、国内政治军事环境的变化 ……………… (208)

参考文献 …………………………………………………………… (211)

后记 ………………………………………………………………… (228)

绪　　论

明清时期，地域性商帮随着商品经济的发展而兴起。晋商是其中的佼佼者。对晋商的研究发端于民国时期。20世纪80年代以来，研究晋商的学者队伍日趋壮大，成果日渐丰富。

近年来，晋商研究日益深化。有按晋商经营的行业细分进行研究的，如研究票号商、典当商、茶商、盐商、颜料商、杂货商、粮商等；有按晋商在山西境内的具体地域细分进行研究的，如研究泽潞商帮、晋中商帮，太汾商帮等；有按晋商贸易的性质细分进行研究的，如研究旅蒙晋商、赴日本贩铜的晋商等；还有从整体上研究晋商的经营管理制度、商业文化，商业精神、商业信用的。实际上，研究晋商还应该有另外一种研究思路，即按晋商在山西省外活动的地域特征和区域特点细分进行研究，如研究在北京的晋商、在山东的晋商、在东北的晋商、在苏州的晋商、在京杭大运河区域的晋商等。目前从这个角度对晋商进行深入研究的成果相对较少，这也是晋商研究的一个薄弱环节。本书即重点对在京杭大运河区域活动的晋商进行考察。

明清时期，中国的经济重心已经转移到了南方。但由于均建都北京，政治中心在北方，需要将大量物资从南方运到北方。南北向交通干道最重要的有两条：一条是由北京至南京的官马大道，另一条就是京杭大运河。从其开凿目的来看，大运河的供水能力是次要的，其运输功能是最为重要的。京杭大运河不仅承担着漕运的任务，还兼有商运和其他运输。对于沿岸的城镇来说，大运河首先是对外交通的主要载体。借助河流的对外交通联系作用，城镇建立起的码头以及相关产业，成为推动城市发展的主要动力之一。大运河作为南北交通大动脉重要地位的确立，带动了整个运河区域陆路交通的发展。邻近地区的大宗物资多经过大运河转运到全国各地，以大运河为轴心向两侧辐射的水陆交通路线得到拓展和延伸。与大运河平行的官道是国家的驿道，也是贯通南北的商路，在南北两端又与运河相交。东西走向，与大运河垂直相交的，也存在着许多重要的交通路线。这些路线中的自然河流，为大运河提供水源补给；几条大路沟通了大运河区域与西部各地区的联系。还有一些以大运河码头为起点，以城镇为终点的辐射型道路，联系了城镇与乡村。这些交通路线或平行于大运河，或垂直于大运河，构建了大运河区域的水陆交通网。古代交通运输方式落后，水运的成本远远低于陆运成本。因此，贯通南方生产区和北方消费区的京杭大运河成了明清两朝五百多年间中国的经济生命线。晋商则在这条经济大动脉上捭阖千里，经商致富。

京杭大运河连接海河、黄河、淮河、长江、钱塘江和太湖流域的水网，流经北京、天津、河北、山东、江苏、浙江六省市，全长1794公里，纵贯华北、华东两大经济区，腹地辽阔，资源丰富。大运河沿线地区是中国主要的粮、棉、油、蚕桑、麻产区。这条线路上有北京、天津、临清、德州、聊城、济宁、淮安、扬州、镇江、无锡、常州、苏州、杭州等商业城镇和广大农村集市。

交通的发达是发展物流运输业的前提，发达的物流运输业则会极大地促进社会经济的发展。京杭大运河的修建与繁荣就对当时社会经济的发展起了积极的作用。明永乐帝迁都北京以后，国家政治中心北移，南北贸易猛然增加。当时南方出产的丝绸、茶叶、糖、竹、木、漆、陶器等商品，北方的松木、皮货、煤炭、杂货等商品，借助京杭大运河这一运输系统，南下北上，流通各地，给运河两端和沿岸地区带来了繁荣的贸易景象。

从南方运到北方售卖的多是经过加工的制成品，从北方运到南方销售的多是未经过加工的初级农产品。众多的商船来往穿梭于大运河之上，它们运载的商品也和漕船夹带的货物一样，多在运河沿岸码头交易。各地的商人装载货物，南下北上，大运河成为南北之间最重要的商路。南方矿产，如铸钱用的铜铅等，大部分就是顺长江而下，沿运河而上。清乾隆时云南采铜，每年由长江、运河运往北京。运河之东的滨海地区有不少盐场，所产之盐，多经运河外运。明代苏北两淮盐场之盐行销安徽一带，浙江盐场之盐行销太湖流域，长芦盐场之盐行销河南、北直隶等地，山东盐场之盐行销山东、北直隶、苏北等地区，都要利用一段运河，以水运节省运费。明代棉花种植已普及北方而纺织业主要在江南，棉花南运、布匹北运都经由运河实现。清代北方织布业虽大量发展，太湖流域的丝织品和棉布仍有相当数量北运，号称"衣被天下"，五六百年来始终是运河上的主要货物。随着南北经济联系的加强，在大运河流径地区逐渐形成了一个具有相对独立性的区域市场。

政府把收取商税的目光投向大运河沿岸的主要城市。永乐二十一年（1423），山东巡按陈济言："淮安、济宁、东昌、临清、德州、直沽，商贩所聚，今都北平，百货倍往时，其商税宜遣人监榷一年，以为定额。"① 说明由于水路运输成本低廉，可装载大宗货物，内河航运风险较小，京杭大运河成为南北商人长途贩运首选的运输路线。

明清时期，在商品经济发达的江南地区，城市服务业得到了充分的发展。开通京杭大运河本是运输漕粮到京师的需要，但漕运的兴盛，加上官府允许漕船夹带私货，允许民船商船通航等政策，使得南北物资流转加快。南北物资交流和文化交流的繁荣，创造了大量的服务需求，服务于商业的行业如金融业、商业中介、物流仓储业、交通运输业等因之发展起来。

全国各地的商人争先恐后来到运河两岸，抢占商机，分攫市利，晋商便是这股潮流中最活跃、最重要的一支。明代便有大量晋商向江浙地区移居，靠近两淮盐场的扬州、淮安等地就是晋商的聚集之地。杭州、苏州等运河重镇也寄居着难以计数的山西商人。运河沿线的许多城市集镇，至今仍有许多山西商人修建的会馆留存下来，见证着昔日晋商在当地经商的辉煌历史。借助京杭大运河交通的便利和市场网络的完善，晋商促进了中国东部地区的经济繁荣，推动了京杭大运河区域的社会发展，促进了中国南北经济文化的交流。

---

① （清）张廷玉等：《明史》卷81《食货五》，中华书局1974年版，第1976页。

一 研究对象及研究价值

1. 研究对象

本书的研究对象为明清时期晋商在京杭大运河区域的经商活动。客观地说，活动在京杭大运河区域城镇的晋商不全和运河有直接的联系。本书述及的晋商中一部分是以运河为交通线，从事贩运贸易。晋商远涉长江中上游地区或华南等地区，贩运当地特产，利用京杭大运河水路运输；有些商人的商业活动，到了京杭大运河的北端——北京后，并未停止步伐，而是继续走向东北、西北等广阔的地区；还有些商人仅仅是利用了京杭大运河千里水路的其中一段，如在山东段运河从事水路贩运的晋商；在长芦盐场或两淮盐场从事食盐运销的山西盐商则往往是水陆兼程，京杭大运河仅仅是他们长途贩运中利用的一段水路路程；还有一些晋商仅是在京杭大运河区域的城镇坐地经商。此外，本书还会述及一些和京杭大运河间接发生联系的并不在运河沿线经商的山西商人，如许多在山西各地大量开设京货店的晋商，在江南从事丝绸零售的晋商商号等。

本书研究的具体地理范围包括京杭大运河流经的地区以及与运河区域商品流通发生联系的山西地区，此外还会涉及一些以京杭大运河为运输线路并延伸出去的地区。明清京杭大运河可分为七段。第一段，南起杭州，经苏州到镇江，称为江南运河，是大运河在长江以南的一段。江南运河沟通了长江、钱塘江及太湖平原诸水系，流经崇德、嘉兴、吴江、苏州、无锡、常州、丹阳、镇江等重要城镇，是这一地区重要的水运通道。第二段，过长江后，由扬州经高邮达淮阴，为里运河。里运河是京杭大运河介于长江和淮河之间的河段，流经扬州、高邮、宝应到淮安，北接中运河，南接江南运河，是大运河最早修凿的河段。第三段，从淮阴经骆马湖、邳州至台儿庄称为中运河。在 19 世纪中叶黄河北徙前的六百间，中运河曾穿过奔腾的黄河。黄河、淮河和大运河三水交汇后，水大流急，因此沿河修筑堤防特别多。中运河与骆马湖和中国第四大淡水湖洪泽湖互相连通。第四段，从台儿庄经夏镇、微山湖、济宁、南旺湖、东平湖至临清段称为山东运河（也称鲁运河）。山东运河从南往北穿过峄县、滕县、鱼台、邹县、济宁州、张秋镇、东昌府（聊城）、堂邑、临清州、武城、故城、德州等城镇。在明代山东的运河城镇中，府一级的代表是东昌府，州县一级的代表是德州、济宁、临清，镇一级的代表则是张秋。第五段，从临清经德州、东光、南皮、沧州、青县、静海到达天津段称为南运河（也称御河）。第六段，天津至通县段称为北运河。从天津市三岔河口入海河处到北京市通州北关的北运河。第七段，通县至北京市区积水潭段称为通惠河。①

本书的研究时限是明清两代，从明初到清末。咸丰五年（1855），黄河在河南铜瓦厢决口，改道北徙进入大清河，与运河交叉于张秋以南，经东阿、历城，由山东利津流入大海。这次改道，黄河之水直冲张秋运道，大运河长江以北的运道大部分都被黄河淤塞冲毁。20世纪初，随着铁路运输的迅猛发展，由天津至北京的漕运改为铁路运输。因此，具体而言，本书的研究时限主要是从明初到清代前中期，而对晚清及民国时期晋商在京杭大运河沿线城镇的经商活动略有涉及，这时期晋商的商业活动与京杭大运河的直接联系已经比较少了。如此限定，主要是为了保证叙述晋商在运河区域经商情况的完整性。例如，在济宁、聊城等山东运河段城镇经商的晋商随着运河经济的衰落而衰落了，但北京、天津以及江南的苏州、杭州等城镇的晋商到晚清时仍有发展。

2. 研究价值

本书的研究价值主要体现在以下几个方面：第一，经济史学理论方面的研究价值。晋商兴起于明朝初年"开中制"下的盐业经营。到清代晚期，山西票号成为晋商辉煌的巅峰。晋商是区域经济发展史上的亮点，亦是明清商品经济发展的重要组成部分。研究晋商，尤其考查晋商向全国范围拓展演变的过程及其在明清商业经济文化中的作用，是经济史学的一项重要研究课题。晋商在全国范围内的商业活动不是简单均匀分布的。晋商从山西走出去，拓展到全国甚至国际市场的商业活动，具有一定的演进路线，是在时间与空间多维度上的综合发展。晋商首先活

---

① 参见谭其骧主编《中国历史地图集》，地图出版社1982年版，第42—43页。

动于明代的九边和开中法实施的地区，以及与山西相邻的省份，明代中后期晋商才逐步拓展至全国。晋商经营产品的种类首先是相对单一的盐、粮、布等，然后拓展到广泛的商品行业。京杭大运河的全线贯通，沟通了江南和华北两大经济区，随着南北经济贸易联系的加强，运河地区逐渐成为相对独立的区域市场。晋商在京杭大运河区域有大量的商业活动，将运河区域的晋商活动作为一个独立的研究单元来深入考察，能够丰富区域经济史的研究内容。

第二，社会学方面的研究价值。晋商在京杭大运河沿线的商业城镇建设了大量的商业会馆。留存下来的晋商会馆凝聚了明清时期我国优秀的建筑文化、深厚的信仰文化等许多社会史学方面的内容，并且体现了当时南北方的文化交流，东部与中西部的文化交流。晋商的生活习俗及文化理念也影响到与之交往的当地商民，最直观的体现为带有山西地方特色的戏曲及饮食等文化传播到京杭大运河区域的许多地方。重农轻商是中国古代社会的传统观念，山西人的商业价值观的变化，使山西成为近代中国社会文化观念变化最为活跃的地区。山西与京杭大运河区域社会文化的交流也是社会史研究的重要课题。

第三，经济地理学方面的研究价值。经济地理学研究经济活动的区位特点，正如保罗·克鲁格曼所说："生产的区位是经济社会的一个明显特征"[①]。无论古代还是现代，交通均在经济发展中发挥着重要作用。我国的地理特点是大部分河流均呈东西走向，因而，京杭大运河沟通并促进南北方经济发展的作用非常巨大。从经济地理的角度分析，经济活动最突出的地理特征是集中，"这种生产在地理上的集中正是某种收益递增的普遍影响的明证"[②]。地理集中依赖于收益递增、运输成本和需求的相互作用。商人倾向于向运输成本小的地方和市场需求大的地方集中。晋商在明清商品经济发展的进程中扮演着重要的角色。研究晋商与京杭大运河的关系，就是要考察明清时期晋商到运河沿线的城镇经商的原因，廓清晋商在运河沿线的生产经营情况及晋商在运河上的长途贩运

---

① 〔美〕保罗·克鲁格曼：《发展、地理学与经济理论》，蔡荣译，北京大学出版社、中国人民大学出版社2000年版，第35页。

② 〔美〕保罗·克鲁格曼：《地理和贸易》，张兆杰译，北京大学出版社2002年版，第5页。

活动。对这些问题的深入研究定能充实经济地理学的内容。

目前的晋商研究侧重于对山西官商、大商的研究，研究运河区域的晋商应该深化民间中、小商人的研究。民间中、小商人适应了明清时期市场经济的发展，加强这方面的研究会使晋商研究更加全面。正如对蒙贸易的晋商促进了北方农业经济和畜牧经济的商品交流一样，京杭大运河区域的晋商促进了华北经济区和江南经济区的商品交流。

第四，现实意义。晋商文化是山西建设文化强省及文化产业发展的重要内容。关于晋商研究的成果不少，但是关于晋商经营活动与京杭大运河的关系却较少有人涉及。拓展晋商研究领域，深化晋商文化的内涵，宣传五百年晋商的辉煌业绩，弘扬晋商开拓进取、与时俱进的精神，晋商与京杭大运河的研究，能够填补晋商研究的一个空白，更好地为山西文化大发展大繁荣服务。晋商促进了京杭运河区域商品经济和文化的发展与繁荣，在运河区域的社会发展变迁中起了重要的作用；同时，京杭大运河对晋商的发展也有重要的影响。在学科理论的层面上讲，晋商与京杭大运河的研究能为相关研究课题提供一定借鉴，并对区域经济史的研究、城市史的研究、明清经济史的研究、运河文化的研究等有补禆益。从服务现实的角度讲，可为当今市场经济的发展、城市经济的发展提供历史的借鉴；对重振山西地区的经济，促进东西部经济的协调发展有着重要的现实意义。

二 研究成果概述

关于晋商与京杭大运河的研究成果可以分为三类。第一类是晋商的研究成果，其中有许多提到了晋商在京杭大运河区域经商的情况；第二类是关于京杭大运河研究的成果，其中有许多提到了晋商；第三类是专门征对晋商在京杭大运河区域经商的研究。

1. 关于晋商的研究

晋商研究起步于20世纪二三十年代，到五六十年代，晋商研究还没有引起国内学术界的重视，仅有少数学者在研究。20世纪八十年代开始，有关晋商研究的著作论文陆续问世，形成了初步繁荣的景象。如孔祥毅教授的论文《近代史上的山西商人和商业资本》①，山西财经学院金融系和中国人民银行山西省分行编撰的《山西票号史料》②，张正明等专家编撰的《明清晋商资料选编》③ 标志着晋商研究重新起步，晋商研究开始受到国内外学者的关注。

从 20 世纪 90 年代中期开始，从事晋商研究的学者越来越多，研究成果也多起来。孔祥毅教授和张正明研究员共同撰写的《山西商人及其历史启示》④ 一文在《山西日报》发表，时任山西省委书记的王茂林批示号召省内处级以上干部要认真学习研究，掀起了晋商研究高潮。这一时期的重要成果有黄鉴晖的《山西票号史》⑤，史若民的《票商兴衰史》⑥，孔祥毅的《金融贸易史论》⑦ 和《百年金融制度变迁与金融协调》⑧、张正明的《晋商兴衰史》⑨ 和《晋商与经营文化》⑩、王尚义等的《明清晋商与货币金融史略》⑪、李希曾主编的《晋商史料与研究》⑫、穆雯英主编的《晋商史料研究》⑬ 和刘建生的《明清晋商制度变迁研究》⑭、《山西典商研究》⑮ 等。

近年来，晋商研究领域不断扩展和深入。晋商研究已成为具有山西地方特色的优势学科。学界已对晋商研究成果做了较多的综述，如《近二十年晋商研究述评》⑯《晋商研究述评》⑰ 等。本书拟不赘述，仅

---

① 江地：《近代的山西》，山西人民出版社 1988 年版。
② 黄鉴辉：《山西票号史料》，山西经济出版社 1990 年版。
③ 张正明、薛慧林：《明清晋商资料选编》，山西人民出版社 1989 年版。
④ 孔祥毅、张正明：《山西商人及其历史启示》，《山西日报》1991 年 11 月 18 日。
⑤ 黄鉴辉：《山西票号史》，山西人民出版社 1990 年版。
⑥ 史若民：《票商兴衰史》，中国经济出版社 1998 年版。
⑦ 孔祥毅：《金融贸易史论》，中国金融出版社 1998 年版。
⑧ 孔祥毅：《百年金融制度变迁与金融协调》，中国社会科学出版社 2002 年版。
⑨ 张正明：《晋商兴衰史》，山西古籍出版社 1995 年版。
⑩ 张正明：《晋商与经营文化》，世界图书出版公司 1998 年版。
⑪ 王尚义：《明清晋商与货币金融史略》，山西古籍出版社 1995 年版。
⑫ 李希曾：《晋商史料与研究》，山西人民出版社 1996 年版。
⑬ 穆雯英：《晋商史料研究》，山西人民出版社 2001 年版。
⑭ 刘建生：《明清晋商制度变迁研究》，山西人民出版社 2005 年版。
⑮ 刘建生、燕红忠：《山西典商研究》，山西经济出版社 2007 年版。
⑯ 殷俊玲：《近二十年晋商研究述评》，《山西师大学报》（社会科学版）2003 年第 2 期。
⑰ 刘建生：《晋商研究述评》，《山西大学学报》（哲学社会科学）2004 年第 6 期。

就与本书相关的部分科研成果作一简述。

虽然晋商研究的成果已经非常丰富,但从区域地理贸易的角度研究晋商的,笔者认为首推王尚义先生的《晋商商贸活动的历史地理研究》[1],该书根据历史地理学的基本理论,将晋商商贸活动的扩展区域划分为不同的贸易区域,并对区域之间的商贸关系及扩展机制进行了探讨,分析了晋商商贸活动区域扩展的特点,最后分析了晋商形成及其扩展的规律。此种角度的研究证明,晋商的商业活动在时间与空间两个维度上的发展都不是均匀的。如晋商会馆在山西省外地区的分布是不均匀的,晋商会馆设立的时间也是有早有晚,地区分布的不均匀大致可说明各地区晋商势力的大小和数量的多寡,设立时间大致可说明大批商人到此地经商的时间。此方面研究的深化有利于从更深层次理清晋商在省内区域的籍贯分布和在省外区域从事商业活动的内在联系,理清晋商成为全国性商帮的演进历程,以及明清商品经济的发展与地域商人互动和促进的过程。王尚义认为应"从区域地理的角度对晋商商贸活动的扩展进行研究",他将晋商商贸活动划分为十个区域,分别为:北方边贸区、京津商贸区、两湖商贸区、淮扬商贸区、沿海金融区、两广商贸区、西南商贸区、西北边贸区、豫鲁商贸区、东北商贸区。按照王尚义的这种划分,京杭大运河实际上成为京津、淮扬、豫鲁三大商贸区之间联系的纽带。长江水运沟通了两湖商贸区、沿海金融区和西南商贸区,而长江水运与京杭大运河是相通的。因此,京杭大运河在全国范围的商品流通中起了重要作用。深化研究晋商在京杭大运河区域的商业活动,对于理解这一作用具有重要意义。

2. 关于京杭大运河的研究

20世纪初,张景贤的《北运河考略》[2]是较早公开发表的研究运河史的文章。此后,研究京杭大运河的著作和论文逐渐多了起来。史念海的《中国的运河》[3]一书介绍了中国历史上人工运河的沿革,其中对

---

[1] 王尚义:《晋商商贸活动的历史地理研究》,科学出版社2004年版。
[2] 张景贤:《北运河考略》,《地学杂志》1919年第9、10期合刊。
[3] 史念海:《中国的运河》,史学书局1944年版。

京杭大运河的介绍尤为详细。朱契的《中国运河史料选辑》① 以丰富的史料详述了历代运河的沿革、交通、漕运及沿线经济的发展。

近年来，关于京杭大运河的研究不断升温，不断有专著问世，如傅崇兰的《中国运河城市发展史》②，常征、于德源的《中国运河史》③，岳国芳的《中国大运河》④，陈璧显的《中国大运河史》⑤，安作璋的《中国运河文化史》⑥，黄仁宇的《明代的漕运》⑦，王云的《明清山东运河区域社会变迁》⑧，李泉、王云的《山东运河文化研究》⑨ 等。此外，还涌现了大量有关运河研究的论文和文集，如1997年在聊城市举办的运河文化研讨会上，专家学者们就运河文化问题进行了深入的讨论，出版了《运河文化（山东）文集》⑩。还有不少关于明清经济史研究、城市史研究的专著，如傅衣凌的《明清时代商人及商人资本》⑪、《明清社会经济变迁论》⑫、韩大成的《明代城市研究》⑬、许檀的《明清时期山东商品经济的发展》⑭ 等著作中有大量的对京杭大运河的研究。

许多学者从商业经济的角度对京杭大运河进行了研究。钱建国、钟永山的《试论明清时期嘉兴湖州运河沿岸市镇经济的发展及其性质》⑮ 通过分析嘉湖地区运河与沿岸市镇经济发展的关系，论述明清时期嘉湖地区运河沿岸市镇经济的性质及其特点。刑淑芳的《古代运河与临清

---

① 朱契：《中国运河史料选辑》，中华书局1962年版。
② 傅崇兰：《中国运河城市发展史》，四川人民出版社1985年版。
③ 常征、于德源：《中国运河史》，北京燕山出版社1989年版。
④ 岳国芳：《中国大运河》，山东友谊出版社1989年版
⑤ 陈璧显：《中国大运河史》，中华书局2001年版。
⑥ 安作璋：《中国运河文化史》，山东教育出版社2001年版。
⑦ 〔美〕黄仁宇：《明代的漕运》，新星出版社2005年版。
⑧ 王云：《明清山东运河区域社会变迁》，人民出版社2006年版。
⑨ 李泉、王云：《山东运河文化研究》，齐鲁书社2006年版。
⑩ 于德普：《运河文化（山东）文集》，山东科学技术出版社1998年版。
⑪ 傅衣凌：《明清时代商人及商人资本》，人民出版社1965年版。
⑫ 傅衣凌：《明清社会经济变迁论》，中华书局2007年版。
⑬ 韩大成：《明代城市研究》，中国人民大学出版社1991年版。
⑭ 许檀：《明清时期山东商品经济的发展》，中国社会科学出版社1995年版。
⑮ 钱建国、钟永山：《试论明清时期嘉兴湖州运河沿岸市镇经济的发展及其性质》，《浙江财经学院学报》1991年第1期。

经济》① 论述了古代运河与临清的历史关系及对临清经济发展的影响。陈冬生的《明清山东运河地区经济作物种植发展述论》② 以棉花、烟草、果木的经营为例,说明了山东西部运河区域的经济作物的种植已呈现了专业化经营色彩,促进了社会经济的发展与变化,其历史意义是不可低估的。孙秋燕的《京杭运河与明代经济》③ 说明了京杭运河的贯通对经济发展具有巨大的推动作用。

从事运河研究的学者,对商人商帮在运河沿线商业城镇的活动也进行了初步的研究。如傅崇兰的《中国运河城市发展史》④ 认为,明清时期南北大运河沿岸是当时全国三大经济区之一,而且是其中范围最广大的一个。明清时的工商业城市多数分布在大运河沿岸,城市与运河相互促进,密切相关,没有运河沿岸的城市,南北大运河的形成和发展就没有了动力;反之,没有南北大运河的畅通,运河城市的形成与发展也会受到极大的限制。《中国运河城市发展史》从不同角度研究了通县、天津、德州、临清、济宁、淮阴、扬州、苏州、杭州等九个京杭大运河沿线城市的性质、结构、职能、发展过程及其特点。杨正泰运用历史地理学的方法,在《明清长江以北运河城镇的特点与变迁》一文中认为,运河城镇是在特定的社会经济和地理条件下发展起来的,地理环境(主要是交通环境)是城镇兴衰的重要原因。⑤ 许檀在《明清时期山东商品经济的发展》⑥ 一书中指出:明代运河是山东最主要的交通干线,故而山东商业城镇最早兴起于运河沿线。临清是山东最大的商业城市,济宁是鲁西南兖州、曹州二府的流通枢纽,与江苏、安徽联系密切;聊城是鲁西北的流通中心,与山陕、辽东联系较密。

---

① 刑淑芳:《古代运河与临清经济》,《聊城师范学院学报》(哲学社会科学版) 1994 年第 2 期。
② 陈冬生:《明清山东运河地区经济作物种植发展述论》,《东岳论丛》1998 年第 1 期。
③ 孙秋燕:《京杭运河与明代经济》,《菏泽学院学报》2006 年第 1 期。
④ 傅崇兰:《中国运河城市发展史》,四川人民出版社 1985 年版。
⑤ 杨正泰:《明清时期长江以北运河城镇的特点与变迁》,载复旦大学中国历史地理研究所编《历史地理研究》第一辑,上海人民出版社 1989 年版。
⑥ 许檀:《明清时期山东商品经济的发展》,中国社会科学出版社 1995 年版。

3. 关于晋商与京杭大运河的研究

目前，关于晋商与京杭大运河相互关系方面的研究，相对较少。聊城大学王云教授的《明清时期山东的山陕商人》①，较详细地论述了晋商在京杭大运河山东段的经商情况，认为鲁西一带由于京杭大运河交通的便利，成为山陕商人的密集之地，鲁西南、鲁西北及鲁中地区也多有山陕商人的足迹。他们设坊开店、长途转贩、建立会馆、设立票庄，经营行业广泛，财力雄厚，在食盐、粮食、棉布、典当、钱庄等行业具有垄断优势。山陕商人的经营活动，促进了明清时期山东商品经济的发展。黄鉴晖在《明清山西商人研究》② 一书中谈到山西铜商贩铜的路线是走京杭大运河的，但未展开论述。侯文正提到山西商人的经商路线时，说沿京杭大运河是山西商人经商的重要路线。

虽然明清时期晋商在京杭大运河区域的经商活动频繁，并且留下了大量的遗迹，但目前从此种角度研究晋商的成果还很少。

三 研究方法及本书框架

1. 研究资料和研究方法

晋商史料大致分为以下几类：官方档案，官府的文献档案和史志中大量记载了晋商事件；晋商私家档案资料，此一类是晋商研究的主要资料，例如行规、制度、账册、票据、重要事件记录和祭祀活动碑额、牌匾等；晋商遗迹，例如晋商铺店遗址、经营活动遗址，以及与晋商活动相关的各种碑帖文字等。此外，民间传说，在晋商活动的广大地区，广泛流传着与晋商人物、事件有关的各种传说与故事，此类虽然不能作为研究晋商的基本史料，但是作为佐证，是十分有用的。本书利用的研究资料主要包括晋商的账簿、信函、碑刻、明清时期官方的档案、明清各朝实录及明清经世文编；京杭大运河沿线各地的地方志书及有关京杭大运河的专门志书等。同时，本书也参考了学界已有的在晋商研究、运河

---

① 王云：《明清时期山东的山陕商人》，《东岳论丛》2003 年第 2 期。
② 黄鉴晖：《明清山西商人研究》，山西经济出版社 2002 年版，第 229—230 页。

研究等学术领域的研究成果。

本书以历史学、历史地理学、社会学、经济学等多学科理论为指导,运用综合研究、个案研究、比较研究相结合的方法,在充分挖掘各种资料如正史、地方志、文史资料、明清笔记、碑刻资料等的基础上,对晋商在运河沿线城镇经商活动的构成及内容,作了深入细致的考察。

(1) 历史学的研究方法。历史研究的基本方法是收集史料和考订史料。中国传统史学的研究方法首先是重视资料的考订,重视资料的收集工作。胡适说:"有几分证据,说几分话。有五分证据,只可说五分话,有十分证据,才可说十分话。"[1] 原中国商业史学会会长胡平在谈到研究明清商业史的研究方法时说:"要从社会经济发展变化的角度、商业分工专业化的角度、商帮及地域的角度、专题研究的角度、比较研究的角度等等,进行多角度、全方位的系统研究。要将个案研究和综合分析结合起来,将明清商业的各项专题研究同明清商业史的整体研究结合起来,阐明其发展变化的特点及其规律。"[2] 历史学的研究方法还注重统计方法和计量史学方法的运用。我国当代历史学研究最重要的是历史唯物主义和辩证唯物主义研究方法的运用。[3] 本书在研究过程充分运用历史学的研究方法,广泛收集晋商在京杭大运河区域活动的文献史料、实物史料,深入挖掘晋商的历史。

(2) 经济学的研究方法。古典经济学一开始就注意到地域分工的经济效益,并将其应用到国际贸易方面。随后,区域经济又将其发展和推广,作为引导地域分工、促进区域专业化的理论基础。交通运输对区域经济的影响及二者之间的关系始终是经济学和地理学关注和研究的重要课题之一。纵观人类历史,交通运输作为影响因素始终与区域经济空间结构紧密联系,成为区域发展和空间扩展的主要力量之一。运输是人类文明的生命线,是构成经济增长基础结构的重要部分。亚当·斯密的绝对利益原则、大卫·李嘉图的比较利益学说和俄林的价格差异说,是

---

[1] 胡适:《〈文史〉的引子》,《胡适文集》第十册,北京大学出版社1998年版,第784页。
[2] 胡平:《重新认识中国文化加强明清商业史研究》,载中国商业史学会明清商业史专业委员会编《明清商业史研究》第一辑,中国财政经济出版社1998年版,第4页。
[3] 参见漆侠《历史研究方法》,河北大学出版社2003年版,第78—90页。

区域分工、贸易的重要理论。中国科学院地理研究所陆大道研究员提出的"点—轴系统"理论以增长极理论与生长轴理论为基础，对区域开发有重大的指导意义。点轴系统的"点"即中心城镇，是各级区域的集聚点，也是带动各级区域发展的中心城镇。点轴系统的"轴"是在一定方向上联结若干不同级别中心城镇而形成的相对密集的产业带或人口带，这种发展轴线一般指重要的基础设施（交通干线、能源输送线、水源线及通讯干线等）经过的沿线地带。[①] 此理论贴切地阐明了京杭大运河与沿线城镇的发展之间的关系。交通运输与区域经济是互相促进的，良好的运输条件是区域经济发展的驱动器，区域经济的发展会强化运输的作用，改善运输条件。明清时期，京杭大运河重要的南北沟通作用促进了沿线地区的经济发展，运河区域成为商人、商帮非常活跃的地区。

（3）历史商业地理学的相关理论方法。历史商业地理学是历史地理学的重要分支学科，主要研究历史时期人类商业活动与各种地理要素之间的关系及其发展演变规律。20 世纪 80 年代以来，在史念海先生倡导的历史农业地理研究中，对粮食及相关农产品的商品化及其产销区划的研究中已有学者涉及。通过分析区域性商业市镇的发展与周边环境的关系、市镇兴衰的地理因素以及城镇商业化发展的制度性因素，将区域商业发展的研究纳入城镇体系、社会体系与环境体系中考察。

本书从历史商业地理学的基本理论观点出发，通过把握商业市场与商品流通之空间分布及其特征，详细考察明清时期京杭大运河沿线商业市场的实际状况，通过分析晋商在京杭大运河区域的经商活动，揭示在明清京杭大运河区域社会变迁影响下的地域商品开发与流通格局的变化，区域商业经济的发展与环境的关系，区域商品资源的开发与商业市场发展的关系。

2. 研究思路和本书框架

晋商的根在山西，因客观交通区位条件而在三个方向上形成了最基

[①] 参见张文尝、金凤君、樊杰《交通运输经济带》，科学出版社 2002 年版，第 197—227 页。

本、最重要的商路。第一条路线是通往北方各个方向的陆路，具体又可分为通往山西正北的内外蒙古和中俄边境，通往东北的关东地区，通往西北的陕、甘、宁、青和新疆三个方向。通往内外蒙古主要走东、西两口（张家口、杀虎口—归化城）。通往关东地区主要走张家口、山海关，也有本来在河北经商而从承德经山海关向关东扩展的。通往西北陕、甘、宁、青（当时晋商称为小西路）的传统路线是从山西各个渡口过黄河，经陕西，沿着河西走廊西进；清代内外蒙古市场开放后，又形成了从包头、科布多（今属蒙古国）等地到宁夏、新疆（当时商界称新疆为大西路）等地的新路线。第二条路线便是以京杭大运河为纵贯南北主干线，并连通江淮流域众多河道的水路，包括京师、河北、豫东（河南东部）、山东、安徽、江苏、浙江、江西等省。在没有铁路和现代公路的时代，水路是最便捷、最经济的运输线。这条路线继续向南延伸，便是福建、广东、广西。第三条路线是以汉水为纵贯南北的主干线，并连通江汉流域众多河道的水路，包括豫西（河南西部）、湖北、湖南等省。这条路线继续向西南延伸，便是四川、贵州、云南、西藏。本书主要研究晋商通过第二条线路在京杭大运河区域的经商活动。

晋商从山西出发往东到京杭大运河区域的经商路线主要有三条，一条是从晋东南的长治、晋城过太行山，到山东西部和河北地区。另一条是从阳泉的盂县、平定往东过太行山，到河北、北京经商。三是从晋北的大同往东到北京，然后经大运河走向南北方广阔的地区。

本书的框架结构为：第一章主要对本书研究对象、范围、价值及意义的限定，相关研究成果综述，研究资料及本书的研究思路。第二章主要分析晋商在京杭大运河区域经商的环境背景，从总体上对京杭大运河区域的商品流通，商人与运河间的人地关系以及明清晋商的经营情况，作概括分析。第三章从坐地经商的角度分析了晋商在京杭大运河区域的北京、通州、天津、沧州、德州、临清、聊城、济宁、台儿庄、淮安、镇江、扬州、苏州、杭州等商业城镇的商业活动，重点是晋商在这些地区开设商号和前店后场的加工业等形式，分析了晋商在京杭大运河区域经商的行业特点。第四章通过分析明清时期山西的煤、铁等矿产品，潞绸、皮货、旱烟等手工业产品通过京杭大运河流向全国各地的过程，以及各地的商品如粮食、棉布、丝绸等由晋商运回山西的过程，说明了晋商在促进山西与京杭大运河区域的商品流通中的作用。第五章主要分析了晋商在京杭大运河区域从事的南北双向贩运活动的情况。第六章重点分析晋商在京杭大运河区域城镇金融业的拓展过程。第七章介绍了晋商在京杭大运河沿线设立的晋商会馆的分布情况。第八章分析明清晋商在京杭大运河区域拓展的原因、历程，晋商在京杭大运河区域活动的特点，在京杭大运河区域经商的晋商在明清晋商整体中的地位，晋商在京杭大运河区域社会文化互动交流中的作用。第九章分析晋商在京杭大运河区域衰落的过程及其对现代社会经济发展的启示。

第 一 章

环境背景

明清晋商在京杭大运河区域的的经商活动既与大运河区域的经济发展、商品流通等基本环境有关,也与山西地区的经济情况和晋商整体的经商活动有密切关系,这些因素构成了晋商在京杭大运河区域经商的环境背景。

一 京杭大运河区域的商品流通

漕,原指以水道运粮。漕运始于秦代。秦时都城在长安,漕运方向由东至西,由山东等地经黄河、渭水至长安。历朝历代所需粮食主要靠水路运输,故称漕运。漕运是我国古代社会一个独特的经济现象,始终是经济发展社会安定的重要工具。历代王朝都对漕运发展极为重视。随着王朝的更替,漕运也在不断改变和发展。

1. 漕运概况

隋唐时期,农业经济的重心开始由北方向南方转移,但隋朝和唐朝的首都仍设在北方,漕运方向由东西向转为东南—西北向。北宋时,对南漕的依靠又有所增长。宋建都汴京(今开封),转运漕粮更加便利,年运额达到历史最高水平。元朝建都大都(今北京),此时南方经济发展已超过北方,江南地区已成为当时的经济中心,北方政治中心开始依赖南方经济,负责南粮北运的漕运开始显得尤为重要。元朝初年,主要依靠原先的运河作运道,不通船的地段辅以陆运。到至元二十年(1283)海运才逐渐发展起来,随后形成以海运为主、河运为辅的格局，这是元代漕运的特色。

明清两代是漕运制度的完善时期，由于历代的积累和统治者的重视，这一时期漕运的组织、机构、政策都十分严密和健全。明清漕运涉及的范围很广，随着社会经济的变化，漕运发挥诸多社会功能。明初定都于应天府（今南京），漕运并不受重视。迁都北京后政治中心北移，官兵奉饷和宫廷糜费的需要大都由南方承担。漕运较陆运快速，成本低，运量大，南粮北运促进了大运河的发展。永乐年间京杭大运河的年漕运量就已经达到了400万石。以后终明一朝，400万石成为漕运的年定额标准，最高年运量达到500多万石。

清代的漕运制度是明代漕运制度的继续发展。清朝入关伊始即派遣专职官员赴江淮整顿漕务，迅速恢复了通往北京的航道。清顺治二年（1645），户部仿明制规定每年"额征漕粮四百万石，其运京仓者为正兑米原额三百三十万石"[①]。这一标准一直维持到19世纪中期。

清前期黄河水患严重，百姓生命财产蒙受重大损失，治理黄河成为清政府保漕济运和维护社会稳定的当务之急。康熙对治理漕运高度重视，治河保漕，取得非常好的效果。雍正、乾隆时期都不断加强对漕运的治理，漕运的畅通对清"康乾盛世"的出现有重要贡献。为了把征收的漕粮运到北方，清朝设置了一套完备的执行机构，强化了对漕运制度的管理。在北京和通州设有仓场衙门和坐粮厅，在淮安设有漕运总督衙门，各省设有粮道衙门，各州县收漕也设有专门机构。为了维护漕运，乾隆年间还制定了强制性贮蓄制度。古代漕运发展到其顶峰。

漕运在古代的意义重大。首先从国家角度讲，漕运关系到一个朝代的兴衰更替。漕运是古代粮食、物资大批运输的主要方式，无论是战争还是和平时期，物资的输送都有重大意义。运河主要运输的是粮食，战争时期，一旦漕运供给中断，对战事来说是成败的关键因素；和平时期，粮道中断，物资供应不足，无法保证京师皇室消费、官员俸禄、军队粮饷，以及京城百姓粮食的来源，也很容易造成社会不安定。从社会角度讲，漕运促进了商品经济的发展与城市的繁荣。漕运有力的推动了各地的商品流通，许多产品由于有了便利的交通，商人竞相贩

---

① 赵尔巽：《清史稿》志97《食货三》，中华书局1977年版。

运，成为行销全国市场的商品。大运河沿线的城市因为交通的便利，成为货物的集散地，商人往来络绎不绝，城市兴盛繁荣。即使是到了现代社会，水路交通便利的城市经济还是较为发达。因此，京杭大运河在国家经济、政治乃至文化方面具有不可忽视的作用。

漕运适应并促进了商品经济和城市经济的发展。漕运船队一到，运河两岸便成为繁忙的市场，当地商贩向漕船购买南方货物，漕军也从当地购买各种商品，形成互为市场、互相买卖的依赖关系。漕船有着商船、民船所不具备的便利条件，所过河道优先通行，所载货物免征关税。漕运—运河—商品经济—城市经济—国内市场之间构成了同步运动，推动了运河城市的兴起和繁荣，商品经济进一步发展，社会分工进一步扩大，国内市场进一步开拓。明清晋商则积极的参与到了这场经济大发展的洪流当中，创造了辉煌的一页。

太平天国运动时期，南方的漕粮大部分改为银钱征收，仅在江浙部分地区征集漕粮，委托商船北运，其数量大大减少，每年仅有100万石左右。1872年，李鸿章在上海创办轮船招商局，包揽了全部漕粮的运输，传统的漕运走到了尽头。

2. 运河区域的商品流通与市场

京杭大运河上的商品流通主要以商船往来带货、漕船夹带土宜和回空揽载货物三种方式进行。运河商品的流通量巨大，远远超过了漕粮运输量。京杭大运河对全国物资交流和商品经济的发展都起了重要的作用。

由于明清政府支给漕军的报酬和待遇很低，为了鼓励漕运，准许漕军携带一定数量的商品，即"土宜"，沿途贩卖，"以资运费"[1]。明代"许令附载土宜，免征税钞。孝宗时限十石，神宗时至六十石"[2]。清代承袭明制，雍正七年（1650）增加四十石，共为百石。[3] 乾隆年间增至一百二十六石。嘉庆四年（1799），又增至一百五十石[4]。实际上，漕

---

[1] （光绪）《大清会典事例》卷207《漕运》。
[2] 《明史》卷79《食货三》，中华书局1974年版。
[3] 《清史稿》卷122《漕运》。
[4] 《皇朝政典类纂》卷52《漕运五》，上海图书集成局刊本，第8页。

船附带的货物大多超过限制,"漕船到水次,即有牙侩关税,引载客货,又于城市货物辐辏之处,逗留迟延,冀多揽载,以博微利。运官利其馈献,奸商窜入粮船,籍免回课"①。漕军在自己附载"土宜物货"的同时,还在沿途招揽货源,代客运输酒、布、竹木等大宗货物,往来贸易。如此庞大的船队在京杭大运河上往来,对运河区域城镇商业活动的影响是很大的。

重运漕船北来和回空船只南返,都要在苏州、扬州、淮安、济宁、聊城、临清、德州、天津等运河城市停泊,接受征税钞关的盘验。随船运丁水手便在沿途停泊码头上岸,出售携带的南北货物,购买当地的土产杂货。当地商贾客旅也纷纷汇集码头,与运丁水手及押运官吏进行贸易。每当漕运季节,漕船沿途停泊码头呈现出一派商货贸易的繁忙景象,这些漕船停泊地点便成为南北物资的集散基地和贸易市场。漕船主要停泊点之一的苏州,位于江南运河的中段,水路交通十分便利,不仅江南地区的漕粮货物多在此地集中,而且回空漕船载运的北方货物,也要经过苏州运销嘉兴、杭州等地。扬州的南北杂货业也是在漕运贸易的基础上发展起来的。漕船主要停泊点之一的淮安成为苏北地区重要的物资集散中心和南北商货贸易市场。济宁地处"闸漕中枢",是漕船往返沿途停泊的重要码头,商业贸易繁盛。聊城为会通河航运的交通枢纽,各省殷商富贾云集,南北货贸易兴旺,仅当地特产薰枣一项货物,即达百万石之多。临清是漕船在山东的另一重要停泊点。德州为南北漕船必经之地,成为鲁北南北货物交易的著名城市。天津东临渤海,地处"九河要冲",为江南漕粮百货转运通州、北京的中枢,是北方地区重要的物资集散中心,城市商业贸易也在漕运枢纽地位的基础上日趋繁盛。北京为清代遭运物资的终点,除漕粮外,其市场上的许多货物,如木材、纸张、丝绸、布帛、瓷器等,很大程度上依靠江南遭船的输送。运河漕路犹如一条纽带,把钱塘江、长江、淮河、黄河、海河等五大流域的经济紧密地联系在一起。咸丰年间漕运改道之前,京杭大运河水路作为沟通南北物资交流的经济大动脉,一直发挥着巨大

---

① 《清史稿》卷122《漕运》。

的作用。①

漕船载运的南北货物，不仅数量大，而且种类繁多。大致可分为两大类。一类是农副产品如南方的大米、红白糖、柑桔、香蕉、槟榔、茶叶、木材、竹器等，北方的小麦、大豆、花生、芝麻、棉花、梨、红枣、柿饼、核桃、瓜子、杏仁、药材等。另一类是手工业产品，如南方的瓷器、丝绸、布匹、铁器、纸张、明矾、桐油、金银首饰、象牙雕刻、南酒、缝衣针、铜扣等，北方的煤炭、食盐、陶器、毛货、铁器、皮货、麻织品等。从货物运输量的比重看，重运漕船北来携带的南方货物，多为瓷器、丝绸、纸张等手工业产品，其次是大米、木材、食糖等农副产品。回空漕船南返载运的北方货物，则主要是麦、豆、花生、棉花等农副产品，同时兼有一定数量的煤、盐以及皮货等手工业产品。这些货物大部分由运丁水手在沿途销售。②

这些商货或沿途出售，或转运于各地，加速了商品流通，增进了南北之间的经济联系，"南货附重艘入都，北货附空艘南下，皆日用所必须，河之通塞则货之贵贱随之"③，可见漕船携带商货对运河沿线商品经济的巨大影响。漕船夹带与回空运输货物这两种制度不仅增大了南北物资的交流，也加速了京杭大运河区域的商品交换，对于运河区域商品流转与区域经济优势的形成具有重要的意义。

京杭大运河上还有众多的商船来往穿梭，他们运载的商品也和漕船夹带的货物一样，多在运河沿岸码头进行交易。各地的商人装载货物，南下北上，京杭大运河成为南北之间最重要的商路。但是，官府对往来于京杭大运河上的商船、民船有严格的控制。"粮运盛行，运舟过尽，次至贡舟，官舟次之，民舟又次之。"④ "将漕船催趱先行，余船尾随，循次前进，恃强争先，不遵约束者，罪之。"⑤ 这些史料说明对于那些经济时效性较强的商品、体积小重量轻价值高的商品走京杭大运河水路

---

① 参见张照东《清代漕运与南北物质交流》，《清史研究》1992年第3期。
② 同上。
③ 包世臣：《安吴四种》卷7《中衢一勺》。
④ 傅泽洪辑录：《行水金鉴》卷119，商务印书馆1937年版。
⑤ 《清史稿》卷122《漕运》。

运输可能不是最优的选择。但是由于水路运输成本低廉，可装载大宗货物，内河航运风险小，尽管商船没有漕船具有的优先通行权和免税免检权，并且还要交纳商税等，京杭大运河仍是南北商人从事贩运贸易最重要的运输路线。江南的"南货"，五岭以南的"广货"，川黔的"川货"，苏浙闽广沿海进口的"洋货"，皆经由皇商、官商和众多的民间商人通过京杭大运河输送到北京①。

随着京杭大运河区域南北地区经济联系的加强，运河地区逐渐形成了一个相对独立的区域市场。在这个市场内，北方地区作为农业生产基地是江南手工业产品的销售与原料市场；江南作为手工业生产基地是北方农产品的销售与加工生产市场。南北两地互为市场，彼此依赖，互为补充，实现了自然资源的优化配置，优化了京杭大运河地区的经济布局，促进了区域商品经济的发展。

明清时期，随着商品经济的发展，全国性商品市场的逐步形成。京杭大运河以其贯通南北、连结五大水系的优势，流通商品涉及直隶、河南、山东、山西、陕西、甘肃、湖广、广东、江西、福建、安徽、江苏、浙江以及辽东等地，遍及明代十三布政司中的九个，清代关内十八行省中的十四个，以及关外广大地区。许檀先生将明清时期京杭大运河的商品流通特点归纳为以下几点：第一，在明代，运河的流通在全国商品流通中占有极为重要的地位。清代，运河的商品流通量较之明代又有很大增长，不过，由于长江航运及海运的发展，清代运河流通在全国商品流通中的地位有所下降。到清代中叶，运河流通仍占有相当重要的地位。第二，运河的商品流通以民生日用品为主。明代以纺织品为最大宗，清代则以商品粮的流通为最。第三，明代，运河的商品流通是以北方消费市场对江南经济的依赖为背景的。清代，运河的流通以华北区域经济的发展和相对独立为背景。清代的运河流通日益与长江、沿海的流通相联系，新的流通格局正在形成。明清时期运河商品流通的变化是全国性经济布局和流通格局变化的一个组成部分。②

北方地区的区域市场有了明显的发展，形成了一个或几个区域中心

---

① 参见常征、于德源《中国运河史》，燕山出版社1989年版，第542页。
② 参见许檀《明清时期运河的商品流通》，《历史档案》1992年第1期。

城市，运河把城市市场连结在一起，调剂着区域内的商品余缺，并与其他区域市场发生联系，相互交换。比如齐鲁市场的中心城市有济南、青岛、临清；燕冀市场的中心城市有北京、天津、通州；潞泽的市场中心城市有太原、潞安、泽州；关中市场的中心城市有西安、咸阳、南郑；中原市场的中心城市有开封、洛阳、南阳。明清时期区域市场的发展，不仅表现在本区域内各州县之间商品交换增加，也表现在各区域市场之间商品交换增加，以及北方各区域市场和南方各区域市场商品交换的增加。明清时期，北方各区域市场与其他各区域市场交换的商品主要是手工业产品和经济作物产品。① 以明清时期新出现的城市临清为例，它自出现以后，就逐渐起着齐鲁区域市场中心城市的作用。临清的商品市场，既为本城居民、手工业者和附近州县的农民服务，又为鲁西和直隶东部部分州县服务。临清的商品市场，是一个以中转为主的商品市场。临清每年的粮食销量达五百万石至一千万石，是北方最大的粮食交易中心。临清又是南方棉织品、丝织品北销的中转站。明清时期山东盛产棉花。棉花收成季节，这里每天都汇集棉花数万斤，转售江南。山西、陕西、辽东的布商从这里购货北销，山东、河南各州县的布商也从这里购货回到当地发卖，这里是北方的最大的纺织品市场中心，故有"冠带衣履天下"之称。② 再如纸张，来自福建、江西，品种甚多，如杠连、古连、毛边、三把头、五披、八披、头堂、本、表、笺等，其行销可及直隶、河南、山东的大部分地区，临清即有纸店二十余家。磁器，主要来自江西景德镇，运销华北。铁货，如铁锅及钉铁之类，铁锅既有来自广东的广锅、无锡的无锡锅，亦有来自山西的西路铁锅，除销行华北外，辽东、宜府、大同的互市所需也是一个很大的量。③ 向山东所产的梨、枣、羊皮和其他毛织品，以及辽东的人参、貂皮等也由这里转售外省。

3. 明清商人、商帮与京杭大运河区域间的人地关系

水运是古代交通运输的重要形式，在各种运输方式中，水运运力

---

① 姜守鹏：《明清北方市场研究》，东北师范大学出版社1996年版，第141页。
② 同上书，第140页。
③ 参见许檀《明清时期运河的商品流通》，《历史档案》1992年第1期。

大、成本低。明清时期，京杭大运河的水运功能在大宗货运上的地位是其他运输方式难以替代的。全国各地的商人涌向京杭大运河区域，在南北大交流中起到了非常重要的作用，形成了商人与运河区域间复杂的人地关系。

人地关系是一个动态的、开放的、复杂的系统，包括人地关系的形成过程、结构和发展的趋向等方面。"人地关系"并非仅指一般的人口与土地关系，而是有着更为广阔的内涵，它指的是人类社会和人类活动与地理环境之间的相互关系。作为地理学概念的"人地关系"，"人"是指社会性的人，是指在一定生产方式下从事各种生产活动或社会活动的人，是指有意识地从事进行物质交换而组成社会的人，是指在一定地域空间上活动着的人；"地"是指与人类活动有密切关系的、与有机自然界诸要素有规律结合的地理环境，是指在空间上存在着地域差异的地理环境，也是指在人的作用下已经改变了的地理环境，即经济、文化、社会地理环境。

明朝初年山西人口大量迁移到邻近省份。大量山西的移民主要迁往河北、山东西部、河南、北京、安徽等地。元末明初，战争和自然灾害不断，中原地区呈现荒凉情况。山西经济、文化较临近地区相对发达，人口密度大。从洪武初年开始至永乐十五年（1417）的五十年间，人口稠密的晋南、晋东南等地不断地向土地荒芜、人烟稀少的中原地区大量移民。从山西移民到山东始于洪武四年（1371），史料记载比较明确的有15次，数量达28.2万户，主要分布在当时的东昌、济南、青州等府。① 据考查，济宁市辖区的自然村庄建村年代大多为明洪武、永乐年间，始祖多是从山西洪洞县迁来的，有的县份高达70%，如梁山县1073个村庄，明代建村800个，有400个是从山西洪洞县迁来的。永乐二年（1404），朱棣"核太原、平阳、泽、潞、辽、沁丁多田少及无田之家"② 一万多户，分其丁口到北平进行屯种。可见移民活动规模之大，范围之广。③ 晋商入籍江南各地的记载也很多，如阎若璩先祖因经

---

① 张培安：《孔孟之乡地名寻根》，山东省地图出版社2009年版，第37页。
② 《明史》卷77《食货一》，第1880页。
③ 张培安：《孔孟之乡地名寻根》，山东省地图出版社2009年版，第37页。

营两淮盐业而入籍淮安山阳县。

研究明清时期商人与京杭运河之间人地关系的演变，就是要研究地区自然因素与商人活动的综合影响，商人的经商活动对区域社会经济的影响。运河的商品流通量远远超过漕粮运输量，极大地促进了全国的物资交流和商品经济的发展。在这一过程中商人起了非常重要的媒介作用。分析商人与运河区域商业、市场、社会间人地关系的演变过程，商人对当地社会风气、习俗的影响有重要意义。

二　明清晋商经营概况

山西是晋商的发源地，山西的地理、经济、人文特点与晋商的兴衰有着密切的联系。在京杭大运河区域经商的山西商人是晋商的重要组成部分。有必要将明清时期山西的地理特点、山西经济区的概况以及晋商总的经营情况、发展轨迹、活动范围、经营行业等情况作一概述。

1. 山西经济区的形成

明清时，山西西隔黄河与陕西省相望，南抵黄河与河南省为邻，东依太行山与河南、直隶两省毗连，北部过长城包括今内蒙古自治区的一部分。山西地貌整体上是被黄土覆盖的山地型高原。境内起伏不平，有平原、丘陵和山地等多种地貌类型。东部太行山、西部吕梁山纵贯南北，中部由北而南分布有大同、忻定、太原、临汾、长治和运城等盆地。恒山、五台山、系舟山、太岳山和中条山散列其间。

山西的地理特征最为显著的就是多山，土地贫瘠。在明清晋商崛起之前，山西以种植业为生的百姓大多生活艰难。所以山西人文地理最为显著的特质就是土地贫瘠，百姓节俭。虽然如此，山西丰富的自然资源和优越的地理位置，成为晋商崛起与发展不可或缺的条件。

山西植物资源分布的特点是：南部和东南部是以落叶阔叶林和次生落叶灌丛为主的夏绿阔叶林或针叶阔叶混交林分布区，也是植被类型最多、种类最丰富的地区；中部是以针叶林及落叶灌木丛为主、夏绿阔叶林为次分布区,是森林分布面积较大的地区;北部和西北部是温带灌草丛和半干旱草原分布区,森林植被较少,优势植物是长芒草、旱生蒿类和柠条、沙棘等。

山西省矿产资源十分丰富,其中以池盐、煤、铁、铝土等为最。运城池盐在明清两朝产量巨大,是晋南最为重要的产业,也是明代晋商发迹的重要资源。山西境内煤炭资源得天独厚,分布于全省90多个州县,明代以前山西的煤炭已经得到较广泛的开发和利用。铁矿也是山西重要的矿产资源,晋东南泽州府的阳城、凤台和潞安府长治县的荫城镇,是山西铁货手工业产品的重要生产基地。

明代,全国的驿路交通已基本形成一个完整的网络,山西全境有重要驿路交通线10条,数量居于全国前列。

山西地处黄土高原,是多山的省份,山系河流对山西历代政区的沿革与经济区域的形成产生了重要影响。自然条件对明清山西经济发展的影响很大。山西经济区的形成主要受资源优势、地理位置两个因素影响。从资源禀赋的角度看,明清之际,山西的相对优势资源是潞泽的铁货、丝绸,榆次的大布,大同的铜器、畜牧业,以及运城的池盐和煤炭等。从地理位置来讲,汾河沿岸的一些州县,如介休、平遥、太谷、祁县,由于交通便利,商业交往频繁,成为商贾辐辏、市肆鳞集的都会。山西人靠着和蒙古接壤的便利条件,熟悉少数民族的心理和生活习惯,通晓了少数民族的语言,为他们进行北路贸易创造了有利条件。

2. 晋商的发展轨迹

晋商的兴起,首先是明朝"开中法"的实施为晋商的发展提供了契机;其次,山西矿产资源丰富,手工业和加工制造业为晋商的发展提供了物质基础,使得晋商逐步走向辉煌。此外,由于晋南一带地窄人稠,外出经商成为人们的谋生手段,山西商人当时已遍及全国各地。随着商业竞争的日趋激烈,为了壮大自己的力量,维护自身的利益,晋商的商业组织开始出现。起初由资本雄厚的商人出资雇佣当地土商,共同经营、朋合营利成为较松散的商人群体,后来发展为东伙制,类似现在的股份制。制度的创新是晋商能够兴盛的一个重要原因。山西商人作为地方性集团组织的出现虽在明代，但其发展的鼎盛时期则在清代，其重要标志就是大量商业会馆的设立。会馆主要是为了维护同行或同乡的利益。到清代，晋商发展成为国内实力最雄厚的商帮。商业的发展不仅给人们带来了财富，而且也改变了山西地区"学而优则仕"的传统观念。这一时期，晋商雄居中华，饮誉欧亚，辉煌业绩中外瞩目。

晋商驼帮是指主要靠骆驼运输从事贸易活动的晋商商帮。明初，晋商利用"开中法"契机，从事食盐和粮食贸易，获取了巨额的利润。从事外贸的晋商经营茶叶，采用运销一条龙的经营模式。在福建、两湖、安徽、浙江、江苏一带购买茶山、收购茶叶，然后就地加工成砖茶，经陆路、水路两条路线，将茶叶销往蒙古和俄国。晋商船帮出现在清代，是指赴日本贩运铜斤的商人。随着商品经济的发展，货币流通量猛增，中国产铜量低，仅靠云南一地产的滇铜远远满足不了铸币需求。在这种情况下，山西商人组织船帮赴日本贸易，采办洋铜。介休范家就是最为突出的代表。范毓馪时期，范家的商业发展到了鼎盛时期，被人们称为著名的"洋铜商"。"驼帮"、"船帮"的经商历程，是晋商的艰辛创业史。

山西商人的货币经营资本形式中，最著名的是票号。山西票号起源于道光年间，衰败于民国年间。八十年间，山西票商对于调剂各地金融，代理国库，协助地方政府财政，发挥重要作用。在现代银行成立之前，如此大规模的金融机构，山西票号可以说是中国经济史上的一朵奇葩。票号最初是山西商人为了解决将四川的颜料——铜绿贩运到天津的贸易中运送现银的不便，而创立的汇兑制度。在票号产生以前，商人外出采购和贸易全要靠现银支付，在外地赚了钱捎寄老家也得靠专门的镖局把现银运送回去，不仅开支很大，费时误事，而且经常发生差错。于是头脑精明的平遥县"西玉成颜料庄"总经理雷履泰，发明以票据汇兑代替现银运送的方法。[①] "西玉成颜料庄"在北京、天津、四川等地都设有分庄，北京分庄经常为在北京的山西同乡办理北京与平遥、四川或天津之间的现金兑拨。这种异地拨兑，开始

---

① 刘建生：《商业与金融：近世以来的区域经济发展》，山西经济出版社 2009 年版，第 147 页。

只限于在亲朋好友之间进行，并不收费。后来，要求拨兑的人越来越多，在双方同意的前提下，出一定手续费就可办理。雷履泰发现这是一个生财之道，于是改设"日升昌"，兼营汇兑业务，果然生意很兴隆。后来他放弃了颜料生意，专门经营汇兑业务，这就是中国历史上第一家票号产生的过程。"日升昌"的生意一派兴旺。其他山西商人也学习"日升昌"的经验，投资票号，从而形成了著名的山西票号。

票号作为封建经济中的新生事物，产生的社会条件是明清市场经济发展对商业资本提出的新要求。由于商品经济的发展，社会生产力的提高，长途贩运贸易的发展，国内货币金融有了长足进步，逐渐形成全国性的流通市场。京杭大运河则促进了南北物资流通。大宗商品贸易额的增加，要求出现与之配套的金融服务部门，需要专门的汇兑机构的专业化运作，以满足市场经济发展的要求。传统的金融业即典当、账局和钱庄由于其自身的局限性，不能完全满足商业资本扩大的需求。山西票号正是适应了当时经济发展的产物，票号将山西商帮的商业成就推向了辉煌的顶峰。下图是清代山西票号总、分号的分布情况及数量。

表1—1　　　　　　　　清代山西票号的分布及家数①

序号	地区	家数	备注
1	山西	143	平遥24、祁县21、太谷21、太原12、曲沃6、介休6、忻州5、绛州（今新绛县）5、解州（今属运城市）5、大同4、运城4、张兰（属介休市）3、汾阳3、文水1、交城1、寿阳1、宗艾（属寿阳县）1、安邑（今属运城市）1、归绥（今呼和治待）9、包头5、丰镇1、凉城1（以上四地清属山西省，今属内蒙），22地143家（含总号43家）
2	北京	30	
3	上海	31	
4	天津	30	

① 《山西文史资料》1998年第6辑，总第120辑，第180—181页。

续表

序号	地区	家数	备注
5	汉口	39	
6	黑龙江	5	哈尔滨2、齐齐哈尔1、昂昂溪1、黑河1
7	吉林	4	吉林2、长春1、四平1
8	盛京（今辽宁）	29	奉天（今沈阳）12、营口11、锦州3、安东（今丹东）2、东沟1
9	直隶（今河北）	26	张家口13、泊头5、保定2、通州（通县，今属北京市）1、获鹿1、多伦（今属内蒙）2、承德1、赤峰（原属昭乌达盟，今为内蒙属地级市）1
10	山东	19	济南9、周村5、烟台2、青岛2、济宁1
11	河南	36	开封12、周家口（今商水县）10、清化（今博爱县）2、道口（今滑县）4、孟县2、郑州1、禹州（今禹县）1、环庆（今沁阳）1、社旗（清属南阳县，今为社旗县）1、漯河1、洛阳1
12	陕西	37	西安18、三原18、汉中1
13	甘肃	12	兰州4、凉州（今武威）3、甘州（今张掖）2、肃州（今酒泉）2、宁夏（今银川，属宁夏回族自治区）1
14	新疆	3	迪化（今乌鲁木齐）3
15	江苏	37	苏州16、扬州5、镇江7、南京3、商江浦（今淮阴市）2、兴化2、徐州1、淮安1
16	浙江	8	杭州7、宁波1
17	江西	11	南昌7、河口（今铅山县）3、九江1
18	安徽	9	芜湖4、安庆1、蚌埠1、屯溪1、正阳关1、亳州（今亳县）1
19	湖北	20	沙市17、武昌1、宜昌1、老河口（今光化县）1
20	湖南	35	长沙15、常德11、湘潭8、岳州（今岳阳）1
21	四川	43	重庆20、成都16、自流井（今自贡市）1、万县1、雅州（今雅安）1、打箭炉（今康定）1、泸州1、里塘1、巴塘1
22	贵州	1	贵阳1
23	云南	3	昆明2、蒙自1
24	广西	10	桂林5、梧州4、南宁1

续表

序号	地区	家数	备注
25	广东	20	广州13、汕头2、潮州1、琼州（今海南省海口市）1、香港2、九龙1
26	福建	10	福州5、厦门5
27	西藏	1	拉萨1
28	外蒙	2	库伦（今乌兰巴托）1、恰克图（今阿丹布拉克）1
	国内合计	646	124地
1	日本	5	东京1、大阪1、神户1、横滨1、下关1
2	朝鲜	3	仁川1、新义州1、南奎山1
3	印度	2	加尔各答2
	国外合计	10	9地

山西票号在国内外133个城镇（地区），共设立总分号656家。祁帮票号"大德通"1932年改银号后，曾在国外设分号。榆次常家的"独慎玉"（账局兼营茶货）曾在莫斯科设分号。

3. 晋商活动的范围

山西商人活跃在全国各地的市场上，文献多有记载，明时即全国闻名。明代初年，晋商的活动范围主要在北方边镇和长芦、河东、两淮盐区，特别是长城沿线，那里是晋商最为活跃的地区。明朝中后期，晋商开始涉足国际市场。据崇祯年间的史料记载，国内有商船贩运货物到日本，而这些商人中有很多是山西商人。① 从陆路对俄贸易最早最多的是山西人，在莫斯科、彼得堡等十多个俄国城市，都有过山西人开办的商号或分号。清初，晋商垄断了中国北方贸易，经营领域扩大到全国，甚至把触角延伸到了欧洲市场。南自香港、加尔各答，北到西伯利亚，东起大坂、神户、长崎、仁川，西到伊犁、喀什噶尔、莫斯科、彼得堡的广大地区，都留下了晋商的足迹。清代，晋商在国内市场上的活动更加

---

① 参见孙丽萍《人物、晋商、口述史研究》，山西人民出版社2011年版，第201页。

活跃，经营的区域更加宽广。如果说明代晋商的活动范围还主要集中在几个重点地域的话，清代时，晋商的活动地域已经遍布全国各地。清代中期，蒙古地区商品交易几乎被旅蒙晋商所垄断，在多伦诺尔、归化城、库伦等地，山西商人开设了数以千计的固定商业点，交易旺季时，晋商投入数万头骆驼和牛马进行营运。在朝鲜、日本，山西商人的贸易也很活跃，榆次常家从中国输出夏布，从朝鲜输入人参，被称作"人参财主"。清代介休范家贩运日本铜斤的船队垄断对日本的生铜进口和百货输出达数十年。甘肃的老西庙、新疆的古城塔、昆明金殿的铜鼎、江苏扬州的亢园、山东聊城的山陕会馆、安徽亳州的花戏楼，都是山西商人辉煌历史的见证；与山西商人字号有关的城市街巷，如张家口的日升昌巷、包头的复盛西巷、外蒙古科布多的大盛魁街、呼和浩特的定襄巷、宁武巷等至今犹存。在东北流传着"先有曹家号，后有朝阳县"，在内蒙流传着"先有复盛西，后有包头城"，在西北流传着"先有晋益老，后有西宁城"的谚语，可见山西商人经商的地域之广、人数之多。

康熙年间，松辽平原和内外蒙古草原，成为山西商人贩运贸易的新市场。当时，蒙汉贸易必须经过张家口和杀虎口（后改归化城），俗称东口和西口。张家口的八大著名商人都是山西人。在对蒙贸易的西口——杀虎口，山西的行商经常在大青山和西营一带贸易，并得到清廷的特殊照顾，获得了很高的利润。这些行商会说蒙语的被称为"通事行"，其中最大的"通事行"就是山西人开办的"大盛魁"，人们曾形容"大盛魁"的财产能用五十两重的银元宝从库伦到北京铺一条路。在宁夏，著名的大商号多是万荣、平遥、榆次、临猗一带的山西商人开办，宁夏的名药材枸杞半数掌握在山西人开的"庆泰亨"手中。在青海，山西商人以西宁为根据地活动于青海各地。在北京，粮食米面行多是祁县人经营；油盐酒店多是襄陵人经营；纸张商店多是临汾和襄陵人经营；布行多为翼城人经营，鲜鱼口以西有布巷，全为翼城人；北京至今留有招牌的大商号"都一处"、"六必居"、"乐仁堂"等都是浮山、临汾等山西商人创立和经营的。此外，山西商人还到四川、云南、贵州、湖北、湖南、江西、安徽、广东等地贸易和经商。广州的濠畔街，多数房子是山西商人修建的。"广生远"、"广懋兴"、"广益义"等都是山西人在广州开设的商号。由海上出口茶叶，比如运往印尼的茶，是由山西人在产地收购，运往广州，由潮帮商人从山西商人手中购进再转运南洋的。至于长江中下游一带，扬州的盐商、江西和福建的茶商以及由长江口出海与日本的贸易，也数山西人最为活跃。京杭大运河沿线的天津、临清、聊城、济宁、淮安、镇江等地同样活跃着大量的山西商人。

4. 晋商经营的行业

晋商经营的行业有"上自绸缎，下至葱蒜，无所不包"之说，具体讲有盐业、煤炭业、铁货业、木材业、铜业、粮食业、棉布业、棉花业、丝绸业、茶业、绒货业、颜料业、烟草业、药材业、纸张业、干鲜果业、刻书业、鞋业、油业、洋货业、杂货业、典当业、账局、票号业、玉器古玩业、饮食业等。晋商不放过任何一个赚钱的机会，诸如宁夏枸杞、西藏麝香、武夷茶叶、日本生铜、高丽人参、俄国金属制品，以至欧洲的洋货，在这些商品的贩运活动中都有山西商人的身影。

晋商凭借山西丰富的资源以及便利的交通，加上吃苦耐劳的品格，从事各种各样的行业经营，使得晋商誉满天下，传颂至今。晋商主要经营的行业有：

（1）粮食。粮食在古代可以说是最重要的物资。明代山西粮商大规模兴起，与"开中法"实施后北部边镇形成大规模的粮食市场有密切关系。洪武三年（1370），明政府利用国家控制的食盐专卖权，鼓励商人纳米中盐，解决"九边"粮草供给问题，史称"开中法"。永乐年间，"开中法"普遍推行。由于贩运食盐的前提是必须在北部边镇交纳定额粮食，因此，在长城沿线北部边镇就形成了很大规模的粮食交易市场。这是晋商兴起、发展的起步阶段。明代山西粮商很活跃，靠粮食发家致富的富商大贾颇多。

（2）铁器。山西矿产资源丰富，煤、铁、铝储量丰富，遍布全省各地。自古以来，冶炼、铸造手工业发达，尤其是铁器的冶炼、铸造加工技术水平在全国处于领先地位。如并州的刀、剪在唐代已驰名全国。明清山西的民营冶铁业是比较发达的，其中以泽州的阳城、潞州的荫城镇为最。泽州以生铁制品为主，用于铸造官用的炮、铆，也包括民用的锅、壶、盆、铧等。潞州的铁货以熟铁为主，主要用于打造民用的刀、剪、锄、钉等，尤其是钉，为南方造船所必需。铁器是明清晋商经营的大宗商品之一。

（3）丝绸。山西纺织业有着悠久的历史。山西不仅养蚕缫丝，还生产高档丝绸。发达的潞绸业、棉布业、颜料业对晋商的兴起和发展起了重要作用。明中叶，伴随着白银的大量流通使用，纺织品的商品化率不断提高。商品流通离不开集市和城镇。广东的佛山，湖北的汉口，河南的洛阳、社旗，山西的潞安、泽州，河北的宣化、张家口等地逐渐形成具有区域性商品经济特征的流通集散市场。丝织业得到前所未有的发展，江南地区苏杭二州的许多市镇和山西潞安府成为全国著名的丝织中心。明代即有大量晋商从事丝绸业经营的记载。

（4）畜产品。山西地处西北与中原的交通要道，是双方贸易的重要通道。与西北地区的交易主要是畜产品的贸易。内外蒙古和西北地区是中国的游牧经济区域，也是晋商进行商贸活动的大舞台。由于农耕经济和游牧经济的天然互补性，晋商将中原地区的粮食、绸缎、铁器、茶叶等产品运销北边，又将牲畜、皮毛、肉奶等畜产品返销内地，畜产品成为晋商经销的大宗商品。牲畜在晋商商贸活动中，一是充当运载货物的工具，在没有现代交通运输工具的时候，依靠畜力驮载拉运货物是主要的运输方式；二是用于商品交换，晋商将绸缎、茶叶卖给牧民，牧民则以牛羊骡马之类牲畜折抵给晋商。此外，内蒙古、东北和西北地区盛产名贵皮毛，晋商大量收购畜产品，然后贩运到北京、天津、上海、汉口、苏州、广州等地，或出口海外，都能获得高额利润。

（5）茶叶。茶叶虽不产于山西，但内外蒙古却是茶叶重要的消费市场，由于山西与蒙古在地理上联系，茶叶成为明清晋商经营的大宗商品。这其中自然与山西商人的勤俭吃苦有关，也与明清时期茶叶生产的发展、技术的进步有一定的关联。晋商经营茶叶的路线是从江南贩运回茶叶，在沿途地区销售一部分，其余大量运往蒙古、中亚、俄罗斯进行交易。晋商采购茶叶的主要地点是福建、江西和两湖地区。他们曾在福建的武夷山、下梅、星村收购茶叶，后来到湖南的安化、羊楼司、湖北蒲圻羊楼峒等地的茶市上采购茶叶。经营茶叶的晋商成群结队，几乎垄断了对俄国和蒙古地区的茶叶贸易。晋商经营茶叶的字号极多，如著名的旅蒙商"大盛魁"，祁县乔家的"大德兴"，榆次常家的"大德玉"、"大升玉"、"大泉玉"等。

（6）**金融业**。随着在大宗商品贸易中资金的不断积累，晋商的资本日渐雄厚，既经营商品生产和商品交换又经营金融业，出现了晋商早期经营的金融资本形式——依靠自有资本放债的典当、印局和在经营存放款业务中起中介作用的钱庄。19世纪初，随着商品经济的发展和晋商资本的进一步扩大，金融业从商业中分离出来，并在典当、印局、账局、钱庄基础上产生了票号这一专营汇兑、存放款业务的金融组织，它标志着晋商金融资本进入了一个新的阶段。

（7）**盐业**。山西商人贩运河东盐有两千多年的历史。河东盐商亦是明清晋商中最重要的一支。明初在东起山海关，西到嘉峪关的万里长城一线设置了九大边镇。明廷为解决九大边镇的军需，设"开中法"，号召商人运送粮食到边关去，官府给商人以盐引，商人凭盐引贩盐。当时，河东盐场是重要的开中地。河东盐行销范围主要是山西南部、陕西南部、河南北部等120多个州县。食盐利润空间非常大，山西商人抓住"开中法"契机，纷纷北上、南下，在卖盐和贩粮上大获其利。在两淮、扬州等地，盐业产量非常大，活跃着大量的山西商人。"叶淇变法"后，商人不用再向边关运送粮食，可以用白银换取盐引。盐商出现了边商、内商、水商的分化。晋商亦开始了由地域性的商帮向全国范围的大进军。

山西盐商大多出自平阳、泽州、潞安、汾州、太原、大同等地。山西盐商经营规模的扩大主要表现在势力范围亦即活动地域的拓展。在运司纳银制实行之前，他们的活动舞台主要为黄河流域的北方地区，到明中叶开中法改为折色制后，山西盐商大量地向淮浙地区移居，逐步进入了全国范围的流通领域，南北各地都有其足迹。山西盐商势力向四方辐射，特别是进入两淮后的活动更为引人瞩目。他们不仅在当地从事盐业，还积极办理迁居、入籍手续，成为两淮盐商的主要部分。山西盐商在开中法实施的过程中招民垦种，输运粮草，贩卖铁农具等军需产品，对巩固边防、开发边疆作出了贡献；他们在长期的贩运贸易过程中，不仅积聚了大量资本，而且促进了不同地区间的经济联系，扩大了市场。

山西盐商遍布全国,在北京、天津、山东、河南、陕西、江苏、四川、云南等许多地方都能找到山西盐商留下的痕迹。

此外,还有药材业、制烟业、矿产业、丝绸业、杂货业、洗染业等等许多以山西区域商人为主的行业亦值得称道。如洗染业是盂县人在北京经营的第二大行业。[①] 在北京,经营车围铺和锦旗店的多数为盂县人。[②] 参茸店则是盂县人在北京开设的第三大的行业。[③] 而制烟业主要由山西曲沃的商人经营。

[①] 张云翔:《晋商史料全览·阳泉卷》,山西人民出版社2006年版,第218页。
[②] 同上书,第250页。
[③] 同上书,第280页。

第 二 章

坐贾：在大运河区域开设店铺的晋商

我国城市的历史非常悠久，但在古代城市的发展中，社会分工和商品经济并没有起到决定性的作用，更主要的是政治、军事上的需要。市场经济的发展成为明清商业城镇兴起最主要的原因。经济发展是和当时当地的交通条件密切相联的。城市多在交通路线上，或路边，或河畔。交通运输是商业的前提，是商业的命脉，是商业城市崛起的重要因素。京杭大运河的开通极大地促进了运河沿岸城市的形成和发展。因运河所产生的仓站、闸站和漕粮支运、兑运及相应交接处，逐渐成为人口集中之地。于是，酒楼饭馆、旅店客栈、商铺货店、码头驿站等配套的服务行业随之而生。过去的荒丘野地，成了繁荣小镇；昔日的小村僻庄，亦成为重要都会。运河两岸城镇的兴盛正是得益于运河的便利交通及两岸经济的繁荣。大宗商品远距离贸易是利润丰厚的商业行为。高利润促使商业资本向着贸易中心点集中，使一些贸易中心点迅速都市化。京杭大运河流经的广大地区，以漕运为动力、以运河为纽带，运河区域商业城镇的商品经济发展了起来。到了清代，京杭大运河促进了全国性商品市场的形成。全国各地的商人涌向京杭大运河区域的商业城镇。

16至18世纪，在中国经济最发达的江南地区，苏州成了全国性市场中心，苏州向着工商业城市方向发展。由于商业资本的集中，"沿运城市如杭州、苏州、扬州、淮安、济宁、临清、天津等都是依靠运河成为商品集散地"[①]。这批城市兴起的动因，并非传统的政治因素，不是

---

① 姚汉源：《京杭运河史》，中国水利水电出版社1997年版，第25—26页。

像以往那样,由于达官贵人或军队的相对集中,即消费人数多诱发的,而是由于商业资本集中,物流量增大而导致的。① 在京杭大运河这一商品流通主干线上形成了天津、临清、聊城、张秋、济宁、淮安、扬州、无锡、苏州、杭州等繁荣的商业城市,覆盖了华北和华东的广大地区。全国各地的商帮都被京杭大运河所吸引,他们争先恐后的来到运河区域的商业城镇,抢占商机。史念海先生谈到,明朝时有近四十个较具规模的城市,"这些都会固然分布于许多省份之中,显然可以看出东部各省较多,而西部较少。东部的都会主要是在长江下游太湖附近地区和大运河沿岸……同时也显示出由北京通往杭州的运河乃是为南北交通的一条最大干线。它对于有关地区的繁荣起了很大的作用"②。

京杭大运河区域城镇的发展,是漕运、运河、商品经济、城市经济、国内市场的构成同步运动,大批运河城市的兴起和繁荣,促进了商品经济的进一步发展,社会分工的进一步扩大,国内市场的进一步开拓和巩固。晋商积极的参与到了这场经济大发展的洪流当中。嘉靖、隆庆时江西人李鼎说:"燕赵、秦晋、齐梁、江淮之货,日夜商贩而南;蛮海、闽广、豫章、南楚、瓯越、新安之货,日夜商贩而北……舳舻衔尾,日月无淹。"③ 在这些商道上,商品流通极为频繁。晋商在长途贩运中,分成两大商帮,一为粮船帮,自有造船场、码头和船队,载运各省货物于沿江上下及各海口交易,曾运至日本;一为骆驼帮,盛时备驼不下数十万。④

山西商人广泛活动于京杭大运河区域的商业城镇。从空间角度看,晋商在京杭大运河区域城镇的经商是有很大变化的。明代晋商主要在北京、天津、济宁、淮安、扬州等地活动。清代晋商的重点活动城镇有北京、天津、聊城、淮安、苏州等地。明代晋商以经营的主要行业细分,有在扬州、淮安等地经营两淮盐业的盐商,有在天津、沧州等

---

① 参见朱大为《16至18世纪中国大宗商品远距离贸易及其社会经济效应》,博士学位论文,福建师范大学,2004年。
② 史念海:《中国历史人口地理和历史经济地理》,台湾学生书局1991年版,第212页。
③ 李鼎.《李长卿集》卷一九《借箸篇·永利第六》,万历四十年豫章李氏家刻本。
④ 刘淼:《明代盐业经济研究》,汕头大学出版社1996年版,第128页。

地经营长芦盐业的盐商,有在苏州、杭州贩运丝绸、棉布的布商。清代,晋商在京杭大运河区域城镇经商的行业几乎扩大到当时的所有行业。演进路线是从盐、粮、茶、布等重点行业扩大到以票号为主的广泛的行业。

京杭大运河沿线的商业城镇按照与运河的关系可以分为两类。一类是与运河的兴衰同步的,运河水运畅通时,城镇的商业繁荣;运河衰落后,这些城镇随之衰落,如镇江、扬州、徐州、临清、聊城、济宁、通州以及张秋等城镇,这些城镇的繁荣很大程度上取决于与运河经济相关的长途贩运和种种服务业。另一类城镇,如杭州、苏州、天津、北京等城镇在运河兴的时候繁荣,但并不随运河的衰落而衰落。其原因在于,这些城镇一方面属于运河经济区,另一方面也是其他基本经济区的中心城镇。如北京、天津属于华北经济区,苏州、杭州属于江南经济区。天津还得利于海运的发展,运河衰落后,海运兴起,天津获得了更大的发展机会。因此,晋商在京杭大运河沿线城镇的经商活动,也可以分为两类,一类是与运河密切相关的,把京杭大运河作为主要的交通运输线,如从事长途贩运粮、盐、布等商品的晋商。另一类是由于京杭大运河沿线商业城镇的经济繁荣,山西商人到这些城镇从事商业活动,他们有固定的营业场所,大多经营城乡居民所需的各类生产、生活用品,主要经营方式是开设店铺,或者从事前店后厂的,兼有手工业和商业两种行业特点的坐贾。本章主要分析在京杭大运河区域城镇从事商业活动的坐商的经营情况。

一 京、津、冀地区

1. 北京

明清建都北京,宫廷王室、驻防军队及庞大的官僚机构所需粮食,绝大部分要从东南地区调拨,漕运便成为明清统治者的经济生命线。傅崇兰先生说:"明代和清代,北京的手工业和商业,以及在明清两代逐渐发展起来的会馆,都打着南北大运河的印记,晨钟暮鼓与航运相伴随,各处桥梁与运河相依,'南河沿儿'、'骑河楼、

'银闸儿'还依稀可见河道踪迹。"① 北京是全国四大商品集散市场之一，也是聚集晋商最多的地区之一。晋商在北京的经营范围非常广泛。

金融业是晋商在北京规模最大的行业。随着国内贸易的发展，北京的货币兑换业务频繁，钱庄业发展很快。嘉庆十五年（1810），北京有钱铺"二百五十余家"②。道光二十年（1840），北京内外"钱铺不下千家"。到了咸丰三年（1853），有人说京城钱铺"多为山东、山西铺商"所开，"即如山西商人祥字号钱铺，京师现开四十余座，俱用票存，彼此通融"。至光绪下半叶，仅顺天府批准的所谓"挂幌钱铺"就有511家。另外，还有主营旱烟、兼营换钱的"烟钱铺"295家，他们的籍贯或称河东商人，或称绛州人。③

北京纸张行业有纸庄、南纸店、京纸铺和纸马铺之分。经营西洋纸者都称纸庄。南纸店以销售南方所产之纸为主，并代销各种毛笔、墨盒、图章及字画等。京纸铺经营北京当地纸作坊和北方各省生产的纸张。纸马铺则销售各种神纸、朱笺挂钱等物。在北京经营纸张行的商人以山西临汾人为主。敬记纸庄是其中的佼佼者。"敬记"经营的纸张包括钞票纸、报纸、书画纸、账簿纸、毛边纸、广告纸、有光纸、麻纸等几十个品种，有的来自美国、瑞典、日本、菲律宾，有的来自国内几家大纸厂。在上海、西安、张家口、绥远、天津等城市设有分号。④ 北京敬记纸庄由河南商人王守琨在清同治八年（1869）出资300两纹银创办，由襄汾县燕村的刘卓然经营，地址在北京阎王庙前街。店铺的规模不大，效益也一般。光绪十五年（1889），北京商人乐尊育接手，并投入大量资金，地址也迁到了前门外兴隆街，聘用姜赞堂为掌柜全权经营。姜赞堂从山西采购原料和麻纸，运到北京销售。后来货源扩大到广东、广西、福建、四川、山东等地，并且从天津洋行进东、西洋纸，有报纸、洋宣纸、铜版纸、道林纸、洋毛边纸、粉连纸、洋高丽纸、复写纸等多种纸张。由于当时北京经营洋纸的只有敬记纸庄一家，所以开业

---

① 傅崇兰：《运河史话》，中国大百科全书出版社2000年版，第110页。
② 《清仁宗实录》卷225 "嘉庆十五年二月壬辰"条。
③ 黄鉴晖：《明清山西商人研究》，山西经济出版社2002年版，第171页。
④ 穆文瑛：《晋商史料研究》，山西人民出版社2001年版，第523页。

后生意十分兴隆，凡是卖洋纸的店铺都从敬记进货。民国初期，陆续有前门外粮食店的永太和纸庄，纸巷子的成记纸庄，前门外打磨厂的福隆纸庄以及西河沿的福生祥纸庄等开业。这几家经营洋纸的纸庄开业后，敬记纸庄失去了独霸北京洋纸业的优势。但是，姜赞堂会经营善管理，敬记纸庄生意依然很好，而且还有很大的发展。光绪二十一年（1896）后，敬记纸庄代理包销瑞典的纸张，包揽了供应清政府各部以及宫内用纸。这是敬记纸庄最辉煌的时期，其资金已逾100万大洋。光绪三十年（1905）敬记纸庄在上海、天津等地设立分号，扩大经营。姜赞堂观念先进，认识到了财产保险的重要性，将北京、天津两地的纸庄投了西洋保险公司的财产保险，光绪三十一年、三十二年（1906、1907），北京和天津的纸庄先后遭了火灾，存货全部被焚毁，经过周旋，纸庄获得了西洋保险公司的赔付，使得敬记纸庄的资金未受到大的损失。① 民国时，敬记纸庄发展到了极盛时期。以北京总号为中心，天津分号为主要进出口批发地，经营区域覆盖了大半个中国。当时，各分号的业务情况是：北京前柜门市部以批发为主，北京后柜仓库以批发为主，北京东柜门市部以零售为主，北京西柜门市部以零售为主，北京鼎茂恒纸店以零售为主，敬记天津分号为主要批发商号，还有天津世昌隆分店、上海两个批零门市部，西安、绥远批零门市部和临汾恒大纸行。② 新中国成立后，敬记纸庄及其分号被改造成公私合营的企业。③

在北京经营中药店的山西商人也很多，著名的中药店"同仁堂"乐家老铺，是由临汾上官韩兆森父兄、靳家庄靳东尧、襄陵庄里刘逊斋数人合伙投资开设的。地址在崇文门外大街的"万全堂"中药店也名声非凡。④ 襄汾县的姜家在明朝末年就在北京开起了药铺。明清易代后，生于清康熙四十年（1701）的姜彬赴京，重抄旧业，与山西临汾上官村的韩家合伙创办了"万全堂药铺"，经过不懈努力，成为京城有名的字号，赀累巨万。乾隆五十年（1785），时年83岁的姜彬还以商耆参加了乾隆帝的"千叟宴"，获得了寿诗、寿杖、寿如意

---

① 王三星：《晋商史料全览·临汾卷》，山西人民出版社2006年版，第31页。
② 同上书，第183页。
③ 同上书，第31页。
④ 穆雯英：《晋商史料研究》，山西人民出版社2001年版，第524页。

等皇家礼品。新中国成立后,"万全堂药铺"被改造成公私合营的企业。①

山西临汾的商人在北京开设的油盐店铺,像"涌福坊""长顺公""洪吉厂""广兴""鼎茂下恒""鸿茂祥"等均系年代久远、规模较大、货真价实、童叟无欺、兴隆繁荣的老店。声誉卓著、驰名京华的商号"六必居"酱菜园,是山西临汾县西社村赵姓商人在明代创办的。②"七七"事变前北京的油酒业公会中操业的全是山西襄陵(今襄汾)人。山西祁县人在北京的大街小巷开设了许多油盐店,出售米、面、油、盐、酒等主副食品。

山西盂县商人在北京主要经营荷包铺、染坊、参局、毡氇铺等。毡氇业是盂县商人在北京经营的主要行业之一。清嘉庆二年(1797)盂县在北京的6家毡氇行共同出资修建了盂县毡氇会馆,其出银数额分别是义兴号536两5钱、永兴号529两3钱、大成号433两9钱、大顺号453两、义成号176两、义和号184两1钱,合计银2312两8钱。碑刻记载:"每售毡氇一匹,恭除香资银一钱,迄今凡九阅春秋,日积月累,合计得银二千三百余金。"③盂县商人经商的足迹遍布京师、江苏、陕西、直隶等省外地区。④襄汾县毛姓商人于清代初年在北京前门大街开办了丰成号、万成号、增成号三个毡氇铺,属于前店后厂的形式。毛家最初与盂县商人合伙,到康熙时成为毛家独资的商铺,盂县人成了雇员。到雍正、乾隆时达到鼎盛。毛家的商号一直经营到新中国初期。⑤清光绪六年(1881)盂县商人在京商号有天胜隆、万兴隆、永庆成、连升成、贞和成、裕和荷包铺、恒发染坊、万兴长、丰恒参局、义成号、恒兴染坊、忠信成、永隆长、德丰号、复兴染坊、义聚长、广德号、天聚景、德胜隆、日升昌、宏兴成、泰和成、震兴染坊、复成染坊、忠兴成、合兴成、义励号、丰成号、和兴染坊、德兴毡氇铺、永兴

---

① 王三星:《晋商史料全览·临汾卷》,第30页。
② 穆雯英:《晋商史料研究》,第522页。
③ 李华:《明清以来北京工商会馆碑刻资料选编》,文物出版社1980年版,第89页。
④ 刘建生:《商业与金融:近世以来的区域经济发展》,山西经济出版社2009年版,第285页。
⑤ 王三星:《晋商史料全览·临汾卷》,第187页。

隆、天盛染、义兴合、隆兴长、永丰成、即升成、联升执事铺、同盛公、五和染坊、集成染坊、天丰参局、恒源升、隆泰长、大椿号、长丰隆、复盛成、永隆公、裕顺长、德顺染坊、福隆盛、永胜成、天德胜、吉庆昌、同和诚、义恒染坊、双复染坊、同丰参局、丰源长、恒瑞染坊、长顺染坊、聚宝长、世昌德、广德聚、永顺染坊、富丰长等几十家。①

北京前门外路东，北起大蒋家胡同，南迄东柳树井，有一道二华里长的小巷，街道两旁的深宅大院，早在明代万历年间就是山西布商经营批发的集中地。从事这一行业的主要是山西翼城人。

北京前门外天桥一带的粥行，用红豆、小米、高粱米熬粥，专供小商贩和游人食用，收入可观。主要是山西翼城人在经营，约有二百来户。

北京是长芦盐引销售区，盐业主要是山西商人在经营。经营干鲜果品店也多为山西商人。前门外路东、大栅栏、内城西单牌楼、西四牌楼一些点心干菜行业都是山西人经营的。山西商人在北京经营铜器制作的，多为高平、黎城等地的人。②

在北京经商的山西商人有一个特点，每个行业都主要由山西省内的几个地区的商人所经营。如盂县人经营的氆氇行，泽潞商人经营的铜器、铁器等。

再如代县阳明堡镇贾姓商人在乾隆年间即在北京东华门、宣武门、西直门和西四牌楼等繁华地段开设有"天福楼"商号，专营香纸蜡烛。商人高凤梧远涉苏州，经营绸缎生意。刘姓商人在北京开设钱庄。③ 晚清时忻州商人米殿阳在北京前门开设绸缎庄，在天津耳朵眼胡同开了兴隆泰玻璃钟表店，生意兴隆。民国四年（1915）因时局不稳，京津两地店铺相继关门歇业。④ 晚清时崞县屯瓦村商人陈佩伟在北京地安门后门大街开设"乾泰隆"绸缎庄。陈清河在北京办起了雕翎箭铺，自产自销，畅销北京。屯瓦村商人在北京还有陈孝开办的"瑞林祥"，陈

---

① 张云翔：《晋商史料全览·阳泉卷》，第301页。
② 穆雯英：《晋商史料研究》，第565页。
③ 樊惠杰：《晋商史料全览·忻州卷》，山西人民出版社2006年版，第12页。
④ 同上书，第102页。

森、陈四关开办的百货店。屯瓦村商人在北京经商的同时，还将北京的货物运回本地销售。① 大同清真寺同治四年（1865）碑记中记载，当时大同商人在北京开设的店铺有三十九家。②

下表是山西临汾县商人在北京经商的情况。

表2—1　明清及民国初年临汾县商人在北京开设的商号③

序号	字号名称	开设年代	地址
1	六必居酱菜园	明代	前门外粮食店
2	广兴杂货油盐店	明代	王府井
3	广兴粮店	清初	王府井
4	长顺公油盐店	清初	苏州胡同下坡
5	洪兴杂货店	清	御河桥
6	北鸿吉杂货店	清	地安门大街
7	鸿茂祥杂货店	清	德胜门外大街
8	如山号油盐店	清	东四六条
9	公圣义杂货店	清	东四牌楼
10	公昌义油盐店	清	隆福寺
11	鼎茂恒杂货店	清	朝阳门外大街
12	洪吉德杂货店	清	地安门
13	南鸿泰油盐店	清	地安门
14	敬记纸庄	清	前门外兴隆街
15	仁和栈干果子铺	清	西四北
16	西鼎和油盐店	清	铺什坊街
17	义和坊油盐店	清	李铁拐斜街
18	中鼎和油盐店	清	西柳树井
19	六珍号杂货店	清	粮食店
20	万全堂药店	清	崇文大街
21	长顺公分号	清末	观音寺
22	全德昌杂货店	清末	东四北大街

---

① 樊惠杰：《晋商史料全览·忻州卷》，第356页。
② 翟纲续：《晋商史料全览·大同卷》，山西人民出版社2006年版，第39页。
③ 王三星：《晋商史料全览·临汾卷》，第156—160页。

续表

序号	字号名称	开设年代	地址
23	长顺公分号	清末	花儿寺
24	南巨丰杂货店	清末	西直门外
25	北巨丰杂货店	清末	西直门外
26	恒达纸行	清末	明因寺街
27	大德昌纸店	清末	崇外大街
28	生生纸行	清末	草厂九条
29	志一公纸店	清末	打磨厂
30	志成纸店	清末	大栅栏
31	洪昌纸店	清末	东四九条
32	仁和厚纸店	清末	西四南
33	北聚泰杂货店	清末	崇外大街
34	洪吉昌杂货店	清末	地安门
35	信远号绒线铺	清末	花市大街
36	信义号绒线铺	清末	崇外大街
37	巨源永杂货店	清末民初	西直门外
38	协和纸庄	清末民初	大蒋家胡同
39	义兴楼杂货店	清末民初	广内大街
40	义兴香厂	清末民初	广内大街
41	同德昌药店	清末民初	兴隆街
42	公太义杂货店	清末民初	隆福寺

山西商人中有名的太谷曹家在北京开设有许多商号，如票号锦生润分庄，光绪二十六年（1900）开设，资本来源是曹氏三多堂，由曹中成、曹润堂主办，曲绸庄锦霞铭分庄。在天津开设的商号有：钱铺蔚兴和分庄，曹氏三多堂开办。钱庄锦元懋分庄、票号锦生润分庄，光绪年间开设。颜料庄锦泉兴分庄、绸缎庄彩霞蔚分庄，由太谷彩霞蔚出资开办，专门在北京、天津一带销售绫罗绸缎，并为太谷锦生蔚采购洋货。[1]

---

[1] 侯文正：《晋商文化旅游区志》，山西人民出版社2005年版，第184页。

可见，北京是山西商人的聚集之地，很多行业都有山西商人的身影。山西商人亦是在北京的外地商帮中实力最强的一支。

2. 通州

通州位于京杭大运河的北端，是北京的东大门，自古水路交通发达，地理位置重要，在历史上曾经是京畿仓储、漕运的重地。漕运的兴旺给通州的经济带来了繁荣，使得通州政治、经济、军事、文化地位较之周边州县更为突出。通过有"天府奥区，左辅雄港"之誉，还有"一京二卫三通州"的说法。通州历史悠久，秦时隶属渔阳郡。西汉时正式设县，始称路县，东汉时改"路"为"潞"，史称潞县。以后直至辽代均沿用此名。元朝时期通州由大都路直辖，地位进一步上升，尤其是至正二十九年（1292），郭守敬开始修凿大都至通州的运河，历时一年半而成，名为通惠河，通州从此成为南方粮运来京的咽喉要道，盛极一时的皇家码头。通州作为北京东部重要水路门户的地位，为其在明清时期的兴旺繁荣奠定了基础。在通州的历史发展中具有重大意义。

明王朝迁都北京后，通惠河上游的昌平成为皇家陵地，为保护风水通惠河不再从那里引水，就成了无源之河。积水潭的水面缩小，航线缩短。从江南运来的财赋物产只能在通州卸下，然后再换小驳船运进京城。因"潞河为万国朝宗之地，四海九州，岁至百货，千樯万艘，辐辏云集，商贾行旅梯山航海而至者，车毂织路，相望于道，盖仓庚之都会而水陆之冲达也"①，所以通州被称为京门。漕渠在通州又分为两种：外漕渠和里漕渠。外漕渠是指由外省远程运输漕粮到达通州的河道，简称外河，明清时代，指京杭大运河。里漕渠是指漕粮运至通州码头，经官府验收后，再转运于京、通各仓的河道，简称里河，元以后，主要是指通惠河。至今通州东关的北运河畔有"外河沿"，北关的通惠河畔有"里河沿"，这两个地名都是因为濒临里、外漕渠而得名。由于优越的地理位置，通州在促进南北物资交流，促进南北各民族的融合，维护封建王朝统治等方面发挥了重要作用，以漕运中枢、水路都会的地位和作

---

① 英良、高建勋：《通州志》卷首《宸章》，光绪九年刻本，第20页。

用，成为京城附近一座重要的城市，市肆繁华，商贾云集。据康熙《通州志》记载，通州的商业行当有煤行、花布行、瓜靛行、钉锅行、鱼行、灰行、果行、香末行、查油行、柴炭行、葱菜行、房行、土碱行、火纸行、杂货行、杂税揽头行、斗斛行、烧酒行、瓜子行、米行、曲行、粗细米行、姜果行、青菜木耳香蕈行、油盐店行、鱼蟹称行等二三十种。

  清代晚期，通州城内大小店铺有一千五六百家。这些店铺大都集中在通州旧城的中部和东北部，即在通州东大街、鼓楼后大街、鼓楼前大街、闸桥和南大街等街巷中。特别是东大街和闸桥店铺鳞次栉比，是当时通州城内著名的繁华商业街。由于土坝、石坝严禁私人船舶停靠，在土坝皇亭子以南，凡由淮河流域各省运来的麦、稻、杂粮的商船在此停泊。附近出现了德裕等11家麦子店，专门存储、经营粮食业务。在旧城东北部，形成粮食市、江米店、果子市、瓷器市场、鱼市等各类专业市场，专门进行批发和零售。粮食市位于东关北运河西岸，为民间粮食存储及交易场所。南方的大米、北方的小麦多运到这里进行批发和销售。清乾隆年间，山东、河南、直隶大名府、天津、徐州等地商人，每年自农历二月开河以后，陆续将米麦运到通州粮食市，数额高达五六十万石。果子市位于东大街东端南北两侧，商业繁荣，是水果交易市场，曾名果子街。清乾隆初年，以东大街为界分为南果市和北果市，街内有南北果子栈。清末，尚存果品店20余家。瓷器市场位于通州旧城东北部，北大街东侧，漕运兴盛时期形成瓷器专业市场。江西景德镇等地的瓷器经大运河运抵通州汇集于此，形成专门的批发销售市场。瓷器运抵通州，有瓷器商收购，向北方地区批发或者就地零售。此外还有玉川、大盛川等8家茶局子，专门代理茶商收购、批发茶叶，每年自南方运至通州的茶叶多达10万箱以上，远销内蒙古、新疆等游牧地区和外蒙古、俄罗斯等地。通州城内还有木器商8家，盐商、烟酒商、布商等20多家。一般来说，大商号多为外地人经营，茶商多为安徽、山西人，瓷器商江西人居多，粮商以山东人为多，杂货多为天津、山西人经营。这些商业以收购批发为主，近销京城各地，远销张家口、热河、绥远。除此以外还有猪市、骡马市、牛羊市、钱市等，通州是京东集市贸易中心。① 清光绪二十七年（1901）漕运停止后，通州逐渐衰败。店铺数量大为减少，通州城内的商户由"原来的1500户减少到800户"。② 原来从事布匹、鞋帽、五金、烟糖等商品的批发业务的商号，在19世纪末时还有数十家，庚子事变后只剩下了8户。40多家钱庄到民国初年仅剩下2家。粮食市、果子市、瓷器市场等也逐渐萎缩。漕运兴盛时的稻谷加工、面粉加工、货栈业、旅店业也因漕运的终止而生路断绝，相继倒闭。

3. 天津

天津原名直沽，永乐时赐名天津，并筑城垣，地处华北平原东部的海河入海口，内扼南北运河枢纽，外临渤海湾，拥有广阔的经济腹地，是华北平原重要的经济中心和最大的口岸，历来是"蒙古东部，直、晋两省以及鲁、豫两省北部天然出入口"③。以天津为中心，南有南运河，北有北运河，西有子牙河和大清河等西河，东有蓟运河，这些河流来自直隶和山东等省，汇集于天津入海。史载："天津为卫，去神京二百余里，当南北往来要冲。京师岁食东南数百万之漕，悉道经于此。舟楫之所式临，商贾之所萃集。五方之民之所杂处，皇华使者之所以衔命以出，贤大夫之所报命而还者，亦必由于是，名虽为卫，实则一大都会，所莫能过也。"④

明清时期天津的商业是依靠漕运和长芦盐业发展起来的，凭借河海交汇的地理优势，同海河流域的城镇和农村形成了紧密的经济联系。随着运河的疏通和明廷迁都北京，天津逐渐成为京师的门户，联系运河、东北和山东的枢纽，在漕运和盐业发展的基础上，商业和手工业日趋繁荣，出现了"四方百货，倍于往时"的景象。正德年间，山东按察司

---

① 参见孔凡英《试论清末民初通州社会经济发展变迁》，硕士学位论文，首都师范大学，2008年。
② 金士坚、徐白：《通县志要》卷九《风土志》，民国三十年铅印本，第178页。
③ 吴弘明：《津海关年报档案汇编（1865—1911）》上册《1877—1879年贸易报告》，天津社会科学院历史所等编印，1993年，第170页。
④ 《新校天津卫志·薛柱斗序》，台湾成文出版社1969年版。

副使吕盛曾说:"天津……北近京师,东连海岱,天下粮艘商舶,鱼贯而进,殆无虚日。"① 入清以后,天津逐渐形成以北京为主要贸易对象的漕运、渔盐、贩粮三大经济支柱,城市人口猛增,商业、服务业得到迅速发展。漕运和随漕运带来的贸易成为天津商业的重要组成部分。天津成为华北最大的商业中心和港口城市。每值漕运时节,天津沿河码头的船只南北往来,"帆樯云集,负缆者邪许相闻"②,商贾汇聚,百货云集,"繁华热闹胜两江,河路码头买卖广"③,"若停运一年,将南方货物不至,北方之枣豆难销,物情殊多未便"④。开埠以后,随着转口贸易的发展,天津由过去的漕粮转运枢纽向近代商业城市演变,经南方各通商口岸进入天津的国内外船只逐年增多,棉布、呢绒、丝缎、五金、仪器、食品、烟草、茶叶等南货、洋货大量运抵天津,进出口贸易繁盛。天津城市经济辐射能力增强,辐射范围扩大,逐渐成为华北地区最大的洋货集散地和"中国进口货之最大销场之一"⑤。

天津的经济腹地随着天津集散能力的增强逐渐扩大,从河北扩展到山西、内蒙等西北地区,山东运河和津浦铁路沿线济南以北的鲁中、鲁西北地区,甚至河南、陕西、甘肃、新疆的一部分也成为天津中心市场的次生腹地。由内地运到天津的商品有两类:一类是内地农村出产的工业原料和土特产品,如棉花、皮毛、猪鬃、地毯、蛋品、花生等,主要是出口到世界市场和国内其他口岸;另一类是供应城市工业和市民生活需要的商品,如小麦、杂粮、布匹、药材等。随着进出口贸易的发展、城市规模的扩大和工商业的发达,腹地运到天津市场的商品不断增加。

运到天津的外国商品有欧洲的毛呢制品和纺织品、染料以及锡、铜等金属产品,亚洲一些国家的土特产品,如象牙、鱼翅、燕窝、槟榔、胡椒等,天津北门外的锅店街、估衣街、东门外的宫南、宫北大街成为

---

① 《新校天津卫志·吕盛跋》,台湾成文出版社,民国五十八年(1969年)。
② 道光《津门保甲图说》总说,道光二十六年刻本。
③ 张焘:《津门杂记》,天津古籍出版社1986年版,第101页。
④ 张利民:《华北城市经济近代化研究》,天津社会科学院出版社2004年版,第40页。
⑤ 吴弘明:《津海关年报档案汇编(1865—1911)》上册《1866年贸易报告》,天津社会科学院历史所等编印,1993年,第15页。

洋货零售和向腹地批发的总汇之地。进入天津的各种洋货，除销于直隶所属州县外，还远销于山西太谷、潞安府、太原府、平阳府、蒲州府，河南的彰德府、卫辉府、怀庆府，山东的临清州、东昌府、济南府，陕西的西安府、同州府与兴安府，以及蒙古等地区。

天津作为是我国北方重要进出口贸易口岸和三北土特产重要集散地，南北客商云集，在天津市场上形成许多商帮，诸如广东帮、潮汕帮、闽粤帮、宁波帮、山西帮、东北帮以及京帮等。清嘉庆以后，山西票号兴起，天津逐渐发展成为我国北方的金融中心。晋商随着票号的兴隆盛极一时。

晋商在天津经营的主要行业有票号、典当、颜料、染布、煤炭、杂货、皮毛、货栈、食盐等等。

天津是票号开创者、清乾隆末年山西商人雷覆泰经营的"日升昌"的发祥地。日升昌的前身是西裕成颜料庄，总号设在平遥县西大街路南，在北京、天津、沈阳、四川等地设有分号。[①] 清嘉庆后祁县、太谷、平遥三帮票号都在天津设有分支机构。辛亥革命以后，票号势微，但大德通、大德恒两家以及三晋源仍继续经营，改组为银号（钱庄）。他们沿袭山西商人传统朴实稳重和重视信用的优良作风，以经营一般银号存放款及汇兑业务为主。当时天津银号有两派，在宫南北大街的一派称东街，以做现事为主，即做投机生意；另一派在针市街，称西街，以放架子为主，不做投机生意，这是银号的主业。

从明代起，典当业一直是天津实力雄厚的重要行业，是调剂当地居民资金余缺的金融机构。天津典当业投资者，最早是地主和盐商。在天津经营典当最出名的是山西商人。

颜料是制作衣被不可缺少的辅料商品之一。晋商将颜料从产地贩运到天津再转销东北和西北各地，因此天津颜料业有广阔的市场。天津开埠以后，日本、德国的化学颜料大量进口，颜色鲜艳，品种繁多，深受广大消费者欢迎。特别在我国北方的广大地区，百姓习惯穿着黑蓝等深色服装，因此天津颜料行业的销路顺畅。第二次世界大战期间，德、日等国进口颜料断源，颜料价格猛涨，颜料商人获得厚利。当时天津经营

---

① 黄鉴辉：《山西票号史料（增订本）》，山西经济出版社2002年版，第11页。

颜料的字号很多，主要有德昌公、公裕、福兴恒等山西帮颜料庄。在天津享有盛誉的公裕颜料庄，是山西帮颜料商的首户，该号不但贩运各种颜料，而且设厂生产公字牌硫化氢，是天津的名牌产品。由于颜料是染坊的必备原料，山西平定人在从事染坊业的同时，有的也做颜料生意。如民国初年，平定西白岸村商人王之明在天津开设德生颜料庄，并从日本、德国进口化学颜料，生意越做越大，后在上海、南京、石家庄等地开设分号。

染坊属于棉布加工行业，主要漂染各种色布如青、红、蓝、灰、漂白等色布，大量行销西北及东北各地。经营染坊的晋商在天津也占重要地位。染坊接待的顾客，主要是家庭妇女，以拆洗衣物或小块布头重新加染，业务十分琐碎，但山西染坊不但加工质量好，水洗不褪色，而且在收货时，量尺做暗记，保证原件交还不亏尺，不错乱。"在天津山西帮染坊多数是山西平定人。"① 天津染坊中历史悠久，产品质量优良，声誉素著的老字号有山西商人办的义同泰。

在天津，无论生产用煤，还是生活用煤，都愿用山西煤炭。阳泉大砟，是京津地区冬季取暖最好的煤炭，可以说家喻户晓，每到冬季大家争相购买。大同煤灰份少，燃烧力强，最适合轻工业使用，天津各纱厂、毛纺厂以及化工厂等都愿用大同煤。晋商将阳泉、大同等地的煤炭运到天津销售。

天津皮毛行业，也是晋商主要经营行业之一。在天津的山西皮毛商人主要经营寿阳和榆林的羊皮，西宁和内蒙古的羊毛、羊绒，以及西北的牛皮、马皮、驴皮、狐皮、黄狼皮等。天津估衣街冬季皮货铺多数是山西人经营的。如天津华北制革厂是由山西太谷人王晋生创办的。

19世纪的天津货栈业属于面向客商经营的一种仓库业。天津腹地的商人在进行洋货及洋布贸易时所依托的仍是天津原有的货栈系统。天津货栈业务主要是代理外地客商存货、住宿、提供市场行情，办理代购、代销、代办运输、保险、纳税、报关等便利客商的服务业务。七七事变以前，天津有货栈百余家，其中山西帮经营的货栈有十几家。货栈是山西帮行商的落脚之处。当时在天津城北的针市街一带栈房密集，其

---

① 张云翔：《晋商史料全览·阳泉卷》，第343页。

中集义栈、晋义栈、德兴栈、易馨栈等栈房专为山西的洋布和杂货商人服务。天津洋纱布批发商人的客户来自天津周围及其深远腹地,将洋纱布从天津运销本地的中间商,俗称"外帮老客"。以洋纱运销为例,据当时的从业人员的回忆,20世纪初期各地的"老客"按地区不同分为若干"帮",当时有北京帮、东口帮(张家口)、西客帮(山西)、西河帮(文安、霸县、任丘、胜芳、白沟河一带)、津浦线帮(沧县、泊镇、东光、桑园、德州一带)、高阳帮、饶阳肃宁帮、南宫冀州帮、东八县帮(香河、宝坻、玉田、丰润、遵化、昌黎、滦州、乐亭)等,估计约有600—700户。① 常来山西帮货栈住的行商老客,主要经营皮毛、大枣、核桃、棉花、药材、花椒等土特产品。

在整个19世纪,这个由进出口商人、栈房业者、内地中间商人、城乡集市与零售店铺以及城乡消费者结成的传统市场网络有效地促进了开放口岸与华北内地之间长距离贸易的发展。山西商人在这个贸易链条中充当了重要的角色。晋商是天津进口洋布和洋货的最大买主。每年都要有300多山西商人来天津购买洋布,然后运到山西。②

天津属于长芦盐区,为长芦"盐务总汇之地"③。大量的食盐在天津集散,天津是盐商的汇聚之地。据道光中期的统计,当时天津有盐商372家④,每年缴纳的盐课达四十余万两⑤。山西盐商是长芦盐商中最重要的一支。

此外,山西帮商人还在天津经营海产杂货、南纸、红白糖、藤竹货、烟丝以及绸缎、呢绒、棉花、碱面及五金等商品。这些商号在天津的规模也很大,历史悠久享有盛誉的如宫南大街秀升锅店经营的阳泉铁锅,北门外中和烟铺经营的甘肃兰州青黄烟丝等。⑥

---

① 参见张思《19世纪天津、烟台的对外贸易与传统市场网络——以洋纱洋布的输入与运销为例》,《史林》2004年第4期。
② 同上。
③ (清)吴廷华:《天津县志》卷17,清乾隆四年刊本。
④ (清)佚名:《津门保甲图说》,道光二十六年刻本。
⑤ 张焘:《津门杂记》,台湾文海出版社1982年版。
⑥ 李希曾:《晋商史料与研究》,山西人民出版社1996年版,第574页。

4. 沧州

北魏孝明帝熙平二年（517），割瀛、冀二州之地建沧州。取濒临沧海之意。沧州段运河当时称为御河或卫河，属海河水系。京杭大运河纵穿沧州达220公里，沧州是京杭大运河流经里程最长的城市。[①] 沧州境内的泊头、莫州、河间、献县均是京杭大运河的交通要冲，成为京、津、冀、鲁、豫商品流通的集散中心，也成为各地商人的聚集之地，沧州的商业也繁荣起来。明永乐二年（1404），李、黄、王、郭、高、孙等姓氏的山西人由洪洞县迁到沧州，聚居的村子名为"商家林"，就是因当时经商的山西人多，故取"商家如林"之意而得村名。大批的山西商人会聚沧州，为沧州商业经济的发展注入了活力。

沧州还是明清时期长芦盐的集散地。长芦盐区是北起山海关南至黄骅县盐场的总称。元始设河间盐运司，明初改名长芦，以运司驻在长芦镇（今沧州市）而得名。清康熙后运司移驻天津，而长芦之名不改。从明代起，就有许多山西商人从事长芦盐的运销。明代蒲州人有许多在沧州为盐商。如张四维家族，"四维父盐长芦，累资数十百万"，展玉泉、王瑶、范世奎、王海峰等著名的明代山西盐商都是在沧州经商业盐。

二 山东地区

1. 德州

德州，地处黄河故道，运河之滨。德州之"德"，乃德水之"德"。德水，是古黄河别名。德州因处于德水之畔而得名。德州因黄河而命名，因运河而闻名。历史上德州是兵家必争之地，京杭大运河开通后，德州地理位置更加重要，特殊的地理位置和便利条件，使德州成为历代仓屯和驻防重地。元明之际的多年混战、靖难之役的德州战事，使德州遭到了严重的破坏，人口数量锐减。德州城内一时间皆为军户，几无民

---

① 参见刘士林等《中国脐带：大运河城市群叙事》，辽宁人民出版社2008年版，第46页。

户。为发展德州的经济,明初,从山西洪洞移民以恢复德州的发展。明永乐年间的德州"四方百货,倍于往时"①。德州是一个典型的移民城市,漕船的往来形成了德州的商业中心,在运河边上发展起了桥口街、小锅市街、米市街、顺城街和北厂街。德州城"南关为民市,为大市;西关为军市,为小市;马市角南为马市,北为羊市,东为米市,又东为柴市,西为锅市,又西为绸缎市。中心角以北为旧线市,南门外以西为新线市……小西关军市货物皆自南关拨去,故市名类以小字别之。后因每岁冬间运粮于北厂,故又以北市为名。万历四十年御河西移,浮桥口立大小竹竿巷,每遇漕船带货发买,遂成市廛"②。清乾隆年间,德州城内有手工业作坊200余处,商号400多家。③ 闽广、江浙、两湖、辽东、山陕等地的商人活跃在德州转贩市场上。④ 在德州市场上,运销量最大的商品是粮食和布绸,其中有很多山西商人在经营这些产品。此外还有很多从事贩茶的山西商人,"惟边茶独卸南运河西,山西客商转运各边关口"⑤。明代时,来自各地的商人活跃在德州市场上,其中,天津商人的势力尤强。入清后,晋商的势力崛起,取代津商,执德州的钱庄、丝绸、茶、盐、皮货、杂货等行业之牛耳,成为德州市场上势力最雄厚的商帮。⑥

2. 临清

临清古称清渊、清源,元代是淮州属县,明代为东昌府属县。临清原来是经济基础较差的城镇,在元代以前,几乎无商业可言。明初虽然建立了县治,但未形成城市。正统十四年(1450)才建成了临清城。明初,山东地广人稀,山西泽潞等地移民迁往临清等地。会通河疏浚后,由于临清位于会通河北口,又踞会通河与卫河交叉处,城市迅速崛起,成为"地居神京之臂,势扼九省之喉"的京畿门户。区位优势凸

---

① 《明成祖实录(永乐)》卷125 "永乐二十一年正月"条。
② 董瑶林:《德县志》,台湾成文出版社1968年版。
③ 参见刘士林等《中国脐带:大运河城市群叙事》,第76页。
④ 田贵宝、吴丙友:《德州运河文化》,内部刊物,2004年,第252页。
⑤ 同上书,第348页。
⑥ 同上书,第349页。

显，是南来北往及西向运输的"舟航之所必由"①，是漕运的五大水次码头之一。临清有"北控燕赵，东接齐鲁，南界魏博，河运直抗京师"的地理位置优势，可以"关察五方之客，闸通七省之漕"②。这为其成为"舟车络绎，商旅辐辏"③的商业重镇提供了充分条件。明正统时吏部尚书王直曾言："临清为南北往来交会咽喉之地，在东昌之北，为其属邑。财赋虽出乎四方，而输送以供国用者，必休于此而道。商贾虽周于百货，而贸迁而应时需者，必藏于此而后通。其为要且切也。"④ 明清时临清成为华北经贸区最重要的大宗商品贸易转运中心。

临清的繁盛，使得"四乡之人就食日滋"⑤，人口迅速增加，据康熙《临清州志》载，洪武时临清县只有一千五百二户，八千三百五十六口。万历二十八年（1600）迅速增至三万三百二十三户，六万六千七百四十五口。崇祯十三年（1640）有丁达六万三千八百一十九人。⑥ 临清城内"四方商贾多于居民者十倍"⑦。由于临清经济地位的上升和人口的增加，万历年间是临清经济发展的鼎盛时期，临清钞关税收居全国八大钞关之首，所收船钞商税每年达八万三千余两，全国八大钞关商税总额三十四万余两，临清一关即占四分之一。⑧

明末清初的政治变革与战乱，曾使临清的经济一度萧条。康熙年间逐渐恢复。因此，临清经济的繁盛期实际上分为明嘉靖至万历，以及清康熙至乾隆两个阶段。从明中期开始，国内大宗商品远距离贸易进一步发展和全国性大市场初步形成。作为远距离大宗贸易的中转之地，临清水陆交通两便，与全国各区域市场有着密切的联系，是全国为数不多的流通枢纽城市。分合于临清的三条水道，北达京、津，南抵苏、杭，西及开封，是临清商品流通的主脉。以这三条交通主干为端点，再与其他水路、陆路相连接，就构成一张主脉与支脉纵横交织的广袤的商品流通

---

① 康熙《临清州志》卷4《艺文》。
② 康熙《临清州志》卷3《疆域》。
③ 民国《临清县志》，贺王昌序，第59页。
④ 康熙《临清州志》卷4《艺文》，王直：《临清建城记》。
⑤ 民国《临清县志》第11册，《艺文·东义家记》，台湾成文出版社1968年版。
⑥ 康熙《临清州志》卷2《赋役》。
⑦ 民国《临清县志》第11册，《蓄锐亭记》。
⑧ 赵世卿：《关税亏减疏》，《明经世文编》卷411。

网。临清商品运销所及，除山东本省各府州县外，包括京师、直隶、河南、山西、陕西、甘肃、湖广、广东、江西、福建、安徽、江苏、浙江以及辽东等地，甚至远及西藏、内蒙等边疆地区。①

临清城内的商业聚集区大致分为中州、北区、东区、卫河西、东南区几个部分。从商业布局可以看出，临清市场兼其批发、零售和农产品集散的功能。中州地区布匹、绸缎、磁器、纸张等店铺以及卫河西的茶叶店等同类店铺高度集中，带有中转批发商业的特征，其中很多店铺兼营批发业，还有一些则属于存储货物并作为商业中介机构介绍大宗商品成交的邸店、货栈。② 经营不同商品的各类店铺杂居错处于同一条街市，最典型的是北区小市街的店铺结构，明显地反映出它以本地居民消费为主的性质。卫河西、东区及东南三区除了茶叶及来自济宁一带的大宗粮食的贸易外，基本上属于以农产品的集散为主的市场，其商品多来自临清本地及相邻县区。③ 嘉靖至万历年间，临清经济进入全盛时期。据文献记载，当时临清城内有布店73家，绸缎店32家，杂货店65家，纸店24家，辽东货店13家，大小典当百余家，客店数百家，以及其他大小店铺、作坊共计千余家。在临清的市场上，活跃着来自全国各地的商人，徽商势力最盛，其次为山陕商人。

临清店铺种类繁多，包括粮食、布店、绸缎店、丝店、皮货店、羊皮店、鞋袜靴帽店、故衣店、锅店、磁器店、纸店、金属器皿（如金、银、铜、锡、铁等）铺、烟、酒、茶、盐、果品、海味、辽东货（人参、貂皮、青黄鼠皮等）、木料、船具、木器、家具、首饰、古玩等各种店铺；碾房、磨坊、油坊、皮毛加工、竹木作坊等也有一些是带店铺的。此外，还有银钱、典当等铺，焦石木炭店，药材行，饮食店和制作香烛纸马、盆、桶、锅盖等的作坊店铺，以及棉花市、绵绸市、线市、姜市、柴市、猪市、驴市、鸡鸭市等农副产品的专门市场。④

---

① 许檀先生认为，明清时期，全国性的市场网络体系渐至形成，可区分为流通枢纽城市、中等商业城镇和农村集市三大层级。其中，流通枢纽城市主要指作为全国性或大区域的流通枢纽城市，其贸易一般多覆盖数省或十数省，并多为中央一级的税关所在地。参见《明清时期城乡市场网络体系的形成及其意义》，《中国社会科学》2000年第3期。
② 参见许檀《明清时期的临清商业》，《中国经济史研究》1986年第2期。
③ 同上。
④ 参见许檀《明清时期的临清商业》，《中国经济史研究》1986年第2期。

临清于清乾隆四十一年（1777）升为直隶州，下辖武城、夏津和邱县3县。临清市场上的商品从来源看，有山西的铁器，陕西的皮货，苏杭的布绸，广东、江苏等地的铁锅，安徽、江西的瓷器，辽东的毛皮，河南的牲畜，还有济宁的布帛，江淮、河南、直隶和山东本省的粮食，直隶河间、大名等府所产棉花、枣、梨，以及临清本地所产丝织品、皮毛制品等。临清的商业有了新的发展，南北货的种类和数量都有了增加。粮行、花行、南货是清代临清商业的三大宗。特别是粮食业，成为临清市场上最大宗的商品。临清之商品粮，由南路济宁、汶上、台儿庄一带贩运而来者"每年不下数百万石"；由西路而来者主要是河南麦谷，年亦"不下数百万石"，由北路沈阳、辽阳、天津一带而来者，"自天津溯流而至一年约数万石"。临清附近州县，如馆陶、冠县、堂邑、莘县、朝城等县粮食，直隶清河县粮食，运至临清售卖者"日卸数十石"。粮食市场之大，商品粮额之巨，为运河沿岸城市所仅见。花行，即棉花收购业。鲁西棉花种植业到明代时已十分普及，并开始沿运河向南方贩运。清代仍有大批棉花南运。附近州县的棉花或零星地或大批量汇集到临清，从这里远销江南。南方杂货，主要是江米、红白糖、瓷器、竹制品和竹子等。江南布匹绸缎虽因康熙二十三年（1684）开海禁而受影响，但仍有不少布匹绸缎经由河运，这时江浙北运绸缎仍然是临清关税中的大宗。① 清代海禁开放以后，随着海运的发展，上海、天津等沿海港口的迅速崛起，临清的经济地位较明代有所降低。但临清仍然是冀鲁豫三省的粮食调剂中枢，"临清……惟赖米粮商贩船只通过，始得钱粮丰裕"，乾隆年间临清城内粮食集中市场共有六七处，经营粮食的店铺多达百余家，粮食品种包括米、麦、粟、豆类等。主要是从运河北上的江淮粮，由卫河泛舟而来的河南粮，东北地区运至天津入运河南下的东北粮以及山东本省所产之粮，其年交易量达五六百万石至一千万石。来临清经商的有山陕商人、河南以及山东胶州、济南等地的商人。②

---

① 清档：道光四年二月二十七日，山东巡抚琦善题。转引自《明清运河钞关研究》
② 参见张新龙《明清时期华北地区的商路交通及其经济作用》，硕士学位论文，山西大学，2007年。

清代以后，晋商势力崛起，在临清经营钱庄、丝绸、茶叶、皮货、杂货等行业，成为在临清实力最雄厚的商人集团。① 山西商人在临清的商贸活动很多。

首先是丝、棉布业。经由临清转运销售的商品以棉布、绸缎及粮食为大宗。江南是纺织业最发达的地区，产品质地好，产量高，行销全国。棉布，以松江一带所产为佳。上海标布"俱走秦晋京边诸路"②，嘉定棉布"商贾贩鬻近自歙、杭、清、济，远至蓟、辽、山陕"③。丝织品，以苏杭、南京称最。张瀚《松窗梦语》记述："东南之利莫大于罗、绮、绢、纻，而三吴为最"，秦晋燕周大贾不远数千里而求之者"必走浙之东"④。明代南方棉、丝织品的北销多从临清中转。大量山西布商活跃在临清市场，他们从临清购买江南的纺织品，运回北方贩卖⑤。到清代，北方棉纺织业有了进一步的发展，直隶、河南、山东、山西等省相继出现了一些比较著名的棉布产地，在明代经常远涉数千里赴江南采买布匹的晋商巨贾大多转向北方棉布产地购买。如直隶正定府元氏县"男女多事织作"，为晋商聚买之地，"布甫脱机，即并市去"⑥。河南孟县的孟布，"山陕驰名，商贩不绝"，"自陕甘以至边墙一带，远商云集。每日城镇市集收布特多，车马辐辏"⑦。

其次是铁货。铁锅是临清市场上的重要商品之一，其品种有广锅、无锡锅以及西路铁锅等。西路铁锅即出自山西潞安的潞锅。西路铁锅及其他铁器，如铁钉、犁铧、火盆、车川等货物大部分转运外地⑧。高唐、河间一带所用的"山陕铁器"有不少系由临清转运而至⑨。宣府、大同、辽东互市所用的铁釜及其他铁器，也有不少是从临清采买，或经由临清转运的。临清城内有街名"锅市"，以"锅"名"市"也说明

---

① 安作璋：《中国运河文化史》，第1590页。
② 叶梦珠：《阅世编》卷7《食货》。
③ 万历《嘉定县志》卷6《物产》。
④ 张瀚：《松窗梦语》卷4《商贾纪》。
⑤ 《明神宗实录》卷376，万历三十年九月丙子；《万历会计录》卷42，钞关船料商税。
⑥ 乾隆《正定府志》卷12《物产》。
⑦ 乾隆《孟县志》卷4《田赋·附物产》。
⑧ 乾隆《临清州志》卷11《市廛志》。
⑨ 嘉靖《河间府志》卷7《风俗》。

在临清贸易的铁锅数量很可观。

第三是茶业。茶叶主要来自安徽、福建等地,临清城内经营茶叶的店铺有大小数十家。集中于卫河西岸的茶叶店,以山西商人经营的边茶转运贸易为主,"惟边茶独卸卫河西,山西客商转运各边关口"①。茶船到临清,"或更舟而北,或舍舟而陆,总以输运西边"②。乾隆时期,南方茶船到临清,靠卫河西码头。临清城卫河西岸至州城土墙之间的狭长地带,茶叶店十分集中,销量很大,茶商获利很可观。"山西茶商韩四维等曾捐资在卫河西岸修建了一座壮丽无比的大王庙"③,可见山西茶商在临清的实力是非常雄厚的。

清代临清哈达的生产与运销量也很大。"收买运销者曰丝店,织户曰机房,染工曰染房。"收买运销哈达的丝店,多是晋商开设的。丝店将民间的蚕丝收购起来,然后发给机房织造哈达,织成后,经过浆房染色后再交给丝店。丝店将哈达销往内外蒙古、察哈尔、绥远等地。历史学家翦伯赞论证,临清的哈达"始于元,兴于明,盛于清"。乾隆《临清直隶州志》载,哈达"织成走京聚帛货店,贩者达西宁、西藏"。清道光年间,临清哈达甚至已销往印度、尼泊尔、伊朗、蒙古等国家。当是时,临清"全境机房七百余,浆坊七八处,收庄十余家,织工五千人"④。年销货总值达百数十万元。这是临清哈达生产的鼎盛时期,当时哈达是临清"日进斗金"的三大行业之一,故当地有"一张机子一顷地"之说。清中叶,馆陶(时属东昌)全县有轧花机1175具、弹花机735具、织布机1105具,产品除自用外,多销往山西。⑤ 在临清哈达的生产包销过程中,山西商人资本起了关键性的作用:一是收购蚕丝供应机房原料,二是收买成品哈达负责运销。⑥

此外,晋商还在临清开设了不少典当铺。乾隆时,临清当铺"合城仅存十六七家,皆西人"⑦。临清的皮货行也主要是山西商人在经营。

---

① 乾隆《临清州志》卷11《市廛志》。
② 同上。
③ 参见许檀《明清时期的临清商业》,《中国经济史研究》1986年第2期。
④ 民国《临清县志》。
⑤ 于德普主编:《山东运河文化文集》,山东科学技术出版社1998年版,第297页。
⑥ 同上书,第90页。
⑦ 乾隆《临清州志》卷11《市廛志》。

临清皮货业作坊大多集中于州城的西北部，大部分为回民所开设。其中相当一部分为晋商或山西移民。其产品有羔皮、滩皮和千张皮。原皮多贩自西口，[①] 其规模亦很大。为了经商贩运的安全，临清的晋商还专门设立了自己的车帮和镖局，"虑有盗，往往结为车帮……镖师数人更番巡逻"。

乾隆三十五年（1774）八月，鲁西爆发了王伦起义。起义军连续攻占了寿张、阳谷、堂邑，一路沿运河北上，最后攻占了运河咽喉重镇临清，短短二十天，给临清造成了巨大的破坏。咸丰年间，太平天国的军队、捻军以及其他一些农民起义军在鲁西一带活动，再加上嘉庆到咸丰年间的几次黄河大决口，临清以及其他一些山东运河北段城镇急剧衰落，昔日的繁华零落殆尽。

3. 聊城

在京杭大运河贯通之前，山东西部地区交通不便，偏僻闭塞。及至运河贯通，以运河码头为起点的众多道路使山东西部变成了一个开放的地区，南北物资交流的活跃，鲁西地区的经济繁荣起来。聊城处于鲁西北商品流通的中心地位，与山陕、辽东联系密切。清前期，华北地区经济发展速度加快，由于黄河决口和战争破坏，临清的商业受到很大破坏。聊城受到的影响小，商业规模逐渐扩大，到乾隆、道光年间，聊城的商业达到极盛，成为运河沿岸九大商埠之一。据估计，道光年间，聊城的商业店铺有1300多家。[②]

聊城商业的发展，与晋商的经营密不可分。山西商人到聊城经商，大约始于清初。据聊城山陕会馆藏碑记载："聊摄为漕运通衢，南来商舶络绎不绝，以故我乡之商贩者云集焉，而太汾两府者尤夥。自国初至康熙间，来者踵相接，侨寓旅社几不能容。"[③] "庶几河运通行，商贾日

[①] 于德普主编：《山东运河文化文集》，第90页。
[②] 参见刘士林《中国脐带：大运河城市群叙事》，第113页。
[③] 聊城山陕会馆藏碑刻：《旧米市街太汾公所碑记》，载刘保哲主编《全国重点文物保护单位：山陕会馆》，香港天马出版社2008年版，第82—83页。

如云集"①,"东昌为山左名区,地邻运漕,四方商贾云集者不可胜数,而吾山陕为居多。自乾隆八年创建会馆,以祀神明而联桑梓,迄嘉庆八年复从而修之……起癸亥迄己巳,七年而工告竣。迹虽修也,而工倍于创。回忆初建之时,迄于今六十余年,而庙貌焕然一新,甚盛事也"②。明清时期,山陕商人执北方商业之牛耳,在山东各地都留下足迹,尤以聊城、临清两地最多。道光二十五年(1845)碑亦云:"东郡(指聊城)商贾云集,西商十居七八"。据现存于聊城山陕会馆的碑刻记载,清代中叶山陕商人在聊城开设的店铺不下三四百家。主要贩运铁货、木材、茶叶等商品赴山东售卖;同时收购、加工本地所产棉布、皮毛、毡货等运销西北、口外,年经营额在万两以上的商号有四五十家之多。其势力远远超过了山东本省的商人。宣统《聊城县志》载,嘉道年间,运河畅通,聊城商业十分繁荣,"殷商大贾,晋人为多"。

　　晋商在聊城的势力强大的另一个原因是当地山西的移民众多。明初以来官府组织大量的山西移民到鲁西地区。据曹树基先生研究,洪武年间,鲁西的东昌府和鲁西南的兖州府共接受来自山西的移民近60万人,其中东昌府的山西移民人口将近当地总人口的90%。③ 在一个相当长的历史时期内,山西移民与原迁移地保持着密切的联系。这种联系加强了相互之间的经济往来,促进了商贸关系的发展。原迁移地的商人来到移民区经商,在商贸往来中有信任感,在观念上有认同感,在生活上也有安全感,在良好的经营环境中,晋商的经商才能得到充分的发挥,他们的势力自然不断壮大起来。

　　山西商人在聊城经营的行业非常广泛,包括棉布、丝绸、衣饰、皮货、铁器、煤炭、书籍、木材、茶叶、海味、副食杂货等;还垄断经营典当、钱庄和票号等金融业务,还有一些手工业作坊,比如刻书坊和染

---

① 聊城山陕会馆藏碑刻:《山陕众商会馆续拨厘金碑记序》,载刘保哲主编《全国重点文物保护单位:山陕会馆》,第82—83页。
② 聊城山陕会馆藏碑刻:《山陕会馆众商重修关圣帝君大殿财神殿大王北店文昌火神南殿暨戏台看楼山门并新建飨亭钟鼓楼序》,载刘保哲主编《全国重点文物保护单位:山陕会馆》,第82—83页。
③ 曹树基:《洪武时期的鲁西南地区的人口迁移》,《中国社会经济史研究》1995年第4期。

坊等，山西商人经营的行业几乎涉及了聊城社会生活的各个方面。嘉庆、道光年间，有许多商号的年经营额都有数万两。聊城山陕会馆碑刻记载，山西商人开设的典当铺有正昌典、庆裕典、亨正典、兴聚当、协和当等。在聊城的山西钱庄有日隆店、德昌钱店、义元钱铺、晋元钱店、恒升钱店等五家。乾隆、嘉庆年间，山陕商人在聊城创办的大型商号有五六十家，中小型者不计其数；开设的大小旅店二三十处。经营的金店、银号、药铺等作坊鳞次栉比，染坊、茶庄、书店、笔庄等店铺星罗棋布。至道光年间，山陕商人在聊城开设的大型百货商铺30多家；前店后厂的铁货店14家；刷纸店23家；大小毛笔作坊30家，年产300万只，畅销大江南北。① 咸丰八年（1858），在聊城经营的山陕商人的店铺多达953家。

聊城的木版年画业是很值得一提的特色行业。雕刻艺人们在为书籍刻画版、附插图的同时，还开创了独树一帜的东昌府民间木版年画业。古代东昌府与潍坊杨家埠并称山东两大民间画市，代表着山东木版年画的东西两大系统，有近300年历史，在国内享有盛誉。东昌府民间刻版制作年画的作坊分布于聊城、堂邑、阳谷、寿张、东阿、莘县、朝城、范县、古城等二十多个城镇和乡村。东昌府木版年画，发源地是今阳谷县张秋镇，张秋影响并促成了山东西部地区十几个县的乡镇年画产地的建立与发展。而张秋镇的木板年画，则是元代时由山西晋南传来的。元代运河开通后，张秋镇成为一个重要码头，各地商人纷纷来此经商，山、陕两省尤多。山西的年画制作工艺，随之传入张秋镇。明清两代，这里的木板年画，得到长足发展，不仅画店多，而且规模大。通过运河，山西商人首先在"五方商贾辐辏，物阜繁齿"的阳谷县张秋镇开设了年画店。清代，张秋镇的年画店有三家，即"源茂永"、"鲁兴聚"、"刘振升"画店，均为山西人开设。② 后来，"刘振升画店"迁到东昌府东关清孝街，而后各地商贾蜂拥而至，竞开画店。聊城地处运河岸边，交通发达，人口集中，比张秋镇更有发展前途，"刘振升画店"迁到聊城后，促进了聊城年画的发展。他们的年画店的销售方式是坐庄

---

① 参见于德普主编《山东运河文化文集》，第302页。
② 参见于德普主编《山东运河文化文集》，第302页。

卖画。春天印扇面画，供给做扇子的手工业者，阴历 8 月底开始印制年画，11 月挂牌出售。东昌府的年画除销售本省西部、南部各县和泰安、德州、济南等地外，还远销东北三省和河北、山西、河南等地，各地商贩来这里贩运年画的络绎不绝。① 清末，有聊城的"五福祥"、堂邑的"同泰"、莘县的"通顺"等 20 多家大堂号画店。此外，还有义和祥、福盛和、同顺和、裕兴和、相源成、德聚成、魁元隆、广和、同顺兴、义和成、源茂永、鲁兴聚等作坊。"源茂永"画店就有 25 盘印画案子，一年印画用纸 1440 令；"鲁兴聚"画店的规模与其相当，门头 5 间，技工、查货、发货人员 80 余人，一年印画用纸 1400 余令，年印画数万张。②

聊城与年画业相关的另一个行业是始于明代的雕版印书业，也与山西人有很大关系。当时，有一位山西移民来到聊城定居后，在聊城开办了一个小印书馆，名曰"好友堂"，刻印百家姓、三字经、民间唱本等儿童启蒙读物和通俗读物。到清代，聊城的印书作坊发展到十七八家。③

创建于乾隆初年，目前已是全国重点文物保护单位的"山陕会馆"，是山西商人在聊城辉煌经商历史的见证。此外，山西商人还曾在聊城建立太汾公所，以接纳和团结太原：汾州两府的商人。晋人李弼臣在同治年间所撰《旧米市街太汾公所碑记》中说："聊摄为漕运通衢，南来商舶络绎不绝，以故我乡之商贩者云集焉，而太汾两府者尤夥。自国初至康熙，来者相接踵，侨寓旅社几不能容，有老成解事者，议立公所，谋之于众，金曰善。捐厘聚金，购旧宅一区，因其址而葺修之，号曰'太汾公所'。"可见，太汾公所主要是太原、汾州两府商人聚集议事的地方。

黄河改道以后，聊城没有像临清那样直接遭受战争的蹂躏，它的衰落因而要相对晚一些。甚至由于其他城市的衰落，一些商人和商业资本向聊城转移，使得聊城的商业一度更加繁荣。在 1860 年时，人们还认

---

① 于德普主编：《山东运河文化文集》，第 184 页。
② 同上。
③ 同上书，第 152 页。

为聊城是个非常重要的城市,其店铺可与天津和上海相媲美。后来由于航路长期不通,山东北段运河逐渐废弃,大批山陕商人陆续撤离了东昌府,聊城顿显萧条,商业迅速衰落。① 清宣统二年(1910)的《聊城县志》描述这一变故说:"殷商大贾,晋省人为最多,昔年河运通时,水陆云集,利益悉归外省,土著无与焉。迄今地面萧疏,西商俱各歇业,本地人谋生为倍艰矣。"②

4. 济宁

济宁,古称任城,是元代开挖济州河的起点。济宁的南旺是京杭大运河经过的最高点,号称运河的"屋脊"。运河在这里过洼地,跨"屋脊",所以济宁是黄河与运河治理的重点地区。明永乐九年(1411),工部尚书宋礼总理河道,整治会通河,在汶河堽城坝下游筑戴村坝,将经洸水入泗的汶水顺坡西下,引至运河的制高点南旺,使汶水的七成水量向北流入会通河,三成向南流入运河,较好地解决了会通河的航运水源问题,达到运道畅通的目的。清顺治初,曾在济宁设河道总督署,到康熙六十年(1721),河道总督才常驻清江浦。雍正七年(1729),河道总督署改设为三,即江南河道总督署,简称"南河",驻清江浦;河南山东河道总督署,简称"东河",驻济宁;直隶河道总督署,简称"北河"。后直隶河道总督署撤销,由直隶总督兼理,只留"南河"和"东河"两个治河中心。③

济宁是明清时期运河沿岸的著名商业城镇,作为重要的运河码头,是鲁南与江南商品流通交易的中心。济宁的真正发展,是从元代开挖济州河开始的。明朝建立后,政府疏浚了元代的大运河。在漕运的带动下,济宁的经济得到了全面的发展,城市出现了繁荣景象。至明中叶,"商贾之踵接而辐辏者亦不下数万家"④。明末人称:"济当南北咽喉、

---

① 参见刘永《京杭大运河与聊城的兴衰》,《南通大学学报》(社会科学版)2008年第1期。
② 宣统《聊城县志》方舆志《风俗》,第30页。
③ 参见淮安市历史文化研究会编《淮安运河文化研究文集》,中国文史出版社2008年版,第67页。
④ 道光《济宁直隶州》卷4,杨定国《议井巷创修石路记略》。

子午要冲，我国家四百万漕艘皆经其地。仕绅之舆舟如织，闽、广、吴、越之商持资贸易者，又鳞萃而猥集。即负贩之夫、牙侩之侣，亦莫不希余润以充口实。冠盖之往来，担荷之拥挤，无隙晷也。"① 清康熙年间，济宁城内有街衢45条，至道光时达107条，街面上既有来自江南和中原的木材及竹料，又有从江浙运入的红白糖，还有江西的瓷器、湖北的桐油、天津的日用百货等。清雍正二年（1724）由府辖的"济宁州"，升为省辖的"济宁直隶州"。道光年间《济宁州志》云："其居民鳞集而托处者，不下数万家；其商贾踵接而辐凑者，亦不下数万家。"运河畅通之时，"数千艘漕船在这里停泊，每年运丁、水手与当地商贾居民交易的货物达数百万石"。其粮食"有籴济宁之谷贩之别地者，亦有籴别地之谷贩至济宁者"。19世纪80年代，每年由镇江沿运河运来的大宗货物有百余万斤棉纱、七八万匹洋布、千余箱火柴、四五千箱煤油、三四十万斤糖、数十万斤瓷器、五六十万斤铁货等。史书记载："百货聚处，客商往来，南北通衢，不分昼夜。"② 不仅"江、淮、吴楚之货毕聚"于此，中原地区的各种商品也"通过运河至济宁"③。南方来的纺织品，瓷器、竹木器材、茶叶，多在济宁集散，北方的棉花、皮毛、大豆、干鲜果品等亦由这里中转南下。于是各方商人云集，商业和手工业的店铺作坊鳞次栉比，人口由"原额人丁九万二千三百一十五，滋生人丁四万九千九十二"④。济宁成为人口达14万以上的繁华城市。故济宁有"曲山艺海"、"江北小苏州"之称，成为山东境内仅次于临清的第二大城市，全国最大的商业城市之一。同时，济宁还是全国十大药材市场之一。⑤

从济宁城内街道的名字可以看出城市手工业和商业曾经的盛况。城外四关的街道，有以商业性质命名的：棉花市街、枣店街、果子巷、驴市口街、牛市街、杀猪街、大小炭沟街等；有反映手工业性质的街巷有：烧酒胡同、船厂街、纸纺街、糖坊街、笆子市街、皮坊街、徽子胡

---

① 康熙《济宁州志·艺文》，杨通睿纂，清康熙十二年刻本。
② 乾隆《济宁直隶州志》卷3。
③ 道光《济宁直隶州志·建置》。
④ 同上。
⑤ 王云：《明清山东运河区域社会变迁》，人民出版社2006年版，第112页。

同等①。在城南门楼上俯瞰运河,可见"运艘衔尾而进,尤五方辐辏之地而一郡保障之巨观也","日中贸群物聚,红氍碧碗堆如山,商人嗜利暮不散,酒楼歌馆相喧阗"②。可知当时济宁商业极为繁盛。

由于济宁商业繁荣,到济宁经商的晋商非常多,他们主要经营中药材、生漆、烟叶、杂货等。晋商与陕西、河南的商人一起在济宁建立了规模宏大的"三省会馆"。三省会馆位于运河南岸的济阳大街东首路南,建筑分前、中、后三进院落,占地近十亩。③

5. 台儿庄

台儿庄是京杭大运河上一座商旅所萃的商业古城。"台庄为峄县巨镇,商贾辐辏,富于县数倍。"④ 明末清初,漕运繁盛。台儿庄凭借漕运优势发达兴旺,经济社会的发展空前繁荣,南北客商云集。《峄县志》对外地来的商民是这样描述的:"若夫商贾类皆客民为之,盐当则多山右人,京庄洋货则多章邱人,烟杂货则多福建人,酒酢杂粮则多直隶人,而织纺粗细各种布匹则尤多滕县人。"⑤ 晋商在台儿庄的势力首屈一指。四方商人云集,使台儿庄人口迅速增加。"约台之民,商贾过半","户不积粮,人不耕食",台儿庄成为典型商贸性市镇。"居民饶给,村镇之大,甲于一邑,俗称天下第一庄。"⑥

明清时,台儿庄街巷众多,店铺林立,著名的商号有永兴、永升、大升、和顺、东成永、三义祥、恒济、同仁、中和堂等,多达四十余家,林立于各个街巷。还有李恒山饭馆、会宾楼、聚奎园、同庆园、同顺、信和等汉民饭庄和清真饭馆近二十家。其中规模较大的商号有同仁百货店、复兴杂货店、恒之兴棉布店、中和堂药店、孙家酒店、裕康酒店、徐家瓷器店、协兴东铁货店、曹家棒场、豫祥酱园和彭家饭店等,主要集中在丁字街、月河街、顺河街等街巷。沿顺河街及月河街有许多码头,

---

① 王弢:《元明清时期运河经济下的城市——济宁》,《菏泽学院学报》2005年第4期。
② 道光《济宁直隶州志》卷4,杨定国《议井巷创修石路记略》。
③ 刘士林等:《中国脐带:大运河城市群叙事》,第146页。
④ 赵弧伟编:光绪《峄县志》(点注本)卷16《大事记》,线装书局2007年版。
⑤ 光绪《峄县志》。
⑥ 光绪《峄县志》卷8《村庄》。

如骆家码头、王公桥码头、当典码头、郁家码头、四十万码头、彭家码头双巷码头等十余处。[1] 每年有大量江浙、湖广的竹、木、丝绸、茶叶、稻米以及北方的杂粮、果品、煤炭等在台儿庄周转贩往各地。[2]

晋商纷至沓来，在台儿庄落户经商。在峄县经营食盐、典当的商人大多是晋商，峄县盐业"自道光以来，领运者多山右巨商"[3]，清代山西盐商在峄县占据垄断和主导地位，经营典当的也多为山西人。制陶是峄县的传统手工业，自元朝以后，从事制陶业的人很多，产品远销千里，到了清代，山西人垄断了这里的制陶业。"元时，钓台居民业陶者甚多，作冶什器，贾数千里，获利尤厚。近世民，敝拙不复能为。山西陶者窃据之，每岁作诸巨器，朴质坚重，凝如金石，转毂数百，行销四方，皆得厚谊。"[4] 清中期，台儿庄的票号达十家之多。吴家票号为山西票号"日升昌"开设的分号。吴家票号南面临河，北面临街，占地997平方米，建筑面积650平方米。直至晚清，晋商在峄县的活动仍很活跃。[5]

台儿庄日趋繁盛。商人云集于此，置产兴业。为了网络乡党，强势经商，各地商人多修建商业会馆。如天后宫为江西会馆，大王庙为浙江会馆，新关帝庙为山西会馆，峄县台儿庄妈祖庙为福建商人所建，清真南寺和北寺为穆斯林商贾聚会的场所。山西商人于清雍正十三年（1735），集资兴建山西会馆，供奉关公，因台儿庄已有一座关帝庙，故称新关帝庙。此后，晋商对新关帝庙的修缮维护一直未断。乾隆三十年（1765）和乾隆五十年（1785），两次大的工程，先后续建仪门、配殿、戏楼、辕门以及配套房舍几十间，还建了十米多高的兽脊压顶大照壁，彩楹画栋，蔚为壮观。新关帝庙在每年农历五月初三日和十三日的关公磨刀日举行的盛大庙会，香客云集，艺人献艺，庙堂内外，热闹非凡。由山西会馆的规模亦可窥见在台儿庄经商的晋商的数量众多、实力强大。[6]

---

[1] 参见李纲《明清时期枣庄运河文化研究》，硕士学位论文，山东大学，2009年。
[2] 王云：《明清山东运河区域社会变迁》，第118页。
[3] 光绪《峄县志》卷13《杂税》。
[4] 光绪《峄县志》卷7《物产》。
[5] 王云：《明清山东运河区域社会变迁》，第133页。
[6] 参见李纲《明清时期枣庄运河文化研究》，硕士学位论文，山东大学，2009年。

三 江浙地区

1. 淮安

淮安地理位置优越，历来为人所称道。"淮，盖江北大都会云。二城雄峙，辅车相依。跨淮南北，沃野千里。淮泗环带于西北，湖海设险于东南。左襟吴越，右引汝汴，水陆交通，舟车辐辏。昔之献策乘吴者，屯以足食；誓清中原者，屯以铸兵。所谓中国得之可制江表，江表得之足患中国者。况盐、安濒大海，则维扬之藩屏也；沭、赣枕沂水，则齐鲁之门户也；海州东望无际，乃秦皇立石处，高丽、百济、日本诸国，风帆可达。孤屿绝岛，环列后先，东西二城，足备守御。清口、桃源、宿迁、睢宁，皆近下邳，下邳近彭城，唐晋以来英雄必争之地。此淮之大概也。"①

淮安扼淮泗之交，南襟江淮，北控河泗，自古就是南北交通所必经的天然枢纽。淮安也是黄、淮、运河治理问题最复杂的地区。从明万历七年（1579）潘季驯固定黄河徐州至淮安的河道，直至咸丰五年（1855）黄河改道北徙渤海的近280年间，淮安一直是运河治理的重点和难点。为保障漕运的畅通，明永乐十三年（1415），陈瑄主持开凿了清江浦，从此船舶行至末口，直接进入清江浦，不再有盘坝之劳费，同时避免了船行黄河和淮河六十里的风涛之险，较好地解决了运河穿越淮河的问题。② 清江浦是淮安市经济历史文化的中心地区。乾隆年间，淮安进入鼎盛时期，成为京杭大运河上著名的商业大都市。

由于贾客云集，百货集散，商品经济十分发达，淮安当地百姓大多以商业为生，"巧黠者托迹于公门，驽钝者肩佣以自给"。在淮安的富商大贾中，以外籍人士居多，"第水陆之冲，四方辐辏，百工居肆倍于土著"，土著居民"惮于远涉，百物取给于远商，即有行贩，自粱秫麦菽园蔬水鲜之外无闻焉，若布帛、盐醝诸利薮，则皆晋、徽侨寓大力者负之而趋矣"。淮安府城是运河上的大码头，江北一大商业中心。该城

---

① 转引自高寿先《漕盐转运与明代淮安城镇经济的发展》，《学海》2007年第2期。
② 淮安市历史文化研究会编：《淮安运河文化研究文集》，第61页。

由旧城、新城和联城三城组成。旧城筑于晋时，入明后复加修筑，城周长十一里，有中长街、东长街、西长街等十条街，有府前市、县前市、西门市和鱼市等市场，其中前三市"人烟稠密，贸易居多"，后一市专卖鱼。① 淮安与扬州、苏州、杭州并称京杭大运河上的四大都会。②

明清时，苏北所产的海盐多经淮安集散。③ 淮安集河、漕、盐、船、仓五大中心于一身，因居"天下之中"，明清两朝都在淮安的山阳设总督漕运部院，在清江浦设总河河道厅、清江督造船厂、转储漕粮的常盈仓，并设工部分司和户部分司，淮安的河下和西坝先后是淮盐的集散中心，也是明代山西盐商、清代山西票号商汇聚之地。如清代著名考据学家阎若璩之五世祖阎居暗就是明代的大盐商。阎氏以耕读之家世代生活在太原。明正德初，阎居暗携家迁居淮安府山阳县，阎若璩也是以商籍入淮安府学的。

最早到淮安开设票号的是山西平遥的日升昌票号。下表是日升昌清江浦分号在1852年的经营情况。

表2—2　　　　1852年清江浦日升昌票号收汇各地会票数额④

单位：两（本平足纹银）

	地点	收到会票金额	汇出会票金额
1	平遥	36321.24	3203.34
2	京师	47849.10	28659.74
3	苏州	28130.65	31914.77
4	扬州	35535.59	104661.06
5	陕西	28207.28	1622.24
6	开封	9512.44	14764.46
7	南昌	1698.06	3612.77
8	长沙	1191.47	
9	武汉	236.75	124.41

① 转引自高寿先《漕盐转运与明代淮安城镇经济的发展》，第49页。
② 淮安市历史文化研究会编：《淮安运河文化研究文集》，第56页。
③ 同上书，第67页。
④ 同上书，第151页。

续表

	地点	收到会票金额	汇出会票金额
10	广州	61.04	142.55
11	重庆	25.10	
12	成都	200.00	
	合计	188968.72	188705.34

分地区看，收兑最多的是京师，其次是平遥、扬州、苏州和陕西。当年交汇最多的是扬州，其次是苏州、京师和开封。山西票号除了从事汇兑业务，还办理贷款，下表是日升昌清江浦分号的几笔信贷业务。由下表不难看出，票号借款的月利率二、三厘，贷款的月利率则为六、七、八厘，借贷利差低者三厘，高者六厘。可见，票号的利润率还是比较高的。

表2—3　　1852年日升昌票号的清江浦分号办理的信贷业务①

序号	名称	时间	内容	数额（两）	利率	备注
1	郁丰号	咸丰二年（1852）正月十六	贷出	50000.00	月七厘	腊月还、本平库实银
2	丰兴典	咸丰二年（1852）四月初五	贷出	4000.00	年七厘	对年还、平库实银
3	裕泰典	咸丰二年（1852）四月二十三	贷出	10000.00	月六厘	十二月还、本平库实银
4	德馨堂	咸丰二年（1852）十一月初一	贷出	2000.00	月八厘	呀二月还、本平足纹银
5	畊丽堂	道光二十九年（1849）润四月十七日	借来	10000	月二厘	足纹银合实平10026
6	白海峰	咸丰二年（1852）二月十五日	借来	3000	月三厘	足纹银合实平3013.2

① 淮安市历史文化研究会编：《淮安运河文化研究文集》，第152页。

三晋源票号也是清江浦设立较早的票号。大约在道光三十年（1850）左右设立，到1911年歇业，历经六十多年。山西商人在清江浦建有山西会馆，地点在清江浦洋桥路（今淮安市清河区越河路），三进院落，并建有戏台和两层小楼，是在淮安经商的山西商人的集会议事的场所。山西票号的营业地点有在山西会馆附近的，也有在清江浦城内的，还有在西坝镇和码头镇的。①

2. 扬州

扬州，是一座历史文化名城，地处长江中下游平原东端，江苏省中部，东近黄海，西通南京，南临长江，北接淮水，中有京杭大运河纵贯南北。历来是水陆交通枢纽，南北漕运的咽喉，苏北的重要门户。扬州"以地利言之，则襟带淮泗，锁钥吴越，自荆襄而东下，屹为巨镇，漕艘贡篚，岁至京师必于此焉是达。盐业之利，邦赋攸赖。若其人文之盛，尤史不绝书"②。明清时期扬州经济的发展主要得益于京杭大运河的贯通，其次与两淮盐业密切相关。京杭大运河连接了北京和杭州，实际是把中国的政治中心和经济中心地区连接起来，由此扬州成为南北水利交通的枢纽。"东南三大政，曰漕、曰盐、曰河。广陵本盐务要区，北距河、淮，乃转输之咽吭，实兼三者之难"③，得天独厚的地理优势使得扬州具有了比其他城市优先发展的先决条件。

扬州作为"南北大冲、百货云集"的大都会与水陆交通枢纽，是古代海盐最大的集散中心。濒临东海的两淮地区，历来是我国食盐的重要产地，扬州位于京杭运河和长江的交汇处，占尽地利。所以明清时，扬州为两淮盐的集聚周转地，附近盐场生产的盐要先运到扬州，经过扬州再运输到各地淮盐引区。来自安徽、陕西、山西等地的盐商齐聚扬州经营盐业，他们凭借官府给予的垄断权，通过贱买贵卖，获得了高额利

---

① 淮安市历史文化研究会编：《淮安运河文化研究文集》，第149页。
② 嘉庆《扬州府志·序》，《中国地方志集成》，江苏古籍出版社、上海书店、巴蜀书社1991年版。
③ 嘉庆《扬州府志·序》，《中国地方志集成》，江苏古籍出版社、上海书店、巴蜀书社1991年版。

润，积累了巨额财富。由于漕运的发展，扬州的运输业也得到了较快发展，每天停泊、往返于扬州港口的船只成百上千，扬州港口呈现一派繁荣景象。清初，随着全国人口的增长，两淮食盐产量也相应增加。两淮29个盐场每年有十亿斤以上的海盐经过扬州转运到安徽、河南、江苏、江西、湖南、湖北等地。万历《扬州府志》中说："扬，水国也⋯聚四方之民，新都最，关以西、山右次之。"[①] 手中握有巨额资本的盐商成为一个巨大的消费群体，他们的消费，带动了扬州各行业的发展，是扬州经济发展的巨大推动力。两淮盐的运输主要依靠水路，故城外沿运河一线，运商云集，修建了大批经营盐的店铺，如"黄家店"、"富家店"、"樊家店"、"穿店"等，鳞次栉比，分布于北河下到南河下长达四华里的狭长地带。乾隆《两淮盐法志·序》记载："全国赋税之半来自盐课，而两淮盐课又居天下之半。"嘉庆《两淮盐法志》也说："两淮盐课当天下租庸之半。损益盈亏，动关国计。"两淮盐商中势力最大是陕商、晋商和徽商。

扬州城内店铺林立、商贾如云。城市人口一度达到50多万。在扬州经济繁荣的背后，两淮盐商功不可没，扬州盐业对推动扬州经济的兴盛起到至关重要的作用。盐业的兴盛带动了扬州商业、手工业、金融业等各行业的发展。扬州商业的发展和繁荣推动了手工业的发展。为满足盐商的消费需求，生产服饰、香粉、刺绣、漆器、玉器、纺织、竹木器等商品的小作坊开始出现。明清时期扬州金融业主要是钱庄和典当行。扬州金融业的发展也主要得益于盐业的发展。盐商发展所需资金往往从钱庄和典当行支取，盐商赚取的银钱也存放在钱庄和典当行生息。此外，盐商及其他商人、居民的碎银也通过钱庄和典当行兑换。据史料记载，雍正时扬州有大小典当行72家。盐业的兴盛促进了扬州经济的繁荣及发展，盐商积累的巨额财富为扬州的发展提供了充足的资金支持，带动了各行业的发展。

盐商还兴建了不少会馆，如东关街、剪刀巷一带的山陕会馆。明嘉靖年间，为防倭寇侵掠，确保盐运司课银的征收和盐商大户的安全，扬州于旧城外环河增筑新城并有商团护卫。平倭之后，新城日益繁华，鳞

[①] 万历《扬州府志》。

商麇集骈至，万历年间，盐商多达100余家，扬州成为当时世界上最繁华的城市之一。

扬州山西商人从事的行业有盐业、票号、丝绸等。明代主要以两淮盐的经营为主，据明人记载："凡蒲人外出经商者，西到秦陇甘凉瓜鄜诸郡，东南达淮扬域，西南则蜀"①，猗氏人沈江"携巨资，游关陇、扬越间，往往牟大利"②。入清后，晋商在扬州经商的领域拓展到许多行业。

晚清，在京杭大运河阻塞不通、两淮盐商没落以及鸦片战争、太平天国战争等因素的影响下，扬州的经济走向了衰落。在扬州聚集总资本达七八千万两白银的几百家盐商从道光年间开始衰落了。道光初年，能够有财力运销食盐的盐商有二三十家，道光末年，能够运销食盐的盐商只剩十来家。道光年间的票盐改革给盐商很大的打击。清政府在盐业衰退之际，改纲为票，打破了扬州盐商垄断两淮盐业的局面，扬州盐商随之失去了生存的土壤。1851年，太平天国运动爆发，扬州地处要冲，是清兵和太平军反复争夺的战场。战争给扬州带来了毁灭性的打击，商人遭受巨大损失，战火将扬州昔日的繁华化为灰烬。1912年南京到天津的铁路建成通车，铁路运输取代了京杭大运河的水运。京杭大运河在政治、经济的作用逐渐减弱，扬州也失去了交通优势，经济随之衰落，扬州昔日商贾如云、繁华似锦的盛况一去不复返了。③

3. 镇江

镇江，古称京口，商业发展有着悠久的历史。西晋以后，逐步发展成为繁华的商业都会。明清之际，镇江商业秉承了一贯的繁荣，车船往来频繁，商品集散繁盛，八方商贾汇集，人称"京口为舟车络绎之冲，四方商贾群萃而错处"④。镇江的商业发展受到了多种因素的影响。作为一个传统的商业城市，其商业的发展得益于得天独厚的地理条件。在

---

① （明）张四维：《条麓堂集》卷28，转引自张正明、薛慧林《明清晋商资料选编》，山西人民出版社1989年版，第59页。
② 同上。
③ 陈鹏：《明清时期扬州经济的兴衰》，《中国商界》2011年第5期。
④ 范然、张立：《江河要津》，江苏人民出版社2004年版，第62页。

我国古代，长距离的商品运输主要靠水运。明代以后，江南成为经济的中心，镇江作为江南运河的起点，跨江连接里运河，密切联系着江南地区与广大的北方和内地，方便了南北各地的商品交流。镇江处于运河、长江的十字交汇点，其航道西接金陵，东通海上，北达淮泗，南达杭州，水陆交通的便利使镇江地区具备了便于物资交流、人员往来的商业条件。长江、运河之利使镇江在明清时期商运线路上占有突出的位置。

镇江境内水陆交通发达，为镇江商业的发展提供了便利条件。镇江境内四通八达的航运水道，密切联系了江南纵横交错的河湖网络。苏州、杭州是江南地区的两个中心城市，商业发展最为繁荣。而苏、杭至各处水路中，"杭州府由官塘至镇江府水路"、"杭州跳船至镇江府水路"、"扬州府跳船至杭州府水路"、"杭州府由苏州至扬州府水路"[①]，必经镇江。除了水运路线以外，镇江的陆路交通在明清时期也得到很好的发展。通往镇江的"官马大道"，自北京，经山东德州、历城、泰安、临沂、宿迁，沿运河至扬州、镇江。自镇江起，一路到达江宁（南京），另一路经丹徒，至常州、无锡、苏州、杭州，最后到达福州。陆路与密布交错的水路相结合，构成了镇江四通八达的交通运输网，为商业的发展提供了必需的条件。

镇江商业的发展受到江南地区商品经济的辐射和影响。镇江地处江南两大经济中心之间，其东南是商品经济繁荣的苏杭经济带，西南是政治、经济地位都比较突出的中国南方的封建大都市——南京，商业发展有其特殊的优势。永乐迁都后，明政府对大运河的重视远胜从前，江南地区的流通商品大多经长江、运河，沿南京、镇江一线进出集散，进入以苏杭为中心的长江三角洲地区。镇江地处两大中心市场之间，商业受到两大市场的辐射和影响，发展成为江南市场不可或缺的组成部分。镇江是漕粮集散中心，沙船必经之地。镇江商业的发展很大程度上得益于运河的漕运。镇江与外埠的商品交流也日渐活跃。"江阴、靖江、太仓、通州等地的沙船，在瓜洲、镇江装载货物，行至浏河港口停泊，镇

---

① 张海英：《明清江南商品流通与市场体系》，华东师范大学出版社2002年版，第35—37页。

江府、丹徒镇等地的船只，装载货物，直接行至浏河交卸。"① 尤其是在非漕运季节，镇江港口停泊着各类商船，所运货物包括南方的粮食作物、丝麻织品、棉织品、茶叶、桐油、笔墨纸张及北方的红枣、柿饼、胡桃、芝麻、麻油等北方特产。商运的繁盛，使镇江发展成为长江中下游物资的中转港，并刺激着本地商业的发展。柳诒徵先生说："镇江故有米市，广潮商人及钓卫、沙网各帮，均萃于镇，轮帆迭运，为商业之大宗。"② 粮食业在镇江的发展有悠久的历史。镇江的棉布、丝绸运量和交易量也比较大。江南地区手工织布业比较发达，但因本地非产棉区，所需棉花多来自北方，这样北方产棉运往南方，南方织布再运往北方。据统计，每年"苏松地区的棉布的运销量可达 4000 万匹，其中，通过镇江港转输的估计在 1000 万匹左右"③。镇江商业的特色在于中转南北各地土特产，如北方的杂粮、土货，南方的丝绸、布匹等。对外地货源的依赖，很大程度上影响了镇江市场的稳定性。此外，盐业运销亦是镇江商业繁荣的一个重要原因，"镇江的贸易之所以得到发展，是因为盐运转运站移到瓜洲来了。内地运来的盐，通过运河运到镇江对面的瓜洲。在当地，只有木船获准装运政府货栈里的盐。因此，从前这里只有八十来条木船，如今却有了一千八百来条船和三万名左右湖北船工"④。明至清中叶，以运河为主、江南为中心的商品流通格局对镇江商业发展起了关键的作用，但随着交通运输条件的改变，商品流通格局的变化，镇江商业不可避免地受到影响。清中叶以后，中国商业发展出现了以长江、沿海为主的商品流通格局，给江南市场带来很大影响，沿海城市迅速发展起来。鸦片战争后，随着镇江的开埠，商业一度出现了"百业兴旺"的畸形繁荣，但并未能改变以中转贸易为主要特点的商业格局。19 世纪 60 年代以后，对镇江经济有着特殊意义的运河水运衰

---

① 张立：《镇江交通史》，人民交通出版社 1989 年版，第 94 页。
② 柳诒徵：《记镇江开米市及苏州兵变事》，载《镇江文史资料》第 15 辑，1989 年，第 142—153 页。
③ 张立：《镇江交通史》，人民交通出版社 1989 年版，第 90 页。
④ 《中国海关：各口海关贸易报告册》，转引自《京杭运河（江苏）史料选编》编委会编《京杭运河（江苏）史料选编》，人民交通出版社 1997 年版，第 1319 页。

落,镇江商业随之衰败。①

明代的镇江是全国33个大都市之一。宣德年间,明王朝为征商品流通税设立了33个钞关,镇江即为其中之一。明清时期镇江城中已经形成了众多的街市,据乾隆《镇江府志》记载:乾隆时期镇江有大市、小市、马市、米市、菜市、中市、柳市等,镇江成为远近闻名的大都市。明清时期在镇江聚集了大量的山西商人,山西商人曾在镇江设立过两处山西会馆,可以看出,当年在镇江聚集着大量的山西商人。②

4. 苏州

明清时期的苏州,是全国最为著名的工商城市。各地的商人,千里跋涉而至。他们将苏州的大宗产品输向全国各地,又将全国各地的土特产品输入苏州。苏州既是丝棉织业生产加工中心,又是南北货物的大集散市场,浙江、福建、安徽、江西、广东、陕西、山西、山东、直隶、奉天等地商人都去那里开设店铺,并建立了各自的会馆。清乾隆中期称苏州胥门、阊门外运河码头"各省都会客货聚集,无物不有,自古称为天下第一码头"③。

经浒墅关流通的商品种类繁多,尤以粮食、纺织品、木材及各种杂货为大宗商品。粮食是浒墅关最重要的商品。浒墅关每年所收税银中,粮食流通税占了大部分。明代以后,随着商品经济的发展,长江三角洲地区成为严重的缺粮区。而商品粮的大量输入,在长江三角洲地区形成了以苏州为中心的米市。换言之,苏州米市的形成,很大程度上是由于浒墅关发挥了粮食中转的功能。从浒墅关各口岸中转的绸缎布匹沿运河到达镇江后,一部分通过徽商、江右商、湖广商人由长江运输到湖广川赣等省,另外一部分由晋商沿运河运销河南、山东、奉天等地及西北各省。浒墅关粮食和绸缎布匹的贸易促进了不同经济区域之间的分工和互补。苏州地处发达的江南地区,商品经济的发展使得本地对木材需求量剧增,这里形成了江南重要的木材集散消费市场。浒墅关除粮食布匹木

---

① 参见戴迎华《明清时期镇江的商业》,《江苏大学学报》(社会科学版)2007年第3期。
② 同上。
③ 姚汉源:《京杭运河史》,中国水利水电出版社1997年版,第25、26页。

材等商品为大宗商品以外，其他各种杂货商品流通数量也非常大。实际上，清代前期，商品交换的发展，已经把绝大多数农业和手工业产品卷入了广阔的市场。从浒墅关税则看，各种商品琳琅满目，仅需交纳关税的就有五百多种。大体而言，由浒墅关销往北方的商品，主要以棉布、绸缎、瓷器、纸张、糖、竹木等手工业产品为主；北方销往南方由浒墅关中转的主要商品除粮食外，棉花、花生、瓜果等农产品和各种海货也很多，这典型地反映了各区域经济的情况。山东、北直隶、河南是全国产棉中心。仅山东一省棉花就占全国的五分之一，河南棉花遍布全省九府。①

交通便利、市肆喧阗的苏州吸引了全国各地商人，外地商人的活动更加推动了苏州经济的发展，其中，不乏山西商人的身影。苏州是山西商人重要的活动场所。明末清初，苏州城中为清军守城的善射的山西商人有数十人。康熙帝曾说："夙闻东南巨商大贾，号称辐辏。今朕行历吴越州郡，察其市肆贸迁，多系晋省之人，而土著者盖寡。良由晋风多俭，积累易饶。南人习俗奢靡，家无储蓄"。② 按照康熙的说法，苏州城似乎成了晋商的天下。乾隆年间，山西商人在苏州建有翼城会馆和全晋会馆，勒于碑石的商铺多达130余号。清同治九年（1870），山陕商人又与河南商人一起在南壕设立北货码头。参与其事的山西商号有26家，陕西商号有15家。山西商人在苏州经营的行业主要有：

（1）布业。明代山西商人在苏州业布者就很多，清代以苏州为据点，收布于周围市镇的布商仍不少。棉布及其加工业，是苏州的主要行业之一。山西商人广设商号，在刺激棉布生产，促进城镇经济繁荣，扩大城镇劳动力就业方面都起了重要作用。如《长洲县志》言：'苏布名称四方，习是业者在阊门外上下塘，谓之字号，漂布、染布、看布、行布各有其人，一字号常数十家赖以举火。"③ 在苏州，因明代江浙地区棉纺织业的迅速发展，苏州所产棉布行销全国，山陕商人皆赴江南贩

---

① 参见廖声丰《试述清代前期苏州浒墅关的商品流通》，《上海交通大学学报》（哲学社会科学版）2007年第6期。
② 《清圣祖实录》卷139"康熙二十八年正月"条。
③ 乾隆《长洲县志》卷1 风俗。

布，运销华北各省及长城沿线的九边诸镇。褚华在《木棉谱》中记述他的六世祖明末在苏州开设棉布批发庄的业务情况时说："秦晋布商皆主于家，门下客常数十人，为之设肆收买。"① 由建立在苏州的山陕会馆看，山陕商人在苏州的实力很大。山西翼城布商在明代末年即云集苏州，在当地收购加工棉布，然后运销各地。②

（2）丝绸业。丝织品是苏州的两大主要产品之一，"转贸四方，吴之大资"③。明人张瀚说："秦晋燕周大贾，不远数千里而求罗绮纷币者，必走浙之东也。"④ 山西商人到杭州贩运丝绸，苏州丝绸也在其购买之列。清代山西商人在丝绸名镇盛泽建有山西会馆和华阳会馆。乾隆四十三年（1778）发生的一起特大的玉石走私案，案犯之一张名远即是在苏州贩运丝绸多年的山西商人。再如介休北贾村侯家也是自十七世侯万瞻到苏杭一带贩运绸缎逐步发家的。⑤ 侯家在苏州开设的商号有绸缎庄彩霞蔚分庄，由太谷彩霞蔚出资开办，采购苏州产各类丝绸、织锦。⑥

（3）钱业。晋商多营钱业，苏州的晋商也不例外。清乾隆四十二年（1777），在苏州营业的山西定阳公利钱行和联义会众商共达130余家。在《全晋会馆应垫捐输碑》中，就载有字号30余家。⑦ 山西商人旅居苏州者众多，仅钱业就有81家⑧，从乾隆二十七年（1762）开始议捐，至乾隆四十二年（1777），"至今十有六载以来，捐输弗绝"，而苏州"全晋会馆"的设立，说明山西商人在当地钱业的势力之大。⑨

山西商人还在苏州经营典当业、铁业、毛皮业、帽业等。山西文水孝子渠村人左二把（1808—1897）在苏州开设的昌隆镖局，设水旱两路业务，有武师、伙计百余人，在杭州设有昌隆分镖局，业务繁忙，昌

---

① 张海鹏、张海瀛：《中国十大商帮》，黄山书社1993年版，第12页。
② 参见王三星《晋商史料全览·临汾卷》，山西人民出版社2006年版，第341页。
③ 嘉靖《吴邑志》卷1《物货》。
④ 张瀚：《松窗梦语》卷4商贾纪。
⑤ 侯文正：《晋商文化旅游区志》，山西人民出版社2005年版，第672页。
⑥ 同上书，第184页。
⑦ 苏州历史博物馆编：《明清苏州工商业碑刻集》，江苏人民出版社1981年版，第333—337页。
⑧ 《明清苏州工商业碑刻集》，第395页。
⑨ 参见黄鉴晖：《明清山西商人研究》，第171页。

隆镖局驰誉大江南北。①

  山西商人可以分为坐贾和行商两类。开钱铺的山西人，以及其他大小店铺的商人属坐贾一类。从全国各地贩运货物到苏州，又从苏州将各种商品贩运到全国各地的商人则属行商一类。二者是有区别的，但又无可截然分开的界限。在很多情况下，店铺零售和长途贩运的职能往往由同一个商人完成。如山西商人张名远，从新疆贩运玉石、从山西贩运皮张到苏州是个行商；但他在苏州又有商号，他将玉石存货出售，实际上又充当了坐贾的角色。再如，乾隆四十三年（1778），山西商人武积贮将伙计赵明珠从阿克苏带回的玉石，带到北京出售，得价银7150两，除偿还欠银4700两，捎回家里300两外，武积贮自己带了2000多两与恒泰布店张大到苏州做生意。②

  光绪五年（1879），《申报》记载了一桩票号倒闭事件，"苏州初六日中市街荣泰钱庄又突然倒塌，传闻该店亏空约有六万余金，其中被累者唯山西客帮为数最巨云"③。"去冬苏垣倒塌各店，唯荣泰钱庄亏空最巨，各西帮纷纷上控。"④"前年苏闻某姓钱庄倒塌，亏空山西各帮银两至有六万余金。"⑤

  山西商人在苏州的活动，对苏州经济的发展，以及商人自身都产生了深远的影响。山西商人立足苏州，从事贩运贸易，将苏州出产的丝绸、棉布、书籍及其他手工产品通过大运河输往全国各地，又将长江上中游的米、木、竹，江淮华北的棉花、小麦，东北的大豆、杂粮，新疆的玉石，塞北的毛皮等商品源源不断地输入苏州，推动了各个经济区域间的商品交换，促进了各地社会经济的发展。各地市场因而更为活跃。富庶的苏州成了各地经济交流的枢纽，而山西商人的活动使这种枢纽作用得以充分发挥。山西商人在苏州的活动，直接促进了苏州经济的发展。

---

  ① 侯文正：《晋商文化旅游区志》，第652页。
  ② 《史料旬刊》第二十八期，乾隆四十三年十一月二十日山西巡抚巴延三奏。
  ③ 《倒店类记》，《申报》1879年1月3日。
  ④ 《倒店续闻》，《申报》1879年2月12日。
  ⑤ 《严追倒银》，《申报》1880年2月16日。

5. 杭州

杭州位于钱塘江水系环抱之中，北有大运河相连。隋开皇十年（590）筑城建治，隋大业六年（610）开凿了江南运河，杭州就成了贯通南北大动脉——京杭运河的南端，其地位更为重要。[①] 杭州通过大运河能直接到达太湖、长江、淮河、黄河和海河流域的诸多地区，增进了与中原地区的政治、经济、科技文化等的交流。

运河使杭州与外界的水上交通便利，杭州借运河与各地多条水道相通，如北京至南京、浙江、福建陆路此条路线自南京以下至杭州，再至常山，主要依赖运河及其它河道。浙江布政使（司）至所属各府，至温、台、宁、绍四府，至嘉兴、湖州府，杭州府官塘至镇江府，杭州府至常州府，杭州府至上海等水路都需要借道于运河。杭州府至镇江府就是经过运河的通道，是一条从杭州经运河向北延伸，连结苏州、常州、镇江、扬州、南京的路线，日夜水运繁忙，是沟通江南水运的干线。

杭州水居江河之会、陆介两浙之间，水陆交通网四通八达，优越的地理位置，促进了杭州城市经济的崛兴。京杭大运河对杭州城市手工业和商业发展都有促进作用。手工业方面，主要有丝织业、造纸业、制盐业、造船业等，尤以丝织业和造船业最为发达。杭州自宋代以来已形成"东菜、西水、南柴、北米"的供应格局，至明清不变。城内东河，宋名菜市河，明名东运河，通过下塘河，北接北关运河，是城内交通水道，也是杭城内河与运河相接的枢纽。所谓"北门米"，就是嘉湖等浙北的粮食经运河渠道贩销到杭城，以接济居民口粮之需。自明中叶直至清代，浙北包括杭州在内，成为缺粮区，因农业经营体制的改变，又因丝织业发展需种桑树占去了稻田，粮食更需外地输入，从"苏湖熟，天下足"转变为"湖广熟，天下足"。杭州成为长江中下游重要的粮食输入地，湖广的粮食通过长江、运河水系贩入杭州，枫桥、平望、长安、硖石就成为粮食转销的专业市镇。由于运河沟通了南北交通，大量粮食由运河周转运入以接济杭城，杭州濒临运河的湖墅、北新

[①] 陈学文：《外国人审视中的运河、西湖与明清杭州城市的发展》，《杭州师范学院学报》（社会科学版）2002 年第 5 期。

关就成为热闹繁荣的地方。湖墅是杭州米粮集散中心，杭城的特产丝绸、茶叶、锡箔等地由运河贩销到北方各地，湖墅就成为杭城的重要商业区，北方来杭的人多聚集于湖墅一带。杭州得益于运河，与江南、山东、河北、北京沿运河线及与长江、淮河诸地加强了联系，从而也促进了经济发展。杭州不仅是丝绸产品的制造地，而且也是丝绸的集散市场，各地丝商绸贾汇集于此采购丝织品。① 明人张瀚说："余尝总览市利，大都东南之利，莫大于罗绮绢纶，而三吴为最。"而杭州"桑林遍野，其茧丝帛苎之所出，四方咸取给焉。虽秦晋燕周大贾，不远数千里而求罗绮缯帛者，必走浙之东也"②。至清代，各省丝绸商根据本地之喜好来杭定货织造，"各路商贾来杭兴贩绸缎，一省有一省所行之货"③。

  明清时期杭州地区传统市场的发育程度相对较高。清初杭州地区农业生产的恢复发展，城乡手工业生产的复兴，交通路线的增修与改建，使商业贸易再度进入繁盛时期。早在明成化年间，杭州地区就"物产之富……商贾货财之聚，为列郡雄"④，万历年间，杭州经济十分繁荣，"舟航水塞，车马陆填，百货之委，商贾贸迁，珠玉象犀，南金大见，珠儒雕口，诸藩毕萃，既庶且富"⑤。康熙二十年（1681）以后，杭州商业再度兴盛，"衢路周通，轩车络绎"⑥，至乾隆年间，达到了空前繁荣。晋、徽、闽、秦、洞庭等地的商人往来于杭州府、州、县各地，这些客商在杭州地区长期经营工商各业，为维护自身利益陆续设立会馆、公所。如潞绸的原料除了购自四川外，同样也仰赖湖丝，"潞绸所资，来自他方，远及川、湖之地"⑦。清代时，潞绸"每岁织造之令一至，比户惊慌。本地无丝可买，远走江浙买办湖丝"⑧。

---

 ① 陈学文：《外国人审视中的运河、西湖与明清杭州城市的发展》，《杭州师范学院学报》（社会科学版）2002年第5期。
 ② 张瀚：《松窗梦语》卷4《商贾记》，中华书局1985年版。
 ③ 《杭州府仁和县告示商牙机户并禁地棍扰害碑》，转引自陈学文《中国封建晚期的商品经济》，湖南人民出版社1989年版。
 ④ 成化《杭州府志》，陈让、夏时正等纂，明成化十一年刻本，卷首，夏时正序。
 ⑤ 万历《杭州府志》，陈善等纂，明万历七年刻本，卷三十三，城池。
 ⑥ 康熙《杭州府志》，杨鼐等纂，清康熙二十五年刻本，卷一，封畛。
 ⑦ 顺治《潞安府志》卷1。
 ⑧ 乾隆《潞安府志》卷34。

清代，杭州成为长江中下游重要的粮食输入地，湖广的粮食通过长江、运河水系贩运至杭州。"南榷之抽分、北榷之商货"，"东路之粮食、场仓之盐船"①，都通过运河进入城内。杭州在清康熙年间仅城内就有寿安坊市、清河坊市、文锦坊市、塔儿头市、东花园市、惠济桥市、褚堂市、花市、布市、米市、菜市、瓦市等13个市场。② 集市贸易迅速发展，商贾聚集，货物集散量扩大，杭州成了以商业贸易为中心的市镇。③

明清时期，虽然杭州的经济发展水平和影响已被邻近的南京、苏州、扬州等城赶上乃至超过，但是仍不失为东南江海重镇。杭州手工业，门类齐全、品种繁多，仅万历《杭州府志》所载的就有五十多种，其中尤以丝织业最为发达，所产的棉布、麻布、葛布等棉麻织品和绫、罗、纱、绢等丝织品都是当时的名品。各种手工作坊遍布全城，数量众多。不少手工作坊规模很大，作坊主获利丰厚。杭州不仅是丝织品的产地，也是集散市场，各地丝绸商麇集杭州采购丝织品。

四　商业小城镇

在京杭大运河区域，除了上述规模较大的城镇外，还存在着大量的商业小城镇。如道光中包世臣谓："闸河从台庄入东境为商贾聚集，而夏镇，而南阳，而济宁，而张秋，而阿城，而东昌，而临清皆为水码头，而济宁为尤大。"④ 在这些小城镇也活跃着许多的山西商人。

杨村在北运河上，是天津和河西务之间的一个运河码头，是"渔运商船往来之冲"。明清时期，曾设管河主薄、杨村驿丞、营汛千总、巡检等职官。清康乾盛世时期，杨村有两条街最繁华：一条在河西，是北起玉皇阁南至龙王庙的五里长街，借助运河渡口和驿道的便利条件，大小商铺鳞次栉比，非常热闹。另一条是河东的药王庙大街，是典当钱商、油粮漕坊的聚集地，生意兴隆。河东的这些大商号，十之

---

① 雍正《浙江通志》卷52《水利》》，李卫等修，中华书局点校本2001年版。
② 陈学文：《明清杭嘉湖市镇史研究》，群言出版社1993年版。
③ 徐木兴：《从杭州地区看市场的近代嬗变》，《贵州文史丛刊》2003年第1期。
④ 姚汉源：《京杭运河史》，第25、26页。

八九是客籍山西商人经营的。乾隆年间，山西商人为聚会应酬商议事情，在河西置了一块空地，盖了"山西会馆"。会馆内东是戏楼；西是两进深的五间大殿，前进为聚会、议事厅，后进供奉关公神像。嘉庆初年，曾经维修扩建，格局不变。①

阿城镇（今属聊城市阳谷县），是山东运河沿岸重要的盐运码头。明清两代山东盐场的食盐年产量约一亿斤，分销山东全省及河南、江苏、安徽的部分地区，共计 122 个州县，运销路线以大清河和京杭大运河为主。阿城成为盐商聚集之地。山西等地的商人纷纷来此经营盐、典、绸、布等业，并建立了东、西、南、北四个商人会馆。位于阿城镇南端的运司会馆即山西会馆，俗称南会馆，创建与乾隆十三年（1748），由山西盐商捐资与阿城盐运司联合创立。其建筑形制与距此不远的聊城山陕会馆相似。② 由此可看出，山西盐商在山东盐场的经营规模不小。

张秋镇（今属聊城市阳谷县），在会通河开通后，得水运之便，工商业得到了较快发展。有"上有苏杭，下有临张"之说。张秋镇的商业全盛之时，全镇有九门九关厢七十二条街，主要街道多以交易商品名称命名。如米市街、糖市街、柴市街、果市街、竹竿巷等。江南所产竹木、柑橘、稻米、桐油、丝绸、茶叶等，多在此卸船，由陆路运往山西、陕西等地销售。当时，在镇上经商的山西商人有上百家，建有规模较大的山西会馆。明清时，张秋镇的铁器业、酿造业、糕点业、酱菜业、草苇编织业、纺织业、印染业、金银首饰加工业、印刷业等均十分兴盛。③ 张秋镇的木版年画名扬南北各地，其工艺源自晋南，而题材、体裁上又独具特色，年画品种不下 300，线条简洁流畅，色彩沉着亮丽，畅销京、津及东北各地。张秋是回、汉杂居之地。镇上回民多由江西吉安、山西洪洞等地迁来，从事手工业、商业等。④ 史载，张秋的商业有"齐之鱼盐、鲁之梨枣、吴越之织文纂组、闽广之果布珠绯奇珍

---

① 参见何俊田《御河文化史料》，载《武清县文史资料》第八辑，内部出版，1999 年。
② 王云：《明清山东运河区域社会变迁》，第 121—122 页。
③ 于德普主编：《山东运河文化文集》，第 44 页。
④ 同上。

异巧之物、秦之蘴毳、晋之皮革,鸣榔转毂,纵横磊砢,以相灌注"①,"江南之材,从河入漕,山西之材,从沁东下,由济蹼故渠入漕……总之,服食器用,鬻自江南者十之六七"②。民国初年,漕运停运后,张秋镇渐失昔日的繁荣,但仍有商号70余家,其中晋商有20余家。

安山镇(今属泰安市东平县),在会通河贯通后成为济宁至聊城水路的重要码头,各地客商逐渐聚集于此。到清代中期,安山镇的商业经济达到鼎盛,成为山东运河沿线仅次于张秋的大镇,是山东运河中部最大的粮食集散地。道光年间,镇上有粮行十八家,寿张、郓城以北的高粱、大豆,汶上、东平一带的小麦都集中到安山镇的粮行交易。来自山西、河南、天津、济南等地的客商在此活动,安山镇还曾建有山西会馆。③可见山西商人在此地的规模亦很大。

夏镇(今济宁市微山县城),在明隆庆六年(1576)南阳新河通航后,成为南北漕运的码头,镇内有盐当街、猪市巷、肉市口、磨担街等商业街巷。许多来自山西、河南、浙江、安徽等地的商人在此经商,主要经营粮食、布帛、药材、烟草、茶叶等商品及开设客店和首饰铺,各类商号达两百余家。夏镇商业贸易的繁盛,一直持续到清末民初。漕运停止后,包括山西商人在内的外地客商才撤离夏镇。④

江苏的盛泽镇,"在二十都,去(吴江)县治东南六十里,居民以绸绫为业。明初以村名,嘉靖间始称为市。迄今民齿日繁,绸绫之聚,百倍于昔,四方大贾,辇金至者无虚日。每日中为市,舟楫塞港,街道肩摩,盖其繁阜喧盛,实为邑中诸镇冠"⑤。

---

① 康熙《张秋志》,卷10《艺文》,(明)十慎行《安平镇新城记》。
② 万历《兖州府志》卷四《风土志》。
③ 王云:《明清山东运河区域社会变迁》,第120页。
④ 王云:《明清山东运河区域社会变迁》,第119页。
⑤ 《盛湖杂录》,转引自《京杭运河(江苏)史料选编》第三册,第1177页。

第三章

行商:促进山西与大运河区域商品流通的晋商

山西有丰富的自然资源,著名学者顾炎武在考察山西的各种物产后曾写道:"绫:太原、平阳、潞安三府及汾州二府俱出。绸:出潞安府,泽州间有之。帕:出平阳府,潞安府、泽州俱有,惟蒲州府及高平县米山出者尤佳。铁:各处多有,冶惟阳城尤广。青铁:交城县有冶,今革。黄铁:交城、静乐县有冶。青镔铁:大同府境旧云,内州出。铜:代州凤游谷及垣曲县北山俱出。又潞安州临兴二县有炉。锡:交城、平陆、阳城俱出。"① 明代潞安府西山"有苗氏者富于冶铁,业之数世矣,多致四方之贾,椎凿、鼓泻、推挽,所借而食者常数百人"②。山西的产品通过运河运销的主要产于泽潞一带。丰富的物产是泽潞商人崛起的主要条件之一。晋东南地区有发达的手工业,手工业的发展又刺激了商业的发展。丰富的煤、铁矿藏,使泽潞地区的铁货曾占据中国北方的大半个市场。明代时山西铁的主产区是潞泽地区。明代天顺年间,阳城"每年课铁不下五六十万斤"③。按明代课铁"每三十分取其二"④ 的税率计算,当时仅阳城一地的年产量即达750—900万斤。晋东南地区有丰富的水源、湿润的气候,野生植物十分繁茂,党参等中药材的市场交易量在明清时期也很大。

明代中叶以后,矿冶业、各种铁器制造业和陶瓷业等,已和农业分

---

① (清)顾炎武:《肇域志·山西二》,转引自张正明等《明清晋商资料选编》,山西人民出版社1989年版,第9页。
② (清)唐甄:《潜书》下《富民》,引自张正明等《明清晋商资料选编》,第9页。
③ 《明英宗实录》卷329。
④ 《明太祖实录》卷176。

离，成为独立的手工业部门。各种木器、竹器、石器等制造业也多和农业分离，成为独立的手工业部门。各种铁器、瓷器、木器等产品都是农民在生产和生活中所必需的手工业品，农民大多不能自己制造，要从市场购买。明清山西手工业产品的商品化程度已经很高。晋商经营的手工业产品有皮货、烟草丝织品、药材、颜料、纸张、干鲜果、杂货、洋货、饮食、玉器古玩、书业、油业等许多行业，这些手工业商品，大多采用前店后厂的经营形式。

晋商借助京杭大运河将山西的土特农产品、矿产品和手工业品贩运到运河区域的广大地区，同时利用运河将全国各地的商品贩运回山西市场。山西的商品要运出山西到达京杭大运河区域，须经过太行山脉，太行八陉是山西商人东出山西，到河北、山东和河南等地区经商的主要通道。

一 山西通往大运河区域的商路

山西的商品首先需要经陆路运输到京杭大运河区域的城镇，然后通过运河水路向南北地区扩散。全国的商品经京杭大运河水路到运河城镇中转，然后再由陆路进入山西。

山西与京杭大运河区域间的商品交流，太行八陉是必经之路，是山西东出太行山的主要路线。"陉"指的是山间的通道，太行山被水流切割，有很多通道，并不只这八个，但八陉最有名。八陉是山西通向河南、河北的通道，它们主要以太行山外侧的山口或地名而命名。轵关陉，在济源城南边的轵城。太行陉在今河南省沁阳县西北三十五华里处，陉阔三步，长四十华里。太行陉是太原到洛阳的必经之路，非常重要。白陉，是从辉县薄壁经宝泉水库去陵川的古道，陵川可通长治。滏口陉在今河北省武安县和磁县之间的滏山，是沟通山西与豫北安阳和河北邯郸的孔道。井陉，故址在今河北省井陉县的井陉山上，是连通晋冀鲁的要冲，盂县平定的商人大多经此到河北、北京等地经商。蒲阴陉，是涞源到保定的通道，涞源是个交通枢纽，五道并出。飞狐陉在蒲阴陉的北面，是蔚县到涞源的通道。军都陉，指居庸关到南口这一段，西通大同，东通卢龙、临榆（即山海关），是长城线上的一大枢纽。

具体而言，明清山西与京杭大运河区域的商品交流路线主要有以下几条：

第一条，山西北部的大同通往北京、天津的商路。山西北部大同、朔州等地区主要与北京、天津等地区进行商品交流。明代，大同马市开放后，"乃广召商贩，听令贸易。布帛、菽粟、皮革远自江、淮、湖、广，辐辏塞下"①。大同马市贸易有力地促进了山西地区经济贸易的发展，推动了山西地区与内外蒙古地区的物质交流。直到明朝末年，大同马市都保持着繁荣。② 清朝初年，代州人外出经商者众多，包括北京、天津、苏州、上海在内的全国二十多个大中城市都有代州人开办的商号。在内蒙古经商的代县商人大多活动于大青山前后，每年春季由张家口、归化城、包头等城市以骆驼转运由南方北来的绸缎、布匹、茶叶等蒙古族需要的日用品，进入牧区以物易物，秋末冬初又将换取的牲畜、皮张、绒毛运回山西，转卖出售。③ 再如大同县的煤炭业，"其西乡一带农人，冬日多贩煤"④，大同的煤炭被运到北京、天津等地销售。据乾隆《大同府志》记载，大同城内有牙行310家，其中有49个炭牙，说明大同煤炭交易的规模很大。牙行也自营批发业务，经营的商品有本地的煤、铜、铁、陶瓷、皮货、粮食、土产等。大同与北京、天津、张家口等地的商业往来很多。⑤ 大同的皮货也主要销往北京、天津等地。

第二条，山西中部的榆次、寿阳、平定、盂县与保定、沧州、天津等地间的商路。早在秦汉时期，古平定州就开辟了驿道与河北省相通，其南部的张庄—旧关一线成为东出太行、通往燕赵的捷径。隋唐以后，又开辟了从平潭经黑砂岭、柏井、固关出晋赴冀以连京城的道路。这条古驿道到清代仍为晋冀两省往来的必经路段。在这条从直隶入山西境，向西延伸，从平定州起至蒲州府出境，西通秦、蜀的"大驿"上，商贾络绎不绝，特别是入清后，这条通京大道更是车水马龙，商务繁忙，

---

① 《明史》卷222《王崇古传》，中华书局1974年版。
② 翟纲绂：《晋商史料全览·大同卷》，第29页。
③ 樊惠杰：《晋商史料全览·忻州卷》，第12页。
④ 道光《大同县志》卷8。
⑤ 翟纲绂：《晋商史料全览·大同卷》，第359页。

沿途店铺林立。

第三条，长治与邯郸、邢台、聊城、临清等地间的商路。山东运河中段的聊城、临清距离山西较近，而且与河南、河北接壤。山西商人从晋南经河南开封、濮阳等地进入聊城至鲁西，也可由山西中部、北部经京、津等地进入临清至鲁西。走水路可由卫河、大清河进入京杭大运河。如聊城"铁货自山西贩来"[①]。乾隆《汾阳县志》记载，山西汾阳商人吴文玖"尝贾于山东禹城"，因此而致富。[②] 山西潞城人贾庆余年少时一贫如洗，14岁跟随父亲到山东禹城经商。父亲死后，他苦心经营，经过二十多年的努力，到乾隆年间成为当地有名的大富商。[③] 上党地区的铁货很多是在临清等运河码头转运的。山西商人将晋城的铁货、剪刀、琉璃、蚕丝、红果和瓜子等销往河南、河北、山东和陕西等地，将当地的土布、洋油、火柴、红枣和大米等运回晋城销售。[④]

第四条，晋城到河南，然后经黄河水路与济宁附近的京杭大运河相接。在河北乐亭县，"至列肆称贾，惟设质库，鬻铁器者，间有晋人"[⑤]。在束鹿县（今河北省辛集市）"铁器，在本境制造者，不过十分之一二，其余多由获鹿、山西泽州、潞安等处运来"[⑥]。在东平州（今山东省东平县州城镇）"铁货，陆运来自山西，水运来自怀庆，岁售约万斤"[⑦]。河南林县"铁器自壶关县来"[⑧]。再如明末清初阳城县商人王重新经商地域涉及天津、南北直隶、东北三省、江浙等许多地区。他拥有庞大的运输队伍，把阳城的硫磺、铁货、琉璃、生丝、山萸等土特产品源源不断地运往全国各地，又把外省的货物诸如布匹、药材、绸缎、珠宝、粮食等运回阳城。[⑨]

---

① 光绪《聊城县乡土志·商务志》，引自郑昌淦《明清农村商品经济》，中国人民大学出版社1989年版，第17页。
② 乾隆《汾阳县志》卷6孝义。
③ 乾隆《潞城县志》卷4耆旧。
④ 靳虎松：《晋商史料全览·晋城卷》，山西人民出版社2006年版，第288页。
⑤ 光绪《乐亭县志·风俗志》，转引自郑昌淦《明清农村商品经济》，第15页。
⑥ 光绪《束鹿县志·物产志》，转引自郑昌淦《明清农村商品经济》，第15页。
⑦ 光绪《东平州乡土志·商务志》，转引自郑昌淦《明清农村商品经济》，第17页。
⑧ 乾隆《林县志·风土志》，转引自郑昌淦《明清农村商品经济》，第19页。
⑨ 靳虎松：《晋商史料全览·晋城卷》，第398页。

二 通过京杭大运河走向全国的山西商品

  明清时期，山西的商品，如铁货、煤炭、皮货、潞绸、烟草等大量销往北京、天津、山东等京杭大运河区域，然后从这些地区经京杭大运河进一步销往全国广大的地区。无论南方的商品北上还是北方的商品南下，很多时候并不是由一个商人一次完成的。可能会经过多次的中转，经过许多商人倒手，才将商品输送到全国各地，甚至国外。许多南方的商品北销可分成以下几个阶段：两广地区的运到江浙一带，经京杭大运河运到山东临清、聊城一带，再由山东运到北京一带，最后由北京经陆路向北方各地运送。山西的商品首先经陆路运输到北京或河北、山东一带，然后经京杭大运河南下江浙，再南下两广或经长江水运到西南地区。有些晋商的贩运活动跨越中国的大部分地域，有些仅从事其中一段的贩运活动。运输距离越长，需要的时间越长，商业风险越大，资本的周转速度越小，需要的资金量越大。资本雄厚的商人贩运的距离通常更长，如我们熟知的山西有名的大商人的长途贩运，经常是从南方收购商品，然后运输到北方草原上，这对于商人的资金量和抗风险的能力要求是非常高的。那些从事短距离贩运的中小晋商和坐地经商的晋商的情况往往不被人重视。一般来说，中小晋商仅仅在整个商品贩运线路的一段从事经营活动，贩运的商品种类也相对较少。如在杭州、扬州、苏州等江南一带活动的晋商主要从事收购江南商品的业务，然后批发给其他商人，再由这些商人将商品运输到北方销售，还有一些商人会在山东、京津等地接手，然后再向北方贩运销售。贩运距离的缩短既减少了经营风险，也降低了经营所需的资金量，还加快了资本的周转速度，更加适合中小商人经营。如果将山西商人的总量比喻成金字塔，那么处在塔尖的是历史上著名的山西大商人，处于金字塔中部的应该是在各类史料中留下记录的中等规模的商人，处于金字塔底部的是数量非常庞大的山西小商人，他们大多没有留下名号，而这些山西的小商人或许才真正体现了明清晋商的总体特征。

  本节主要考察晋商在京杭大运河区域经营铁货、皮货、煤炭、印染、烟草、潞绸等商品的长途贩运活动。

1. 铁货

明代，山西是全国冶铁业最发达的地区之一。明初有官营冶铁所十三所，其中北方地区就占了七所，可见冶铁在北方地区的重要。[①]

全国的铁矿产地有 245 个县，70% 分布在南方。山西 25 个县有铁矿，在北方各省占绝对优势。此 25 县即今之晋城、长治、平定、盂县、榆次、孝义、汾西、临汾、翼城、高平、阳城、交城、太原、阳曲、五台、吉县、山阴、右玉、永和、乡宁、稷山、绛县、怀仁、清徐、静乐。明洪武七年（1374），全国设立十三个铁冶所，负责管理官营冶铁生产。其中山西占有五所：平阳两所，太原、泽州、潞州各一所。鉴于官营铁冶弊端丛生，产量不断下降，洪武二十八年（1395），罢撤各地官营铁冶所，"令民得自采炼，每三十分取其二"，从此山西民营铁冶发展起来。洪武元年（1368），山西铁产量 114.69 万斤；洪武七年（1374）76.2 万斤；到了天顺、成化时期（1457—1487），仅阳城一地年民营铁产量即达 750—900 万斤。泽、潞各地都有铁矿分布。泽州阳城在整个山西制铁业中占有显著的地位。成化《山西通志》卷六《物产》记载：山西很多地方产铁，"惟阳城尤广"。入清后，山西民营冶铁生产及铁矿的开采虽然受到清政府种种干预，但仍在继续发展，全省铁矿产地除明代的 25 县外，又增加了闻喜、解州、隰县、大同、宁武、临县、中阳、赵城、安泽、左权、和顺、昔阳、保德、灵石、陵川、虞乡等 16 个县、镇。说明山西的冶铁业有了进一步的发展。从地方志的记载来看，北方各区域市场的铁器，主要是运自山西。例如山东《馆陶县乡土志》记载，该县"铁货运自潞安，集会贩卖"。《禹城县乡土志》记载，该县"铁釜自山西购"。直隶《乐亭县志》记载"至列肆称贾，惟设质库鬻铁器者间有晋人，其余则土著多而客民少"。明清时期，北方各区域市场主要是从山西输入铁器，可见山西铁器铸造业的发达及其市场的广阔。[②]

泽潞地区拥有铁矿资源优势，而且生产历史悠久，技术成熟，产销

[①] 姜守鹏：《明清北方市场研究》，东北师范大学出版社 1996 年版，第 89 页。

[②] 同上书，第 146 页。

量很大。商人多以炼铁和营销铁制品为业。阳城制铁业于明代中叶开始兴盛，主要是生铁制成的各种铁产品。润城镇原名老槐树，为晋东南历史名镇，后来因为铁业兴旺而改称铁冶镇，最后因为要振作文风，在明万历年间才取名润城。筑于晚明的润城砥洎城，城墙内壁用成千上万个炼铁的坩埚砌成，所以又称坩埚城。这里出产的铁器大都通过泽潞商人运销外地。据记载："近县二十余里皆出矿，设炉熔造，冶人甚伙，又铸为器者，外贩不绝。"① 当时义城、蒿峪、尹家沟、安阳、东冶、孔寨等润城周边地区都在大规模炼铁，仅安阳村就有合同昌、日兴东、西盛号、太兴号四大冶铁户。在冶铁业发展的同时，铸造业也兴盛起来，铸造产品的品种达上千种。仅犁镜一项，即达二百六十多种，远销长江以南，长城以北以及国外许多地区。最盛时年产七十万片，清光绪时"远商驻买于本境"，销量仍达二十万片。锅货、蒸笼、茶壶、铁鏊等品种也是琳琅满目。晋城的巴公、高都，高平的米山，陵川的夺火等地都是商人聚集之地。冶铁业的发展直接推动了铁器制造业的发展。雍正八年（1730），晋城的陵川一县仅专门生产铁钉的作坊就有12家。

明代时，山西上党地区是全国重要的铁货交易中心。长治主要是熟铁，产品有农具、潞锅等日用品，这里生产的铁钉当时是南方造船用的最好的钉子。长治县荫城是山西最大的铁货集散地。"高平铁，晋城炭，离开荫城不能干。"荫城镇铁货的销售网络遍布全国，有"万里荫城"之美誉。铁货商人中最典型的有经坊村的陈慎德、柳庄的杜滿贵、苏店村的张克宽、南宋村的秦绍文、荫城村的李钦海等家族。这些商人开设的商号有北京的恒盛毓、东和丰、同阳堂，天津的秀升和、德生和、丰裕成，山东济南的文和号、金升店，河南漯河的庆兴源等。②

与明代以生铁和铁锅为主要产品的情况不同，清代山西的铁制品种类繁多，并以民用铁器为主。清代泽州的另一个制铁业中心是凤台大阳镇，这里出产的铁针行销全国。晚清，外国机制钢针传入中国后，大阳的钢针业才衰落。③ 近代德国人李希霍芬在实地考察大阳镇后说："在

---

① 同治《阳城县志》。
② 尹钟子：《晋商史料全览·长治卷》，山西人民出版社2006年版，第104页。
③ 靳虎松：《晋商史料全览·晋城卷》，山西人民出版社2006年版，第178页。

欧洲的进口货尚未侵入以前，是有几亿人从凤台县取得铁的供应的……大阳的针供应着这个大国的每一个家庭，并运销中亚一带。""在山西我们看到了早年的富源，就是铁的生产。从前山西铁曾经供应中国大部分地区销用，如今欧洲五金货物的竞争限制了这种贸易，以致销路局限于中国北部。"①"由于外国制成的铁器输入以后，山西铁器的销售额和总产量便已大大地减少，同时为要尽量供应原有的市场，曾经求助于降低原有的价格，因而也降低了制造者的利润。"②

河南清化镇是明清时期晋东南铁器在河南的集散中心。明人王世贞在《适晋纪行》中记载了他从河南经太行山入山西的行程，其中就说："出修武，发宁郭驿，三十里抵清化镇，山西冶器之集焉。"从清化往北就是太行山，经碗子城、星轺驿至泽州，再北上过潞安直通太原，这正是明代的驿道，也是泽潞铁器输往河南的商道。明清时期泽潞商人贩运铁器的另一条商路是经过潞安府北上至大同以及长城以外的地区，《明孝宗实录》弘治十四年八月壬申条中记，大同"十一州县军民，铁器耕具，皆仰商人从潞州贩至"③。

明代山西高超的冶铁水平、丰富的产品数量及种类繁多的铁制品在全国尤其是北方地区享誉一时。山西铁货的北方市场，主要是京师、直隶、山东及辽东地区一带。货物大多经由河南怀庆府至卫辉府之浚县李家道口镇，装船沿卫河运至山东临清后，或转销山东各地，或沿运河北上至北京等地销售。史载。沧州"缯帛来自江苏，铁器来自潞、汾，农器为多"④。禹城县"铁釜诸器，由山西购至本境，车运，岁约二千金"⑤。潍县"铁器，山西客商贩来，销售岁约五千斤"⑥，聊城县"铁货自山西贩来"⑦。再如濮州人房满"赴山西铁冶场，贩釜鬲铲锹之货，

---

① ［德］李希霍芬：《旅华日记（F. von Richthofen：Tagebiicher aus China）》卷上，第560 页。转引自彭泽益编《中国近代手工业史资料》第二卷，中华书局 1962 年版，第 175 页。
② Report by Baron von Richthofen, On the Provinces of Honan and Shansi (Shanghai, 1870), p. 17. 按此为李希霍芬于 1870 年 6 月致上海总商会主席米琪（A. Michle）的信。转引自彭泽益编《中国近代手工业史资料》第二卷，中华书局 1962 年版，第 175 页。
③ 《明实录》卷 178 "弘治十四年八月壬申"条。
④ 乾隆《沧州志·风俗》，转引自郑昌淦《明清农村商品经济》，第 14 页。
⑤ 光绪《禹城县乡土志·物货志》，转引自郑昌淦《明清农村商品经济》，第 17 页。
⑥ 光绪《潍县乡土志》，转引自郑昌淦《明清农村商品经济》，第 17 页。
⑦ 康熙《濮州志·货值传》，转引自郑昌淦《明清农村商品经济》，第 17 页。

三倍其利"①。

由于铁货属于笨重商品，陆路运输成本高昂。因此，山西铁货的外销很大程度上借助了京杭大运河水运成本低的优势，首先运输到山东运河沿线的城镇，然后通过京杭大运河运销到全国的许多地区。山西商人也因此涉足各地市场。尤其是在天下之货集聚的京城，更是聚集了大批的山西铁货商人。山西所产铁锅、铁钉、农具等汇集山东临清，然后转销京畿河间一带，甚至在宣府、大同、辽东互市所用铁器有不少也由临清采买或转运。清代山西著名官吏孙嘉淦的《重修炉神庵老君殿碑记》记载："吾山右之贾于京者，多业铜、铁、锡、炭诸货"，"其伏魔殿、佛殿前后，修举于潞商。"②

明清晋商中有大量的通过经营铁货而致富的商人。如翼城的铁货行蔚隆章，创办于明代万历年间。总号设在翼城北关，分号则陕西、甘肃、宁夏、绥远等地，乃至天津英租界都有，还在洛阳、郑州、上海等地驻有专人，资本最高时达500余万元银洋。③

壶关县河口村王家以"上木绝"铁钉而致富。壶关王家兴起于王克昌。王克昌起初以磨豆腐为生，后来传说得到一笔外财，觉得卖豆腐不如铁业赚钱，便在壶关县城开了一处小铁铺。铁业用银百两，一年就获利加倍。翌年，王克昌又雇一伙友，获利大增。王克昌是个勤俭持家之人，将所得利润尽力投诸资本，于是迅速崛起。王克昌改行铁业之际，恰逢南方各省纷纷北上抢购"上木绝"，时来运转，王家小铁铺迅速膨胀。起初，他以生产锅瓢铲等厨房用品为主，后来则变为生产"上木绝"为主。从此，王家铁钉源源流向江浙，"上木绝"之誉满江南。王克昌有子四人。他将产业分为四股，每股约合白银20万两以上。王家四子，将其父开创的事业推向了高峰。至乾隆末年，王家四子在豫皖设立过栈，继而在苏杭坐地为商，并兼营起绸缎业。

嘉庆年间，长治县铁货商人陈毓祺在北京前门大街路东开设的东和丰铁货铺生意兴隆，又在哈德门外开设西和丰铁货铺。到光绪年间，陈

---

① 光绪《聊城县乡土志·商务志》，转引自郑昌淦《明清农村商品经济》，第17页。
② 李华：《明清以来北京工商会馆碑刻选编》，第40页。
③ 李希曾：《晋商史料与研究》，565页。

毓祺的儿子又在哈德门外开设了丰裕成铁货铺。① 晚清时，陈家的商业以铁货为主，兼营货栈、客栈、日用百货等，分布在各地的大小店铺有上百个。陈家在北京开设有四大铁货铺。在前门大街有东和丰铁货铺，铺面三间，库房十余间，年利万两白银。还有丰裕成铁货铺，铺面三间，年利五千两白银。在哈德门（今崇文门）外有西和丰铁货铺，铺面五间，年利五千两白银。另有恒盛毓铺面三间，年利四千两白银。在京城的这些铁货铺均为前店后厂的形式，经营铁锤、铁斧、铁犁、铁锄、铁铲、铁刀、铁钉、铁锁、铁锅、铁壶等生产、生活用具。在天津的宫南大街开设有秀升和铁货铺，在河北大街开设有德生铁货铺。陈家还在由长治荫城到东阳关、涉县、邯郸、邢台、石家庄、保定、北京到天津地区的商路上开设了一系列的货栈或商铺，形成一条独特的"陈家商路"，陈家依托这条商路源源不断地把铁货运达京津地区，沿途一路食宿在自家的货栈或店铺，减少了运输成本，同时，陈家的货栈或店铺还接待其他各路商人，获取商业利润。陈家除不断扩大铁货业的经销外，还广泛开拓其他行业的经销，开设有麻行、丝绸店、盐店、粮店。布店等。②

晋城泰山义剪刀铺生产的剪刀驰名全国，远销河北、河南、山东、陕西等地。③ 民国时期，山西陵川县冶炼生产兴盛，该县侍郎岗村生产的七斤半重犁铧专售江苏，五斤重犁铧专售汉口，老雕翅铧专售河南漯河。④ 晚清时，平定县大阳泉村郗家除魁盛号外，还有多兴魁、永盛魁、宗和魁等30个"魁"字号连锁店，分布于本县辛兴等地与外省的河北、北京、天津、山东各地。这些店铺开始也是贩运平定县境的铁货，后来发展为综合经营各类商品。⑤

2. 煤炭

山西是我国重要的煤炭产区。明清时期，山西的煤炭大量开采，且

---

① 尹钟子：《晋商史料全览·长治卷》，山西人民出版社2006年版，第4页。
② 同上书，第17页。
③ 靳虎松：《晋商史料全览·晋城卷》，第269页。
④ 同上书，第149页。
⑤ 张云翔：《晋商史料全览·阳泉卷》，第444页。

被运往北京、山东、陕西、河南等地出售。明代山西煤窑几乎遍及各州县。据《明一统志》载，明代生产煤炭的州县有太原、阳曲、榆次、寿阳、清源、交城、静乐、霍州、吉州、临汾、洪洞、浮山、赵城、汾西、岳阳、翼城、河津、灵石、泽州、阳城等，"有煤洞凡百数十处"。煤炭用于冶铁、铸钱、炼硫黄、烧石灰、烧砖、烧陶瓷、酿酒、制药、炼黑矾等许多方面。煤炭的广泛运用进一步促进了采煤业的发展，煤炭课税已经成为国家的重要收入。

明代官府对煤炭的开采管制较松。随着当地铸铁、铸钱、铸铜等冶铸业的进一步兴旺发达。晋城的阳城、高平等地是煤炭开采较早的地区，原先采掘业并不突出的潞安府的一些县也开始繁荣起来，其中以襄垣、长治、潞城、屯留、长子等地发展较快。明代在京城的潞安商人创办潞安会馆时，炭商即为其中重要的参与者，可知当时山西地区的煤在北京有很大的市场。

清代康熙年间矿禁逐渐松驰，乾隆五年（1740）后，允许直隶、山东、山西等省招商采煤，山西民营煤窑迅速发展起来。道光时，又有岢岚、临县、辽州、潞城等近20个州县开设了煤窑。据《清一统志》载，除上述州县外，还有神池、五台、代州、繁峙、河曲等地有煤窑。雍正《山西通志》载："山西府州惟石炭不甚缺，间有缺处，亦以樵山较易于凿窟。"① 光绪《平遥县志》载，康熙时"晋之炭铁枣酒及诸土产之物，车推舟载，日贩于秦"；雍正《泽州府志》载："输市中州者，惟铁与煤，日不绝于途"；《朱批奏折》乾隆六年七月二十六日山西巡抚喀尔吉善奏："……虽归化城现在议开煤窑，一时尚未流通，若先将内地煤炭禁止出口，则该卫所居民无从购买，不免悬釜以待，民情惶急。"② 据民国初年调查，山西创办于道光二十年（1840）前的煤窑有25处③。

明清晋煤的销售市场也在不断扩大。其商业形式主要有二：一种是在城镇开办煤店，将从煤窑批发来的煤斤零售；另一种是赶驼到煤窑，

---

① 雍正《山西通志》卷四十七。
② 同上书，第12页。
③ 张正明：《山西工商业史拾掇》，山西人民出版社1987年版，第10页。

买煤运入城镇转售给用户。前一种是坐贾,由资本较厚者经营。后一种属贩运,需用资本较少,贫苦之人多以此为生。如乡宁县"近煤场者,则以人畜负贩,日有取资"①;大同县"其西乡一带农人,冬日多贩煤"②;阳曲县"东西北傍山各村,土地瘠薄,居民农事之暇多策蹇贩炭以生"③。乾隆《乡宁县志》载,清代,县东南产煤及铁,贫无田者,以煽炉、挖煤、贩铁、卖炭为业。而凤台县(今山西晋城)"平地高山,半系产煤之区,……穷民依以为生"④。

左云县的煤炭业"明代成化六年(1470),鹊儿山村西小西沟煤矿建成,煤田面积5.10平方公里,年原煤产量4万余吨"。清乾隆十九年(1754),有秦家山、孙家湾、峙峰山、张家坟、宝和寺等五处矿井,煤田面积4.34平方公里,原煤年产量6万余吨。清代宣统二年(1910)全县有平寺、桃泊沟、斗子湾、木代村、大南沟、青杨湾、王村、千家峪等27处矿井,煤田面积25.92平方公里,工人五百余人,年产原煤8.4万吨。⑤

同时还出现了许多从事煤炭交易的炭牙。据乾隆《大同府志》记载,大同城内有牙行310家,其中有49个炭牙,说明大同煤炭交易的规模还是比较大的。牙行也自营批发业务,并拥有仓库,故也称为货栈,有些牙行还备有客房,经营的商品有本地的煤、铜、铁、陶瓷、皮货、粮食、土产等。大同与北京、天津、张家口等地的商业往来很多。⑥甚至有很多小村镇也有炭牙,如聚乐堡(今大同市新荣区所辖乡)只有1个斗牙(粮食业),炭牙却有9个之多。这充分反映了当时大同地区的煤炭贩卖兴隆的社会状况。⑦

"晚清光绪年间,山西的一些商人、官僚、地主、士绅在外国资本的影响下,在煤炭市场扩大,煤价上涨,高额利润的刺激下,纷纷开办投资少、收益快的手工煤窑。据平定、太原、阳曲、潞城等45个县不

---

① 乾隆《乡宁县志》卷12。
② 道光《大同县志》卷8。
③ 道光《阳曲县志》卷2。
④ 韦庆远、鲁素:《清代的矿业》,中华书局1983年版,第446页。
⑤ 翟纲绪:《晋商史料全览·大同卷》,山西人民出版社2006年版,第241页。
⑥ 同上书,第359页。
⑦ 同上书,第146—150页。

完全统计,从咸丰到光绪年间共开办稍具规模的手工煤窑 240 处,其中光绪年间(1875—1908)就开办 215 处。"①

京津地区无论生产用煤或是生活用煤,都用山西煤炭。《娱目醒心编》中有一个故事,讲在明景泰初年,山西太谷商人房氏,往北京贩运煤炭 10 大船,值银 28000 两。恰逢北京煤炭奇缺之时,竟获利银 10 万余两。山西商人租赁山地开办煤窑者也很多。他们不仅在本省开办煤窑,甚至到外省开办煤窑。清刑部档载,乾隆时有山西商人李鹏程、鲁大在河北宛平县清水涧租地伙开煤窑②。山西商人主要将煤炭运往北京、天津等地。

3. 皮货

经营皮货的晋商,主要是交城、大同等地的商人。晋商将皮货销往北方各地,重点是北京、天津等地,甚至还通过天津口岸出口到了国外。

交城的皮货业发轫于西汉时期。元朝设熟皮局、软皮局管理皮货业。到了明代,交城的皮毛、皮革制品成为当地的名优特产。明末清初,交城皮件多数销往蒙古、东三省一带。康熙末年,蒙古的皮毛业尚不发达,皮张、毛类也很少外卖或外运。当时只有山西、河北等处的皮毛匠,春来冬归,为农牧民擀毡、熟皮、缝制皮衣裤、蒙靴等。乾隆时期是交城皮毛业大发展的时期,由于毛皮业的发展,当地的生皮资源已经远远不能满足其需要,商人远赴陕北、宁夏、甘肃、蒙古、西伯利亚等地采购皮毛,然后把成品销往全国各地。③ 清乾隆五十四年(1789),交城境内有张皮房、田义皮、合义皮等许多家皮坊。乾隆五十七年(1792)明确记为皮坊的有天福皮坊、三成生皮行、天宝皮坊、万盛皮坊、永兴皮坊、合盛皮坊 7 家;明确记为皮店货栈的有源远店、广亨店、合义店、长发店、三和店、利源店、大顺店、恒盛皮店、广隆皮店、新泰皮店、天宝皮店等 11 家。此外尚有行业不详的字号 117 家,其中有相当一部分为皮业坊店。道光十年(1830),交城重修文昌宫,

---

① 张正明:《山西工商业史拾掇》,第 15 页。
② 方行:《清代北京地区采煤业中的资本主义萌芽》,载《中国社会科学院经济研究所集刊》第 2 集,中国社会科学出版社 1981 年版。
③ 师百韧:《晋商史料全览·吕梁卷》,山西人民出版社 2006 年版,第 146 页。

东、西两路及交城字号 346 家出银资助,其中东口顺义诚、万盛德、大顺成,西口顺义成、大兴玉、永兴世、大兴隆、永兴玉、大和发、万玉隆、德生广为皮行。从清道光以来到清末,交城皮毛盛极一时,一些名牌字号远近驰名,各地客商年年争相预购订货。来自天津、上海、无锡、汉口的商人,秋冬之交便来提货,商贾云集,络绎不绝。清光绪《山西通志》记载,山西进贡羔皮 1000 张,全由交城县提供。清末,交城皮货已经畅销海外美、日、俄等国,这些外商年年到交城采买皮货。民国时期,大宗皮件多由四合源、万川、玉成、德兴、合兴、公盛、德昌等 20 余家皮店发往京、津、沪、汉口、张家口、东三省等地,其中相当一部分转销俄罗斯、日本及欧美诸国,外埠商客接踵而至,争相采办。① 清光绪二十一年至二十四年 (1898—1903),交城境内的毛皮作坊达百余家,所制皮货销售总量达百万两白银,为山西各县之首。

乾隆时,张家口为塞上皮都。之所以称为皮都,"交城社"功不可没。可见交城的皮货商人占张家口皮货业的比重很大。继张家口"交城社"后,归化城也成立了以交城商人为主的"生皮社",该社成为归化城商界十五大社之一,统筹归化城一带皮货商的经营活动。

大同的皮货业历史悠久,不但执大同手工业之牛耳,而且在全省的手工业中占有重要的地位。清末至民国初年的大同皮货业非常发达,当时有皮庄 80 多家,每年的皮货总值达 100 万两,是大同皮货业的黄金时期。主要产品有滩皮、西宁皮、永昌皮、口皮、榆林皮、本羔皮、猞皮等,除少数由天津口岸出口外,大多销往常州、无锡、苏州、上海等各大商埠。②

民国时,在垣曲县古城镇的南关东街,回族居民集中开设的几家皮货店曾兴盛一时。其产品有农业上用的皮鞭、套项、炮绳、马鞍、皮条龙头等,有生活中用的羊皮袄、狐皮领、狐皮袄、皮裤、皮褥等许多产品,销路很好,东至河南的邵原、济源、龙门口等地,西至新绛、绛县、闻喜、夏县、运城等地,南至黄河南岸,远销到洛阳、汉口等城

---

① 同上书,第 145—156 页。
② 翟纲续:《晋商史料全览·大同卷》,第 218 页。

市，有的转运至港口销往海外。①

交城、大同等地的皮货业的发展，与天津的开埠有很大关系。天津皮毛行是山西商人经营的主要行业之一。《津门杂记》、《天津商会档案汇编》等记载，清光绪时，山西商人在天津有12帮商，其中之一为"皮货帮"。据《山西外贸志稿》记载，自清代天津开埠建关以来，山西皮货即为传统的大宗出口商品，每年出口羊皮达数万张，其中大部分是在交城等地经过皮货商加工制作后，通过天津出口至英美等国的。

皮货曾是清代有名的山西范氏家族经营的行业。范氏家族的范清注曾到恰克图采购皮货。乾隆二十六年（1761），官方曾派范清注等商人到恰克图采购皮货。官府很重视两人采购皮货时的价格和利润，故要求他们报告采办的数量、单价、在北京售价，以及旅费等。

表3—1　　　　内务府买卖人范清注采购皮货的数量与价格

物品	采购人	数量	原单价银（两）	京价银（两）	利润（%）
黑狐皮	范清注	215 张	24.6	30.18	22.68
青狐皮	范清注	214 张	4.73	5.91	24.94
银针海龙皮	范清注	34 张	26.5	29.64	11.84
银鼠	范清注	27761 张	0.19	0.21	10.52
各色毡	范清注	767 尺	0.54	1	85.18
各色香羊皮	范清注	61 张	0.66	1	51.51
灰鼠皮	范清注	25160 张	0.03	0.04	33.33

资料来源：乾隆朝《内务府奏销档》第257册"乾隆二十六年六月四日"条。

范清注采办的皮货，显然获利较高，数量也较多。而在旅费方面，脚价盘费银1731.4两。范清注最后出售皮货的报告中显示，此次采购皮货的利润为9.46%。②

---

① 史海涌：《晋商史料全览·运城卷》，山西人民出版社2006年版，第223—225页。
② 转引自赖惠敏《清乾隆朝内务府的皮货买卖与京城时尚》，《中国社会历史评论》2004年第4期。

4. 印染业

明清时期，我国棉花种植区逐步由江南扩大至北方，河北、山东等地尤为集中。棉花的生产，带动了纺织业、印染业的发展。山东的潍坊、寿光、禹城、德州、高唐，河北的高阳、任丘、定县、无极、河间等地，出现了许多经营土布的布店、布庄，为染业带来了广阔的发展空间。山西平定县与河北、山东毗邻，平定商人就捷足先登，在城镇、乡村广开染坊。明代就有乡民赴外从事染业，到清乾嘉时期，达到鼎盛。明清时期从事染业基本上手工操作，挑水者从早到晚扁担不离肩，挑进清水倒去污水，而染布者手不离缸，皮肤受腐，手指变形。尽管染布生意十分艰苦，但平定开染坊者越来越多，甚至有的村经营染业者占全村劳动力的70%以上。平定商人染坊的染织品，以色鲜、品种多、不褪色而著称。在一些平定染坊有"染就江南三日景，提出扬州一片红"、"染青色一镇无比，出翠色天下夺魁"的楹联，夸赞其高超技术。清末民初时，在山东德州、济南一带，平定县北庄村人尹朝钢开设的义盛号染坊很有名气。义盛号染坊总号设在德州城内，在陵县、禹城、平原、济阳、济南设有分号。义盛号主要业务是对来自乡下的土布、粗布，用蓝靛、小蓝靛和一些外国进口的颜料进行染色。平定商人所开的染坊一般采取前店后坊的经营形式，平定宋家庄人曾编撰《五言杂字》描述道："有等生意人，亲自下东边。头程槐树铺，次日过固关。井陉获鹿县，栾城共贾店。正定福成驿，深泽无极县。藁城与赵州，相隔一马站。平山通灵县，南宫元氏县。村庄和店镇，何处无铺面？驼靛数十驮，铺了货几间。寻下主人家，连忙把瓮安。买些柴和炭，风匣不住煽。熬碱一大缸，缸内起金莲。罩网用铁箍，印子线绳拴。幌杆槌布石，二物在门前。家伙俱停当，染布有何难。毛蓝与皂青，印花最亮炫。开了一半载，年终转回还，赚钱几百两，挣钱几十千。"① 开染房可以带来可观的利润，越来越多的平定、盂县商人从事这一行业。

---

① 张云翔：《晋商史料全览·阳泉卷》，第218—280页，第341—345页，第566页。

染帮曾是天津十大商帮之一，主要由平定人构成。① 平定西郊村人郝殿和，清末民初，在村里开设杂货商号，名为"百忍堂"。由于经营有方，只几年功夫便成巨富。随后在天津开设绸缎商号多座，又在村里大兴土木建起一座四套大院，并购置良田两顷。"百忍堂"成为平定远近闻名的大商号。② 白满咀，在京城开设商铺，经营绸缎，有些积蓄后，将商号交给大儿子白向科经营，自己回乡，在村里杨树巷建起当时比较时兴讲究的"白家院"。直到在京的商号破产，其扩建庄园的工程才告停。平定西郊村人郝云生，因其祖、父辈光绪年间便在恩县经商，所以西郊村人称其为"恩县家"。郝云生从小随父在恩县经商，生意顺达，财源颇丰。为谋求更大发展，郝家走出恩县，迁到天津沿河大街，开起染坊，名为利顺彩。③

民国后，服式变革之风盛行。西式服饰用料以呢革、洋布为主，不需要染色。在洋布大量进口下，土布业受到沉重打击，与之相关的印染业也受到牵连。尽管平定商人在印染技术上进行了改革，但仍然无法挽救整个行业的衰退，"走染房"的平定商人逐渐衰退。

与平定印染业商人衰落不同的是，盂县人在北京广开洗染店却仍然很兴旺。直到新中国成立前，洗染业都是盂县人在北京经营的主要行业之一，所开商号累计有六十多户。这些洗染店或是由原染坊改建而成，或是新建的采用"西法"洗染的新型洗染店。坐落在崇文区精忠庙大市北拐弯7号的天元染坊，据说有二三百年历史，其股东为盂县陈南庄陈家和南坪村的赵家。天元染坊的大院占地约有一亩，是一家以染色为主的染坊，主要承揽丝绸、棉布的染色业务，没有专门的门面。天元染坊旁边有天和染坊和采用西法洗染的华丽洗染厂。位于安定六内大街路西122号的德盛染坊，掌柜是盂县牛村人，经营德盛染坊有60年之久，曾有分店裕华染坊。④

---

① 张云翔：《晋商史料全览·阳泉卷》，第218—280页，第341—345页，第445页。
② 同上书，第476页。
③ 同上。
④ 张正明：《山西工商业史拾掇》，山西人民出版社1987年版。

表 3—2　　　　　　　　盂县商人在北京开设的洗染店

名称	成立时间	地址
祥顺洗染店	1900 年	朝外大街 14 号
广义顺染坊	1923 年	宣武区南柳巷 40 号
华丽洗染厂	1927 年	西单北大街路东 40 号
永顺公染坊	1929 年	新街口大街路西 164 号
欧美洗染店	1932 年	西单缸瓦市大街路东
荣华洗染厂	1932 年	石头胡同 47 号
华章染坊	1934 年	崇文门外蒜市口路北乙 15 号
大昌洗染店	1936 年	前门外李铁拐斜街路北
恒和洗染店	1937 年	延寿寺街路东 47 号
裕懋洗染店	1939 年	西珠寺口留学路东 58 号
大兴洗染厂	1942 年	安定门内大街路西 72 号
万隆染坊	1942 年	前外杨梅竹斜街路西
天昌西法洗染厂	1945 年	东线胡同 39 号
启文洗染店	1945 年	和内北新华街 32 甲号
亚北洗染店	1946 年	崇文区三里河大街 45 号
美华洗染厂	1946 年	东四南大街路西
震寰染坊	1946 年	宣内大街路东
丽华洗染店	1947 年	宣内大街路东 94 号
文华洗染厂	1947 年	西长安街路北 19 号
新世界文记洗染店	1947 年	西长安街路南 87 号

资料来源：张云翔主编：《晋商史料全览·阳泉卷》，第 218—250 页。

5. 烟草

原产于美洲的烟草，作为一种嗜好作物，于明代传入中国以后迅速形成抽烟风气，随之烟草种植因其利润大于种粮而快速普及开来。至迟到 18 世纪 20 年代前，烟草在中国绝大部分地区都有种植，从烟草传入中国算起，仅 100 年左右时间，在中国作物传播史上是非常快的。明末清初，全国范围内已经形成了若干烟草重点产区。[①]

[①] 蒋慕东、王思明：《烟草在中国的传播及其影响》，《中国农史》2006 年第 2 期。

清代吸烟人口的增多，刺激了烟草的生产，烟草种植面积不断扩大。北至黑龙江，南至海南岛，烟草种植遍布各地。著名的有福建闽西"八邑之膏腴田地，种烟者十居三四"；闽南沿海"烟草之植，耗地十之七八"。烟草商品化生产促进了烟草经济的发展，烟丝加工业开始形成相对专业的手工业。清代前期，江西、山东、山西、广西、陕西等地的烟丝加工业十分发达，遍布城乡各地，而且许多烟丝作坊都具有一定的规模。山东济宁，每年买卖烟丝200万两白银，从事烟丝制造的雇工4000余人。福建永定条丝烟、山西曲沃旱烟、甘肃兰州水烟成为全国著名的产品。随着烟草生产商品化程度加深，商业资本在农村日益活跃，促进了烟草商品的流通，带动了烟叶生产的发展。[1]

曲沃是山西最早种植烟草的地方。据清嘉庆年间的《续修曲沃县志》记载：明季"乡民张士英自闽中携种植之"，农民"尽赖此颇有起色"。此后，烟草种植逐渐向曲沃以外的地区推广，蒲州、绛州、汾州、潞安、代州、保德州等地相继引进种植烟草的技术。曲沃不仅是山西最早引进烟草种植的县份，而且是全省种植烟草最主要的地区。从明朝末年到民国年间，经过二三百年的发展，曲沃的烟草种植达到了顶峰，种植面积最高年达17.3万亩，占到全县耕地的30%以上，年产烟叶1400余万斤，成为名副其实的烟草之乡。曲沃的烟商不是单纯的贩卖，而是设场加工制作旱烟，亦工亦商，自产自销。

曲沃最早的烟坊永和兴，创立于明天启年间，创始人郑世宽。开设在曲村镇下坞村。之后，五金魁、裕顺昌、祥云集、兴隆昌以及东、西、南、北四谦亨等烟坊相继兴起。由明至清乾隆年间，烟坊遍设于曲村、城关、高显、侯马等地区。清朝中叶，烟草加工业进入鼎盛时期，平遥、祁县、榆次一带的商贾渐次到曲沃开设烟坊，独资自建或与当地富户合营。雄厚的资金和经营网络推动着曲沃烟草业达到鼎盛，还带动了曲沃的面铺、粮行、红土局和麻绳店等行业的发展。一时间曲沃县域之内，无镇不烟坊，大小烟坊达上百家。制烟业成为曲沃的经济命脉。烟坊分为两类，大字号多系曲沃以北的晋中商人开设，在各地设庄，销路宽。旱烟制成后，全部发往平遥、祁县、榆次等地，并远销至北京、

---

[1] 曲振明：《明清时期中国烟草业概况》，《上海烟业》2005年第2期。

蒙古、俄罗斯等地。如明代后期，襄汾县蒙亨村的毛家在曲沃县高显镇开办了魁太和烟坊，在平遥设有分号，在张家口和绥远设有魁太和烟庄，在上海和天津有魁太和商号。① 小字号多系曲沃县和万泉县商人开设，销路窄，多销往晋南地区。曲沃县城内烟店林立，是全国著名的烟丝生产中心。清光绪《山西通志》称："晋人种烟草，汾代昉于曲沃。"到乾隆年间，"凡河边淤土"，"不以之种禾黍，而悉种烟草"。

从清代至民国时期的300多年中，曲沃烟丝以其精美的质量，占据了近半个中国的烟草市场。北京是山西烟商的重要销售市场。据碑刻中关于捐银商号的记载，在北京的山西烟商是个庞大的商业集团，铺户多达四五百户。

表3—3　　　　乾嘉年间在北京的山西烟商家数的变化情况②

年份	总家数	捐银户数 （4—30两）	捐银户数 （1—4两）	捐银户数 （1两以下）
乾隆三十五年（1770）	532	75	358	99
乾隆四十四年（1779）	480	20	237	233
嘉庆七年（1802）	402	69	271	62
嘉庆二十二年（1817）	263	此次捐钱商号最多者捐67千文，多数捐数千文。		

6. 其他

晋商除了将上述产品销往京杭大运河区域外，还经营很多其他产品。

潞绸丝织业。明清时代是我国丝绸业最为发达的时期。史料记载，当时著名的八大丝绸产地为苏州、南京、杭州、嘉兴、潞安府、成都、广州、福州。山西地区产丝绸的州县有：太原府属文水县产丝和绢，太原县产丝线，阳曲产绢。平阳府属的临汾县、洪洞县和吉州产丝和绢。潞安府长治县产丝绸，长治县、黎城县、潞城县和长子县产丝。汾州府属的汾阳县、平遥县、介休县、临县、宁乡县、石楼县均产丝。泽州府

---

① 王三星：《晋商史料全览临汾卷》，第47页。
② 转引自黄鉴晖《明清山西商人研究》，山西经济出版社2002年版，第241页。

属五个县产丝，此外还有陵川县、高平县、阳城县，蒲州府属的临晋县、荣河县、虞乡县，平定州及寿阳县，解州及所属平陆县，霍州直隶州及所属灵石县，隰州及所属永和县，绛州及所属绛县，辽州直隶州，沁州直隶州及所属沁源县和武乡县等州县产丝。但总体上山西产丝州县的产量都不大。① 其中潞安府是北方较大的丝绸产区。"山西潞绸原因入贡而织，系长治、高平、潞州等县民间所造，但也有大量商品绸，'在昔（指明代）全盛时……贡篚互市外，舟车辐辏者传输于省直，流衍于外夷，号称利薮。'"② 明弘治四年（1491）朝廷在潞州设"织造局"一所，负责管理潞绸生产、调剂、运输、上贡事宜。潞绸生产的情况，从以下明万历年间上贡皇室潞绸的统计中可以看出：万历三年（1575）坐派山西潞绸2840匹，用银19334两。万历十年（1582）坐派山西潞绸4730匹，用银24670两。万历十八年（1590）坐派山西潞绸匹5000匹，用银28060两。潞绸的生产在明万历年间是一个高峰。③ 万历年间（1575—1620），长治、高平、潞州共有织机13000余张，登机鸣杼者数千家，年产量10万匹以上，行销河北、内蒙等地，甚至远销国外。潞绸在明代是北京地区的畅销品。发迹于清康熙年间的介休侯氏，人称"侯百万"，十世侯万瞻，专跑苏、杭州贩卖绸缎，家业发展很快。

  药材业。药材也是晋商经营的传统行业。山西太谷、上党等地从事中药材经营的商人比较多。山西的药材商人的商业活动遍及全国，在北京、天津、河北、山东等京杭大运河区域的活动很多。太谷有文字记载的最早的药铺是明洪武初年，县城孙氏开设的元寿堂药铺。明朝嘉靖、万历年间，太谷的官宦富商争相开设药房，使太谷药材业的经营规模不断扩大，药材种类日渐繁多，开始以制售汤剂饮片及中成药为主。清雍正以后，太谷药材行业发生了重大变革，出现了专营中药材购销批发业务的广帮药店，他们在主要的药材产地设立分号，从事南药北运、北药南运贸易。太谷广帮药商大批量采购名贵中草药的活动几乎遍及全国。

---

① 郑昌淦：《明清农村商品经济》，第291—293页。
② 参见许涤新、吴承明《中国资本主义发展史》第一卷，人民出版社2005年版，第100页。
③ 尹钟子：《晋商史料全览·长治卷》，第60—61页。

河北的祁州（今河北安国）、山西长治的鲍店成为太谷药材行业的两个主要批发市场。① 山西省太谷县广升（聚记）药店的前身是广盛药铺，约创办于明嘉靖年间。广升药店出售的自制中成药龟龄集和定坤丹，很有名气。这两种药原来都是宫廷药品。广升（聚记）药店从嘉庆年间改组后到光绪初年，是它的迅速发展时期。光绪四年（1878），广升（聚记）药店又进行了一次改组，药店更名为广升蔚。光绪十一年（1885），广升蔚店进行了第三次改组。申氏带领七家股东退出广升蔚，另组成广升（远记）药店，或称广升远药店。广升远首任经理申守常，精明强干，药店在他的主持下发展很快，积极扩大龟龄集、定坤丹的销售市场，使这两种药的销售地区由原来的山西、河北、河南、广东等地，又扩大到东北、西南各省和南洋一带。清代在山西浑源县的山区广泛种植中药材黄芪，有上百万亩之多。农民将黄芪晒干加工后，由黄芪商人收购运往天津等地销售。在清中晚期和民国时期，浑源的黄芪亨誉海内外。② 山西保德商人主要从事甘草的经营，"药王干草"促成了保德商人的崛起。甘草具有祛痰、泄火、解毒、补气的药效，是中医中常用的处方药材。西北地区是甘草的主要产地，主要分布在内蒙古、甘肃等地。甘草的销售地区主要在河北、河南、湖南、湖北、天津、上海、香港等地，并出口至日本、朝鲜、印度和东南亚地区。保德商人经营甘草分两种方式，即草场和草店。草场专门掏草、收草、对甘草进行粗加工。各草场生产的甘草多是在草店进行交易、转运③。

颜料业。颜料是制作衣被不可缺少的辅料商品之一。山西临汾、襄陵和平遥以制造颜料著称，其中平遥最有名。平遥的颜料业始于明代，最盛时颜料商有数十家，生产的各色颜料畅销全国，占领了大半个市场。他们在京师、汉口、天津、通州、保定等地都有铺庄，销售自产的颜料，在京师还有颜料会馆。日升昌票号的前身平遥达蒲李家的西裕成颜料庄是当时资金最雄厚、规模最大的颜料业龙头商号。从乾隆后期至嘉庆中期（1786—1812），西裕成颜料庄经营规模逐渐扩大，不到30

---

① 李儒敏：《晋商史料全览·晋中卷》，第628—637页。
② 翟纲续：《晋商史料全览·大同卷》，第262页。
③ 樊惠杰：《晋商史料全览·忻州卷》，第246—248页。

年工夫，已成为产销一条龙的大商号，又先后在北京、汉口、成都、沈阳、通州等城市设立分号，形成了全国性的销售网络，在省内已享有"无达（蒲）不成颜"的盛誉。① 据嘉庆十八年（1813年）平遥重修市楼碑记，西裕成捐银24两，并募化银111两，列为700家商号募化之首。嘉庆年间，设在北京崇文门外草厂十条南口的西裕成分庄，规模、财力在北京城同行业中也是最大的。② 嘉庆二十四年（1819），北京颜料行重修仙翁庙（颜料会馆），西裕成分号捐银120两，名列捐银字号89家的榜首。③ 李大全独具慧眼，启用雷履泰，首创票号，开创了中国新纪元。咸丰、同治年间，在李大全的儿子"箴"字辈在票号业走向成功的同时，李大元的儿子"兰"字辈继承颜料业经营也颇有成就。李兰溪兄弟除在天津有如升大、东如升颜料庄外，在北京前门外大栅栏东头路北开设有东鸿记茶庄，在辽宁锦县开设有东升长茶庄等。④ 西裕成以制作铜绿颜料闻名，雇用的工人在千人以上。铜绿是把铜片装在木匣子里，用醋糟盖上，加热，使铜片酸化，两天后剥下铜片的铜绿加工而成。西裕成的铜绿产品供不应求，在平遥、京师、天津、沈阳、四川等地都有铺面商号。颜料在晋商经营的行业中，规模算不上大，但这种产品贸易程度高，实现了商品化生产。1860年天津开埠以后，日本、德国的颜料大量进口，颜色鲜艳，品种繁多。特别在我国北方寒冷地带，衣着一直是单调的黑蓝等深色服装，因此天津大量的进口颜料一直是销路顺畅，在第二次世界大战期间，德、日等国进口颜料断源，颜料价格猛涨，颜料商人获得厚利。汾阳商人在京津、河北等地经营颜料、布庄、油漆、杂货业的很多。如清末汾阳商人樊世荣开设的"德昌公"颜料庄总号设在天津，在北京、上海、广州等地设有分号。汾阳商人赵希文在北京开办有公盛合昌记颜料庄。⑤

陶瓷和琉璃业。山西的矿产丰富，陶瓷和琉璃制品是晋商利用本省资源从事的重要行业。阳城有丰富的陶土资源，冶铁用的坩锅正是由陶

---

① 李儒敏：《晋商史料全览·晋中卷》，第164页。
② 同上书，第165页。
③ 同上。
④ 同上书，第169页。
⑤ 尹钟子：《晋商史料全览·长治卷》，第7页。

土制成的。明代冶铁大量用坩锅,说明当时人们早已经掌握了陶土的属性。陶土具有耐高温的特性,成为冶炼、铸造许多生产环节中必不可少的原料。明中叶时,后则腰村成为阳城陶瓷和琉璃业的集中产地,其原因在于后则腰有得天独厚的陶土资源和紧连驿道的便利交通,后则腰村北面有西连县城通沁水,东连八甲口通泽州的"官道"。陶瓷和琉璃的主要生产原料相同而工艺不同。许多明代庙宇多用琉璃构件,可见其生产规模已不算小。介休的琉璃在明清时期亦很有名,北京故宫的许多琉璃制品就来自介休,沈阳、苏州、杭州等地的很多琉璃制品也是介休商人运销过去的。朔州陶瓷的生产历史悠久,明清时期以细花瓷和浮雕瓷器最著名,产品以碗、盔、瓮的销量最大,在晋北、陕北、河北、天津等地均有销售。①

毛纺织业。山西盂县商人在毛纺织业中的经营规模也很大,主要集中在北京等地。氆氇是一种羊毛织品,可以用做床毯、座垫等。此外清朝皇宫内院及贵族家中,龙旗、龙伞、幔帐、云幔、拜垫及宫内装饰用品也多以氆氇为主要材料。清嘉庆二年(1797),盂县氆氇行商人在北京开设的义兴号、永兴号、大成号、大顺号、义成号、义和号等六家合资共建了一所会馆,地址在煤市街小椿树胡同17号。该会馆共有大小院落三个,房屋十数间,名为"盂县氆氇行六字号公局",也称为"盂县氆氇行会馆"或"盂县六字号会馆"。这六家商号商议在出售的每匹氆氇中提取银1钱,经过九年后即筹措到会馆所需的2300余两白银。其中,义兴号出银530余两,永兴号出资530两,大成号出430余两,大顺号出450余两,义成号出170余两,义和号出180余两。由此可见这几家商号的实力不同一般,也说明清中期盂县人在京城中经营氆氇制品的兴盛。② 随着清王朝的没落,民国期间的洋车马车的使用,又使对轿车围子、洋车靠垫、棉门帘子等产品的需求逐渐增多,加之缝纫机开始普及,传统手工缝制逐渐转向机器缝制,大大提高了生产效率。此外,各种锦旗以及国旗的使用,又为这类纺织品增加了新的产品需求,这些都使盂县氆氇商人逐渐转型。1851年开业的人椿号氆氇铺,地处

---

① 白润明:《晋商史料全览·朔州卷》,第98页。
② 韦庆远、鲁素:《清代的矿业》,第566页。

东四南大街路西25号。开业之初，主要客户就是王公贵族。民国后，大椿号开始转型生产各种车围产品，并为外国驻华使馆制作窗帘、沙发椅套等纺织品。在生产车围铺的同时，有一些盂县的氆氇店也生产锦旗和国旗。①

煤油。煤油是晚清民国时期晋商经营的一种重要商品。民国十八年（1929），榆次"吉"字号商人宋继宗以雄厚的资金加入了榆次商人张志文、张绣在天津开设的煤油庄，在榆次北大街开设了义聚煤油庄。在天津、石家庄、山西、河北各地设立了六大八小分公司，广泛打开销路，成为一个煤油销售大商。②

漆行。从清康熙年间开始，襄陵县有很多商人在江苏地区从事油漆生意。油漆是一种用于木材防腐和装饰的材料。油即桐油，漆是国漆，也叫本漆。江南水乡，水多船多，桐油主要用于木船的防腐防水，漆主要用于漆木制家具及马桶、澡具、门窗、木地板、隔墙板、木楼梯等。从南京到上海距离七百多里沿线的商业城镇包括南京、镇江、常州、无锡等大城市和江阴、溧阳、宜兴、丹阳、金坛、兴化、泰兴、高邮、李家桥、卜义桥、胡塘桥、魏村、埠头、戚墅堰等几十个中小城镇，都有襄陵人开始的油漆行。常州城内的同顺、义兴升、协兴义、德兴泰、裕兴泰、德丰泰、天兴泰、德聚厚、祥丰、宏昌、正大、大隆、万顺、钦记公和协记公等十几家漆行都是襄陵人开设的。其中同顺漆栈的规模是比较大的一家，常州城内的万顺、大隆、正大和南京的鼎丰、无锡的大顺等漆行都是它的分号。③ 民国年间在镇江、常州、溧阳、无锡等地经商的晋商有好几百人，大多经营天然生漆。山西商人在无锡开设有六七家漆店，在常州和苏州的晋商比在无锡的还要多些。④

木材业。山东木材的产量不高，木料大量从山西、江南输入。在山东兖州府，"江南之材从河入漕，山西之材从沁东下，由济、濮入

---

① 山西省史志研究院：《山西通志》卷47，中华书局1996年版。
② 穆雯英：《晋商史料研究》，第71页。
③ 王三星：《晋商史料全览·临汾卷》，第198页。
④ 同上书，第258页。

漕"①。山东东昌府的木材也有许多是从山西经卫河运来的。②

山西黎城县唐家的商业规模很大,垄断了黎城县城鼓楼一条街的商业,在黎城县、晋中的辽县（今左权县）、河北的邯郸,开设有经营批发零售京广货物和山西特产的商铺。唐家的商号为"大兴隆"。在北京的长辛店开设有山西生猪屠宰场,雇用山西的工人,徒步从山西把猪赶到北京后屠宰,然后高价出售。在北京的大栅栏开有京花铺,将在家乡雇工制作的头饰运往北京销售,将北京时兴精美的京货贩运会山西黎城县,唐家的大兴隆商铺成了当地京货的专卖店。唐家的大兴隆商号直到日军侵华时才衰落。③

---

① 万历《兖州府志》卷4《风土志》。
② 嘉靖《高唐州志》卷3《地理记》；民国《临清县志》卷8《经济志》。
③ 尹钟子：《晋商史料全览·长治卷》,第5页。

第四章

行商:从事南北双向贩运活动的晋商

明清时期,区域间社会分工的进一步发展,商品流通的发达和国内市场的扩大,导致大量的长途贩运商活跃在大江南北的各个市场中。商人坐地收购货物,然后批发零售。为了取得高额利润,也搞长途贩运,兼做行商。直接从产地进货,自运自销,中途不再假手别人,利润也独自全占。京杭大运河在全国各大基本经济区间的产业分工和合作中起到了非常重要的作用,尤其对江南经济区、华北经济区间的分工合作及物资交流作用显著。在这一过程中,离不开商人的活动,明清时期大量的晋商活跃在这些地区。山西商人在京杭大运河实现这一功能的过程中充当着必不可少的角色。

明"开中法"的实施,是山西盐商兴起的重要因素。在"食盐开中"政策获得良好的效果后,明政府又实行"茶马开中"等一系列政策,有力地推动了山西商人将贸易范围从食盐拓展到茶叶、布匹、皮革、药材等有关民生日用的大宗商品流通领域。清初,清政府实行的"随军贸易"政策又为山西商人拓展业务提供了新的增长点。晋商在京杭大运河区域进行南北双向的长途贩运的商品,主要包括盐、茶叶、丝绸、粮食、棉布等。通过经营盐业,山西商人了解了各地的风土人情、商业情况、特产及商路,开阔了经商视野,为由盐业向各行业的转型提供了准备。

一 盐业

京杭大运河的主要功能是漕粮运输,但是并不限于漕运一个方面。

运河的第二大功能便是盐运。在古代,盐的产、运、销都由政府管理。盐商属于官商,盐的买卖、转运由盐运使署督办。明清时期,两淮盐场产盐最多,山东盐场、长芦盐场的产量也很大。与漕运类似,各盐场之盐也多利用水路运往各盐引地。姚汉源说:"运河河之东的滨海地区有不少盐场,盐多经运河外运,如苏北的两淮盐场之盐行销安徽一带;浙江盐场之盐行销太湖流域;长芦盐场之盐行销河南、北直隶等省;山东盐场之盐行销山东、北直隶、苏北一部分地区,都要通过一段运河。"①相比于漕粮的运输,食盐运销的利益要大得多。盐业成为商人竞相逐利的行业。运河沿岸与盐运相关的码头、盐场都发展成为富庶的城镇。在明代,在长芦盐场、两淮盐场的山西盐商数量众多。在山东、两浙等盐场也有晋商在活动。明人吕柟在《赠秦宣府序》中说:"夫宣府朝廷北门也,直隶、河南、山东之刍粟皆输于此,两淮、长芦、河东诸盐商皆业于此。"②

明代的开中法为山西商人经营盐业提供了重要机遇。明王朝建国初年,北方蒙古残余势力屡谋复兴,对明朝造成严重威胁,为除边患,稳定边疆,明王朝先后设立九个军事重镇,称为九边。这九大军事重镇分别是:辽东镇、蓟州镇、宣府镇、大同镇、山西镇(又称三关镇)、延绥镇(又称榆林镇)、宁夏镇、甘肃镇、固原镇(又称陕西镇)。九边的体制通常是文武将帅结合。一个边镇的形成通常是先设总兵,再设巡抚。以下是九边总兵、巡抚的设立情况:辽东镇,洪武七年(1374)设总兵官,先驻广宁(今辽宁北镇),后移至辽阳③。辽东巡抚设立于正统元年(1436),先驻辽阳,后驻广宁,明末移至山海关。蓟州镇,永乐二年(1404)曾暂设镇守总兵,但其定设要晚于其他边镇。到了天顺时期,该镇总兵移至三屯营(今河北迁西西北)④。嘉靖二十七年(1548)正式称蓟镇。该镇巡抚成化二年(1466)定设⑤。宣府镇,永

---

① 姚汉源:《京杭运河史》,中国水利水电出版社1997年版,第25、26页。
② (明)吕柟:《吕泾野先生文集》卷7《赠秦宣府序》,上海古籍出版社2002年版。
③ 林树惠:《明之北边备御》,《史学年报》1940年第4卷。
④ 郑晓:《今言》卷1第五十条,《戚少保年谱耆编》卷1。
⑤ (万历)《明会典》卷20《督抚建置》。

乐七年（1409）始设镇守总兵，驻宣府（今河北宣化）①。宣府巡抚始设于正统元年（1436），至成化八年（1472）定设。大同镇，永乐七年（1409）设镇守总兵，从此大同称镇②。大同巡抚定设于成化十年（1474）。山西镇（三关镇），宣德四年（1429）设三关镇守总兵③。山西镇巡抚的定设在成化以后，隆庆三年（1569）定为"巡抚山西提督雁门等关都御史"。延绥镇（榆林镇）。该镇总兵设于洪熙元年（1425）以前，巡抚定设于景泰元年（1450）。延绥镇又称榆林镇，号称西北"雄镇"④。宁夏镇，镇守参将设于洪熙元年（1425）以前⑤。巡抚宁夏赞理军务一员，正统元年（1436）以都御史镇守宁夏地方参赞军务。甘肃镇，总兵设于洪熙元年（1425）以前。固原镇。宣德间遣尚书侍郎出镇，并设立总兵官，俱驻西安。弘治十五年（1502），因蒙古火筛进攻，总兵由西安移至固原，"隶以四卫"，是为固原镇⑥。综合各镇的情况，可知宣、大二镇设于永乐七年（1409），辽东、甘肃、宁夏、延绥诸镇大致设于洪熙元年（1425）以前，山西镇设于宣德年间。接着成化时延绥徙镇榆林，弘治年间固原镇逐渐形成。到了嘉靖年间，明廷恢复并加强了山西镇，正式设立了蓟州镇，九边最后形成。其后九边中又析出昌平、保定、临挑、山海等镇。九边镇数虽有增加，但直到明末习惯性地称为"九边"。

　　九边在明王朝的军事部署中有着重要的地位，为明朝军事力量的中坚。边兵是九边所属军队的统称，是防御敌人的主要力量。边兵的数量惊人，据资料统计，明代边兵通常在六十万左右。若有蒙古兵南下侵犯，九边各镇要组织有效的抵抗并且相互配合，保证明王朝的安全。由于九边的驻兵数量庞大，军费花销占明朝财政很大一部分。其军费来源主要有四项：一是军屯，这是明初军费的主要来源，后因军屯日益败坏，所发挥的作用日趋减少；二是民运，就是组织民间上缴的税粮运往

---

① （明）杨时宁：《宣大山西三镇图说·宣府镇图说》。
② （明）王士琦：《三云筹俎考》卷3《险隘考》。
③ （明）魏焕：《皇明九边考》卷6，南开大学图书馆藏。
④ 《皇明九边考》卷7《榆林》。
⑤ 《明会要》卷42《职官十四》。
⑥ 《皇明九边考》卷10《固原》。

边镇军中；三是开中，采用商人将粮食运往边镇换取盐引，然后从事盐业销售的方式，将盐业与军粮结合，保证军粮的供给；四是京运，即京都每年拨发一定数量的银两给各边镇。①

开中法是明朝政府通过国家所控制的食盐专卖权，让商人输纳以粮食为主兼及茶叶、马匹、草料、棉布、黑豆诸种军需民用品到全国各指定地点，然后换取盐引运销获利，从而解决国家边饷、赈灾、救荒、济漕等多种社会需要的一种制度。开中法是由山西行省率先倡议实施的。

九个边防重镇，形成庞大的军事消费区，需要大量的军粮运输至此。为解决数十万兵马的粮饷供应，政府下令农民将生产的粮食上缴并运送至北部边镇，即民运粮。这些制度无论是运粮的数额还是缴纳的范围对山西百姓来说都是一项沉重的负担。洪武二年（1369）四月，山西行省杨宪提出利国、利民、利商的开中法，旋即得到明太祖朱元璋的批准，于是开中法在山西率先实行，并推广到全国。这也是山西商人得益于开中法的一个重要原因。开中法最为兴盛的时间是从洪武三年（1371）创立到洪熙元年（1425）②。

无论是输粮、纳米，还是纳银，在取得盐引之后，去盐场取盐，然后再贩卖到各地，这一活动不仅使商人获得了贩盐的厚利，而且扩大了边镇商人的商贸视野。《明史》载，九边各镇所盐引对应的盐场是：辽东镇包括淮浙、山东、长芦、福建、河东、广东；宣府镇包括两淮、长芦、河东；大同镇包括淮浙、长芦、河东、福建、山东、广东；山西镇包括淮浙、山东、河东；宁夏镇包括淮浙、河东、灵州、山东、福建；甘肃镇包括淮浙；延绥镇包括淮浙、河东、福建、山东；固原镇包括淮浙、长芦、山东；蓟州镇包括长芦。商人们往来于边镇和各大盐场之间，有了跨地区经商的经验后，有的商人由边商转为内商，扩大了经商的内容，逐渐发展成为巨商大贾。

开中制和商屯，是山西商人通过纳米中盐获取厚利的重要途径。地临九边的晋商借助于明朝的这一经济政策，大显身手，他们或往边镇贩

---

① 参见肖立军《九边重镇与明之国运》，《天津师范大学学报》（社会科学版）1994年第2期；邓沛《明代"九边"考述》，《绵阳高等专科学校学报》1999年第4期。
② 高春平：《晋商学》，山西经济出版社2009年版，第143页。

运粮食等物资，或在边地屯田产粮，从明政府手中换取盐引，销售食盐获利。涂宗浚《边盐雍滞疏》称："延镇兵马云集，赖召买盐引接济军需，岁有常额。往时召集山西商人，乐认淮浙二盐，输粮于各边堡仓给引，前去江南投司领盐发卖，盐法疏通，边商获利。"① 山西商人因此迅速在商界崛起，进而发展成为一个地域性的商业集团。在开中法与商屯条件下，山西商人利用优越的地理条件，成为纳粮中盐的盐商中的重要组成部分。在纳粮中盐的商人中，晋商和陕商为主体，其次是徽商。他们控制了两淮、两浙盐引中的大部分。②

食盐开中政策改变了千百年来的"盐铁专卖"。由于纳粮中盐"商利甚巨，本一而息恒六七倍"③，在高额利润刺激下，山陕商民以农业生产发展的雄厚实力为依托，充分发挥自己的优势，"率先趋中，输粟塞上，得捆盐于淮南北"④，走上输粟贩盐的经商道路。当时往华北、西北边地运输粮食的主要是山西、陕西商人，而在全国最大的淮扬盐场贩盐的也主要是山陕商人，"淮扬以西商为大宗"⑤，晋商开始在全国范围内异军突起。

如果商人为换取盐引交纳的是粮食，则称为"本色"；交纳的是银两，则称为"折色"。随着时间的推移，边境粮市上粮食囤积，更有一些山西、陕西的商人"自出财力，自招游民，自垦边地，自艺菽粟，自筑墩台，自立保聚"⑥，在边境发展农业生产，就地收获粮食。因此粮食越积越多，再加上粮食易腐烂变质，储存不易，一时间造成边境银贵粮贱。据《英宗实录》记载可知：在正统初年，辽东镇一两银可买4石米。正统十年（1445）、十四年（1449）陕北和大同等地分别为一两银可购买4石米。到宪宗成化十六年（1480）秋，晋北三关每两银可买5石米。成化十一年（1475）和十二年（1476），延绥、辽东、宁夏各镇，一两银可买4.5石米。⑦ 这一行情在当时几乎接近内地了，可见

---

① （明）陈子龙等编：《明经世文编》卷471，中华书局1997年版。
② 朱宗宙：《扬州盐商的地域结构》，《盐业史研究》1996年第2期。
③ 《明史》卷80《食货志》。
④ 刘古愚：《烟霞草堂文集》卷4，三秦出版社1994年版。
⑤ 同上。
⑥ （明）陈子龙等编：《明经世文编》卷一八六。
⑦ 陈涛：《明代食盐专卖制度演进研究》，博士学位论文，辽宁大学，2007年。

当时边境粮食市场的繁荣与粮贱银贵的状况。明成化三年（1467）"叶淇变法"后，商人纷纷从边地撤回，转化为专门买引贩盐的折色盐商。在长芦盐场，"盐分五纲，山陕盐商占其四"①。山西盐商成为当时全国最大的盐业资本集团。

开中折色制的实施，顺应了明王朝的经济发展。明朝商品经济的发展加速，商品货币化程度进一步加深，开中折色制的出现使得"商无守支之苦，一时太仓银累至百余万"②，国库因折色制而日益充足，盐商不必再千里迢迢，经过艰难险阻，运送粮食到边境换取引盐，它缩短了中间环节，由"白银—粮食—食盐—白银"三个步骤简化为"白银—食盐—白银"两个步骤。大大节省了中间运送粮食的开销，减轻了守支盐商的经营压力。

1. 长芦盐

长芦盐商贩运长芦盐，在手续齐备后，将盐船齐泊盐关（位于天津城东门外，为盐船运往各地的必经之路），听候巡盐御史亲临盐关，开放船只。其间，随机抽包称掣轻重，视有无私弊。出关后，盐商分赴所认引岸（即销地）。或由北河，或由淀河，或由西河，或由南河分运各处。其行北河运道者，沿河销盐州县就近落厂，余皆至张家湾落厂车运；行淀河运道者，沿河销盐州县就近落厂，余至保定县张青口及清苑县落厂车运；行西河运道者，沿河销盐州县就近落厂，余至衡水县之小范、任县之邢家湾、宁晋县之白沐、丁曹及邯郸等处落厂车运；行南河运道者，沿河销盐州县就近落厂，余或至大名之龙王庙、白水潭二处落厂车运。销岸为河南州县者，则出白水潭运至卫辉府及道口镇，车运渡黄河，再行分运卫辉府盐厂。盐商运盐至规定引岸后，由各该州、县官将引目、水程、验单逐一查对，数目、号名相同者，方许自行货卖，或派与铺行发卖。

明代曾于临清"开中"，故临清的盐行"昔年最盛"③，砖城内的

---

① 《长芦盐法志》，卷二。
② 《明史》卷77《食货志》。
③ （乾隆）《临清州志》卷11《市廛志》。

州前街设有公店，其余十余店散居各街，每年行盐万余引。清代减半。临清的盐多来自长芦、山东两处盐场。长芦盐顺运河南下，"天津盐船络绎不绝"①。山东沿海利津、富国等场的盐，则经由大、小清河水陆接运至张秋入运河北上。②

明代长芦盐场的山西商人具有独占的优势。蒲州的张四维家族与王崇古家族控制着河东与长芦盐场，"（张）四维父盐长芦，累资数十百万，而（王）崇古在河东，互相控制二方利"③。张四维笔下的展玉泉就为长芦盐场的成功经营者，"蒲人之占贾者唯淮、扬盐，众若青沧之盐，占者则近岁始，远者不数十年，其最久而世贾于是者，则又为展氏"④。

山西蒲州经营盐业的商人，以经营淮盐者居多，经营长芦盐的人少。展玉泉的父亲就是长芦盐商，展玉泉早在孩童时已游于盐场。他的父亲是经商能手，做任何生意都能获利。明代山西蒲州（今永济）商人王现"为士不成，乃出为商，尝西至洮陇，逾张掖、敦煌，穷玉塞，历金城，已转入巴蜀，沿长江下吴越，又涉汾晋，践泾原，迈九河，翱翔长芦之域，竟客死郑家口"⑤。王现之弟王瑶"复货盐淮、浙、苏、湖间，往返数年，资乃复丰"⑥。明代蒲州商人张允龄服贾远游，西度皋兰（今兰州）、浩亹（今甘肃碾伯县东），贩货张掖、酒泉，数年又南至淮、泗，渡江入吴，后益困，随溯江汉西上菱峡，往来于楚、蜀间。又北到沧博。拮据二十年，足迹半天下。⑦ 明代蒲州商人范世逵，是世以农商为业的蒲州富户。少年远走他乡经商，他干练精明，准确把握了输粮换引（盐引）的机会，赴关陇，到皋兰之间，经营粮草，范世逵分析了整个盐业的形势后，认为输粮换引"奇货可居"。此后，便

---

① （康熙）《馆陶县志》卷6《赋役》。
② 许檀：《明清时期的临清商业》，《中国经济史研究》1986年第2期。
③ （明）王世贞：《嘉庆以来内阁首辅传》卷7《借月山房汇钞》，张海鹏辑，影印嘉庆十七年序虞山张氏刊本，1967年。
④ 张四维：《条麓堂集》卷23，《送展玉泉序》，续修四库全书集部别集类。
⑤ （明）李梦阳：《空同集》卷44，转引自史海涌《晋商史料全览·运城卷》，第70页。
⑥ 史海涌：《晋商史料全览·运城卷》，第72页。
⑦ 同上书，第73页。

在这一带专门经营粮、草,贩运食盐,数年内大获其利。

明代蒲州人东走青沧。青是指青州,沧是指沧州。这两个地方属于长芦盐区。由于长芦盐区官僚显贵、势豪奸绅上下勾结,盐区的运销受到阻碍,盐商亏损,商人纷纷离开。但是蒲州商人王海峰认为,经商应该是人弃我取,正因为长芦盐区许多人纷纷离去,盐田不值钱,正好是低价收购的好时机。长芦盐区经过整顿,盐运开始畅通,许多盐商又重新聚集到长芦盐区,长芦盐区再度繁荣,使得长芦盐区的盐税收入比过去增加了三倍多。盐商也大获其利。王海峰顺势而起,很快成为盐区大富商。

山西洪洞县万安村的商人刘富在济南大街繁华地段开设由康熙皇帝亲题"洪茂盐店"匾额的盐店。刘家在康、雍、乾三朝继续在冀、鲁、浙、闽经营盐业,生意兴隆,成为当地巨富。①

明末清初山西泽州商人王自振,"才气齐迈,壮走邺郡,经营盐荚",是王家经营长芦盐业的开创者。王自振长子王璇继承父业,"以盐荚经营,岁往来于燕赵间",继续在河北、山西一带经商贩盐,从盐业生意中获得了巨大的利润。王家的生意统称"泰来号",贩盐获利后还在福建、浙江等省做大宗的茶叶和其他生意。②

康熙年间,社会安定,经济日益繁荣,著名的皇商范氏家族的商贸事业开始迅速发展。首先是盐业运销。范氏家族不仅是河东盐场的大商人,在长芦盐场的势力也很大。③ 按照长芦盐引区的划分,范家售盐的地区包括河北、北京、天津和河南的 20 多个州县,大约要供应 1000 万人的食盐。因此,范家在天津、沧州等地设有囤积盐货的大仓库。属于范家贩盐引地的京城及其周围地区,经济发达,交通便捷,商贸活跃,既是人口密集的消费大市场,更是商贾的激烈竞争之地。④ 范家在长芦盐区持有盐引 10 万多张,远远超过了其在河东盐区的实力。⑤

---

① 王三星:《晋商史料全览·临汾卷》,第 31 页。
② 靳虎松:《晋商史料全览·晋城卷》,第 14—25 页。
③ 李儒敏:《晋商史料全览·晋中卷》,第 198 页。
④ 同上。
⑤ 同上。

2. 两淮盐

两淮盐场，地处黄海之滨，北接山东，南至两浙，淮河横贯其中，淮河以北为淮北盐场，以南为淮南盐场。两淮盐场是明清时期全国最大的盐区。两淮盐场历史悠久，春秋时期吴王阖闾便在两淮一带生产海盐①。随着江南经济的发展，两淮盐在全国盐业生产中的地位日益重要。明清时期，两淮盐业达到鼎盛，无论是盐场规模、产盐量、政府规定的额引数、行销区域范围，还是国家盐税收入，均居首位。

明代时"天下运司，唯两淮为雄"，两淮盐区不仅产量最高，而且销量最大、销地最广，每年运销170万引左右，占全国所有盐区额定行盐总数的1/3，销往湖北、湖南、江西、安徽、河南、江苏6个省区。上交国家的盐税也最多。② 两淮都转运盐使司治所在扬州城，下辖三个分司，其中泰州、通州二分司皆位于淮南，为淮南盐运分司；淮安分司则地跨淮河南北，治所设在安东县，为淮北盐运分司。道光二十一年（1841）两淮行盐引地：南行销江西、湖南、湖北、安徽、江苏；北行销安徽、河南、江苏。额引：南引百三十九万五千五百十道，北票二十九万六千九百八十二道。③ 两淮盐的销售引地包括"江宁府、淮安府、扬州府、徐州府、海州、通州、安庆府、宁国府、池州府、太平府、庐州府、凤阳府、颖州府、六安府、泗州、和州、滁州，湖北武昌府、汉阳府、安陆府、襄阳府、郧阳府、德安府、黄州府、荆州府、宜昌府、荆门府，湖南长沙府、岳州府、宝庆府、衡州府、常德府、辰州府、沅州府、永州府、永顺府、澧州、靖州，江西南昌府、饶州府、南康府、九江府、建昌府、抚州府、临江府、吉安府、瑞州府、袁州府，河南汝宁府、光州。行于湖南者，兼行贵州思州府、镇州府、铜仁府、黎平府，不颁引。④

淮盐的运输以水运为主，陆运为辅。水运占到运输里程的75％。

---

① （汉）司马迁：《史记》卷129《货殖列传》，中华书局1959年版。
② 薛平等：《滨江名镇·盐都十二圩》，广陵书社2007年版，第34页。
③ 《京杭运河（江苏）史料选编》，第1319页。
④ 《钦定大清会典事例》卷223《户部·盐法》。

水运分为河运与海运，又以河运为多。① 清前期，在仪征作为淮盐储运中心时，淮南及淮北盐的一部分都要通过仪征运往各销区，其中淮南盐的7/10销往湖广。② 淮南盐运水道有两条，一条由通扬运河经泰州、盐掣卡掣放，再经仙女庙巡护卡掣验，经40里水道至储存中转；另一条由里下河水道至六闸巡护卡掣放，再经35里水道至储存中转。经发往各销岸的淮南盐，在运输途中还需经各地关卡放行。③

淮北盐业销往南方时通常先将盐斤集中在连云港所属之燕尾港、堆沟港、陈家港，由轮船装载后，经海途与江道，运至堆储中转，再发往各地销岸。

盐业的发展与京杭大运河是密切相关的。大运河给纲盐提供了便利的运输条件，大运河的便捷使得淮盐能顺利运抵大江南北。盐的转运主要以商运为主。无论是官盐还是商盐，必须持有盐引，而且须经批验盐引所称掣才能离场外运。两淮运司设有仪真、淮安两个批验盐引所。淮安批验所原在淮南，"历正统以来，屡因淮水冲塌，迁徙无常"，到正德十年（1515），迁徙到淮北河下大绳巷，"开支家河接涟水，据十场津要，以通公私，舟楫往来，民甚便之"④。在淮盐转运中，淮安的地理位置很重要，"自高堰而北，由板闸则通淮北诸盐场，自高堰而东，由泾河、黄埔则通淮南诸盐场，自堰而西，则通盱眙，自堰而南，则通天长，东西二百余里，其地至为要害"⑤。淮安成为两淮盐的集散中心，淮安盐业发展得益于漕运的发展。

两淮盐场的山西盐商。明代在以粮换引的"食盐开中"政策刺激下，山陕商民"争先趋中"，输粮换引，许多商人成为奔走于江淮之间的大盐贾。在边商转业内商的转移初期，山西、陕西盐商的势力要超过徽商。嘉靖时，"西北商贾在扬者有数百人"⑥。明代中前期，淮扬盐场曾是山陕商人活动的主要领域和经营致富的摇篮。"淮盐以西商为大

---

① 薛平等：《滨江名镇：盐都十一圩》，第75页。
② 同上书，第75—76页。
③ 同上书，第76页。
④ 万历《淮安府志》卷3《建置志》。
⑤ （清）顾炎武：《天下郡国利病书》，原编第10册《淮安》，续修四库全书版。
⑥ （清）嘉庆《重修扬州府志》卷52，广陵书社2006年版。

宗"，正是山西、陕西商人 300 余年的努力才造就了秦淮河畔的繁荣。长途贩运的商人将商品出售后，还要收购当地的商品返回原地或转贩其他地方。如两淮盐商在江南与两湖、江西之间，每年"载盐而来，载米而去"①，贩粮军镇，换盐江淮，迅速崛起。当时"淮盐以西商为大宗"②，这里的"西商"指的就是山陕商人，"其中秦晋的富户逐渐垄断了报中特权，形成为明代最早兴起的地方商人"③。入清后，随着淮扬盐业的恢复，山陕盐商实力虽有所削弱，但仍有不少商人继续前往扬州经营盐业。

山西盐商乡土观念十分浓厚。他们以地域和血缘为纽带，聚族而居，结成不同的帮系，如平阳帮、泽潞帮、蒲州帮等。许多盐商都是世代相传的盐商世家。嘉庆《江都县续志》卷 12《杂记》记载："扬以流寓入籍者甚多，虽世居扬，而仍系故籍者亦不少。明中盐法行，山陕之商麕至，三原之梁，山西之阎、李，科第历二百余年。至于河津、兰州之刘，襄陵之乔、高，泾阳之张、郭，西安之申，临潼之张，兼籍故土，实皆居扬。"上述所举的阎、李、乔、高、刘都是世家大族，他们有些入籍于扬州，有些仍籍山西故乡，而居住在扬州，实际上成为客籍扬州人。山西盐商为便于商业活动，他们往往与陕西商人合资在当地修建供商人活动的场所——会馆。

山西盐商是扬州盐商群体中的重要组成部分。在两淮盐区实施盐政纲法后，嘉靖三十三年（1554），倭寇进犯通州，扬州告警，"巡盐御史莫如士，选取山西、陕西盐商家属善射骁勇者五百为商兵，专委运司副使汇集操练，以备城守"④。据此推断，山西、陕西盐商人数很可能达数千人之多。万历时，其人数更大量增加。⑤

明清时期居扬山西盐商主要代表人物的情况，现作简单介绍。张四维的三弟张四教，字子叔，别号历盘，他十六岁外出经商，去过山东、江苏、安徽、浙江等地。他极聪敏，不由师授便精通"九章算术"。他

---

① （清）嘉庆《长沙县志》卷 14《秩祀二》。
② （清）刘古愚：《烟霞草堂文集》卷 4。
③ 薛宗正：《明代盐商的历史演变》，《中国史研究》1980 年第 2 期。
④ 郑晓：《郑端简公文集》卷 10。
⑤ 朱宗宙：《扬州盐商的地域结构（续）》，《盐业史研究》1996 年第 4 期。

曾随父经营盐业,对沧盐、淮盐的运销业务均很谙熟,操纵自如。他做生意,常能出奇制胜,大获其利。①

明代大官僚张四维、王崇古亲属中就有人在扬州经营盐业。平阳蒲州籍的张允龄家族堪称官商世家、盐业巨子。张允龄妻弟王崇古曾任宣大、山西总督和兵部尚书。张允龄长子张四维则历任翰林学士、吏部右侍郎。万历二年(1574)他由著名改革家张居正推荐,以礼部尚书兼东阁大学士参赞机务。张居正病故后他继为首辅,权倾朝臣。外有王崇古荫庇,内得张四维保驾的张氏家族经营盐业可谓得心应手。张允龄度皋兰、历张掖、循淮泗、入吴越、溯江汉,往来楚蜀,北游沧博,足迹半天下,积累家资数十万两至百万两。张遐龄也是奔波一生"足迹且半天下"的商人。王崇古父王瑶先后在湖北襄阳、陕西、河南鲁山、甘肃张掖、酒泉等地经商,在积聚了一定资本后,就业盐于淮浙。其他亲属也有不少在扬州经营盐业。②

李承式,大同人。他的伯祖父在明成化或弘治年间"中盐于扬州"。他考中嘉靖三十五年(1556)进士,由知县历官榆林兵备道、福建布政使。致仕后,"归筑室(扬州)平山堂下"。儿子李植,中万历五年(1577)进士,子孙以"商籍起家"③。

大同薛氏于明后期为盐商迁居扬州,二子薛纶弟兄开始业儒生涯,"同受书塾师所"。由于薛纶天资聪明,过目成诵,其兄自动弃学经商,助弟攻读。隆庆二年(1568),薛纶中进士进入仕途。万历十年(1582),官拜陕西按察司定边兵备副使。"时薛氏不析产已五世,盐在淮扬者季缨实理之,以是公子姓婚姻田宅奴婢,南北居半,数往来省视以为常。"这个家族已不再有重利轻名、背离传统的开创精神,有的只是五世同堂外加官商结合、荣华富贵的封建大家族的威风了。

杨继美,字汝孝,别号近泉,明代山西代州振武卫(今属代县)人,生于嘉靖九年(1530),卒于万历十九年(1591),大盐商,一生主要经营两淮盐业,获利巨大,且因其才华横溢,待人和善,以文会

---

① 穆雯瑛:《晋商史料研究》,第462页。
② 朱宗宙:《扬州盐商的地域结构(续)》,《盐业史研究》1996年第4期。
③ 同治《两淮盐法志》卷45。

友，在两淮盐商同行中口碑很好，曾任两淮盐商中的祭酒。所谓盐商祭酒，是由众盐商推举出来的，资本雄厚、才能出众的盐商代表。杨继美当上盐商祭酒后，协调同行业的盐业经营，同时也协助盐运使推行盐业政策，管理盐商，介于政府与盐商之间，与封建政府官僚有着较为密切的关系。杨继美少年时酷爱读书，四书五经、诸子百家、诗词歌赋皆有涉猎。后因故弃学从商。成年后，以先辈所留数千两为资本，经营盐业于两淮。杨继美经商有其自己的风格。他善于将所学的儒学与经商结合，以儒经商。杨继美凭借他的经商天赋，很快将生意做大，成为两淮盐业中的大商人。由于杨继美做事沉稳老练，才气出众，众盐商对他心悦诚服，因此推举他为盐商祭酒。杨继美教导自己的儿子要认真读书，让儿子杨恂从小进学堂读书。万历七年（1579），杨恂中举，杨继美在扬州听到这一捷报后，结束盐场事务，整理行装，返回原籍。回到代州后，终日与乡亲老友结社咏诗，以娱晚年。

王履泰、尉济美，都是山西人，"业盐淮南，而家居不亲筹算，王氏任之柴宜琴，尉氏任之柴宾臣，皆深谙盐法者"，二人在扬州从周梆手中购得桐轩。①

亢氏，山西平阳富室，称为"亢百万"。据《清稗类钞》记载，"亢氏为山西巨富，自明已然"。"亢氏号称数千万两，实为最巨。"清初，亢氏与江苏泰兴季沧苇"俱以富闻于天下"②，有"南季北亢之称"③。清代李斗《扬州画舫录》卷9记载："初亢氏业盐，与安氏齐名，谓之北安西亢。"安氏是安麓村，其父安尚义为康熙朝权相明珠家奴。他家有数百万盐业资本，本重势大，又有政治背景，业盐于淮南。江西吉安等四府30万引盐中，他家就占了1/6以上。所以李斗称："是时盐务商总，以安麓村为最。"与这样一位大盐商并驾齐驱，亢氏的富有可以想见。亢氏在老家山西"宅第连云，苑如世家"④。在扬州小秦淮旁构筑"亢园"。此园"长里许，自头敌台起，至四敌台止。临河造

---

① （清）李斗：《扬州画舫录》卷2。
② （清）钮锈：《觚賸续编》。
③ （清）俞樾：《茶香室续钞》卷7。
④ （清）蟫伏老人：《康熙南巡秘记》。

河屋一百间,土人呼为百间房,至今地址尚存,而亭舍堂室,已无考矣"①。康熙时长生殿传奇新出,亢氏"命家伶演之,一切器用,费镪四十余万"②。亢氏还经营粮店和进行粮食长途贩运。在北京,规模最大的便是亢氏在正阳门开设的粮店。③

清初著名学者阎若璩之家,是太原望族。阎若璩五世祖迁居山阳(今江苏淮安)。阎若璩《阎古集》卷6中也说:阎居闾"以太原望族,贾淮上策盐,积贮丰盈"。阎若璩及其父阎修龄因此都以"商籍"入淮安府学。"蒲人占贾者,唯淮扬为众。"④

阎若璩的五世祖西渠公从山西太原"业盐策迁淮"后,"世称素封,皆代有隐德;多文学士",其四世祖翰,为太医院吏目,三世祖国顺,以岁贡生任江西南安府上犹县训导,祖父世科中万历庚子科举人,万历甲辰科进士,官居辽东宁前兵备道参议。自其父修龄开始,阎氏以"商籍"特权入淮安府学。此后,从兄洞于顺治二年(1645)、若琛于顺治五年(1648)均以"商籍"入学,并连登进士。阎若璩也于顺治八年(1651)以"商籍"入淮安府学。可见阎氏家族是依靠"商籍"发展的。

襄汾县赵康镇北柴村的商人王太来在清初年发家后,到乾隆四十年(1783)其后人王协跻身"官商"之列。王协在承办河东盐务时,还经营两淮盐。从河东到淮北、淮南以至扬州、苏州、杭州、罗山等地,都有王家开设的盐号,从事的盐运业务也遍及山西和安徽、江苏等地区,获利丰厚。⑤

平遥侯冀村的刘庆和(1827—1890),任协同庆票号经理20多年,对协同庆票号做出了重大的贡献,自己也挣了不少银两。后刘庆和不仅买房置地,而且还开设商号。其中有一产业是在江苏灌云县的金玉成盐店,这个盐店规模较大,批零皆营,收入极丰,是刘氏家族的重要商号

---

① (清)李斗:《扬州画舫录》卷9。
② (清)俞樾:《茶香室续钞》卷7。
③ (清)王三星:《晋商史料全览·临汾卷》,山西人民出版社2006年版,第4页。
④ (清)张四维:《条麓堂集》卷23。
⑤ 王三星:《晋商史料全览·临汾卷》,第44页。

之一。①

3. 其他盐区

济宁的安居、阳谷的阿城等都是由盐的集散地发展起来的城镇。京杭大运河从安居穿过，岸上有官道四通八达。盐官和盐商看中了安居的这些优势，在这里建栈设园。后设盐引收发局，在安居靠岸的盐运船每天不下百艘。到了清代，安居有了四处盐园，皆在运河南岸。安居成了辐射鲁西南、豫东、苏北、皖北各州县水路盐运的重要码头。盐场的设立促进了工商业的发展，该地钱庄、货栈、竹器、酱园及服务行业十分齐全。

阳谷的阿城是盐的转运点，也是由运盐而发展起来的城镇之一。位于张秋北面的阿城是运河畅通后兴起的一个商业城镇，明代时是山东运河岸边重要的盐运码头，所以阿城的山陕盐商很多。② 阿城镇位于古运河东岸，地当水陆要冲。这里南北来往船只甚多，商业颇为繁荣。碑记中称："阿镇为水陆通衢，富商大贾辐辏云集。"据说阿城旧有13家盐园子。盐从东海边运来，然后再从阿城转运。阿城著名的海慧寺及运司会馆，就是当时由山西盐商捐资修建的。微山的夏镇也是盐的转运点，设有两家盐园。盐转运上岸后，销往鲁西南、苏北、豫东、皖北等50余州县。通过会通河的盐运量，有80万石。

清代山西盐商在馆陶、任平、峄县等地都占据着垄断或主导的地位。雍正《丘县志》卷六《孝义》记载，顺治年间，丘县的盐业为山西洪洞人左复隆所垄断。③ 民国《茌平县志》卷九《实业》记载，清代山西刘姓商人垄断茌平县的盐业，到清末"尚有山西商郑仲明一千三百引票权"，另一个山西商人刘维楫有两百引票权，二人合起来占了全县引票的近三分之一。④ 从乾隆四十六年（1781）介休皇商范氏破产时的财产清单看，范家在直隶、河南等20州县遍设盐店，在天津沧州

---

① 李儒敏：《晋商史料全览·晋中卷》，第315页。
② 王云：《明清山东运河区域社会变迁》，第139页。
③ 同上书，第131页。
④ 王云：《明清山东运河区域社会变迁》，第131页。

有囤积盐的仓库,在苏州有管理赴日船艘的船局,在北京有商号3座。①

明代中叶,洪洞县的富商多在江淮一带贩盐致富。明清朝代更迭,许多盐商破产。及到清初,洪洞的商人到山东经营盐业。洪洞县商人刘我礼、刘我义兄弟同赴山东做盐商。随着清初社会经济的稳定和清廷对长芦盐业经营体制的变革调整,刘氏兄弟逐渐成为盐商中的大户。到刘我礼之子刘二苏接承家业时,刘氏已经是很有影响的大盐商了。②

二 茶 叶

我国茶叶生产贸易的历史悠久。迟至唐宋时期,茶业经济已经崛起,茶叶市场也逐渐形成并迅速发展,形成了茶叶市场网络,出现了茶叶的农村市场、城市市场、区域性市场、边疆市场乃至全国性市场等不同层次的市场,海外市场也渐渐萌芽。③ 茶为西北少数民族生活所必需,又为国家官榷的商品,利润最丰。但由于转销路程遥远,"非巨商贾不能任"④。唐宋以来,历朝政府屡行以茶易马之法,而明制尤为严密。清代因之,仍于陕甘以茶易马。其茶产地、销地大多以引行茶,只有直隶、河南、山东等地不颁茶引,仅于茶商到境时,"由经过关口输税,或略征落地税"⑤。明清以降,茶叶市场继续扩展,市场网络不断扩大,茶商资本力量更加雄厚,茶叶市场一度繁荣。茶叶成为市场上重要的民生日用商品之一。鸦片战争前,我国国内商品的流通额约为3.88亿两,在粮食、布、盐之后,茶是占第四位的商品。⑥

我国茶叶产地多在南方,但茶叶的销售地域却广阔得多,除了南方之外,广大的北方、边疆、塞外乃至海外都是茶叶的消费区。产茶区与

---

① 侯文正:《晋商文化旅游区志》,第671页。
② 王三星:《晋商史料全览·临汾卷》,第66页。
③ 孙洪升:《唐宋茶业经济》,社会科学文献出版社2001年版,第87—118页。
④ (明)张瀚:《松窗梦语》卷4,上海古籍出版社1986年版。
⑤ 《清史稿》卷124《食货五·茶法》。
⑥ 参见吴承明《什么是自然经济》,《中国资本主义与国内市场》,中国社会科学出版社1985年版。

茶叶消费区的距离遥远，没有商业和市场的中介，茶叶便无法流通。北方农村居民主要是从附近集市、庙会上购买，"土人素不辨茶味，唯晋、赵、豫、楚，需此日用，每隔岁，轻千里挟资裹粮，投牙预质"①。中小商人从批发商处批发茶叶再到农村集市零卖。在茶叶市场流通渠道畅通的情况下，农村的茶叶消费需求得到了很大程度的满足，"今南北茶饮转盛，烟茶二物，几不可须臾离矣"②。"乃今则佣竖贩夫，皆嗜之成癖矣。以余产三分古一夫之田之一，而每岁茶费率二、三千文。以万户计之，则为费三万千矣。"③ 可见，农村的茶叶消费已比较普遍。

晋商的茶叶贸易兴起于明代，官府在山西大同开展的"茶马互市"给了晋商茶叶贸易兴起的契机，使茶叶从内地流入蒙古，转而输入俄国。自弘治三年（1490）官府允许内地市场的商茶进入边贸互市，山陕商人和湖广商人纷纷趋利而来，所运茶叶的40%归官，用于购马，其余60%归商人，自由销售，开拓西北边地民间茶市，从而扩大了边地官贸和内地茶叶产区的联系。不过此时中国出口的茶叶量很少，一方面因为当时俄国人饮茶的习惯还不普遍。另一方面则是政策的束缚，在"茶马互市"政策下的茶马贸易，完全是一种官办的政府行为，交换市场的自身职能被限制在政治化的格局中，充满了统治者的边疆经略气氛和衙门色彩。这种交易在很大程度上束缚了商人的积极性，限制了茶叶贸易的大规模开展。清朝最初也实施茶马互市政策，但只实行了十几年，各种限制便被取消，内地茶商逐渐深入西北进行自由交易。茶叶的国内消费量从顺治末到雍正初增加了两倍，但晋帮茶商大规模茶叶贸易则出现在《中俄恰克图条约》签订之后。同治后期，晋商茶叶贸易开始衰落。同治十二年（1873），晋商为节省费用，试图采用水路运输茶叶，但清王朝对此横加干涉，对采用水路运输茶叶的晋商征收厘金。加之俄商先后在汉口、九江等地设立砖茶厂，使用机器代替手工，所制砖

---

① 顺治《霍山县志》卷2《土产》。
② 转引自孙洪升《明清时期我国茶叶市场的发展探析》，《云南社会科学》2004年第3期。
③ 朱自振等：《中国茶叶历史资料选辑》，农业出版社1981年版，第412页。

茶成本低、质量高，晋商遭到了极大的排挤，晋商茶叶贸易开始衰落。①

清代前期，随着饮茶风气的盛行和茶树种植的普遍，茶叶产量比明代有了很大增加。截至鸦片战争前，全国有茶田520万亩，茶农130万户，年产毛茶250万担②。从顺治到嘉庆年间，清政府对茶叶贸易的管理基本沿用了明代的办法，施行引岸专卖制。乾隆时期西北茶马贸易废弃后，政府已不需要大量官茶，对茶叶的统制实际已不起作用，到嘉庆时，各地茶引仅及产量的十之一二。官府控制的放松，使清中期茶叶市场迅速发展起来。当时茶叶市场遍及全国，像安徽六安茶主要销往华北及华中一带，各地商人每年千里而来挟资大量购买。福建武夷山茶"水浮陆转，鬻之四方"。云南普洱茶年产百余万斤，主要销往西北及西南地区，并进贡京师。四川所产砖茶，分销内地、边地、土司三路。各地茶叶除内销外，还大量销往国外，每年经海路陆路出口毛茶60万担，茶叶成为清朝第一出口商品。茶叶市场的扩大刺激了茶叶生产的增加，也使徽商、晋商、闽商、粤商等大商帮程度更深地卷入茶叶贸易之中，并通过买卖、借贷关系控制了茶的生产。当时茶商主要采取预买制，即春节前后放款给茶农，清明前往收茶。③

许多城市里有茶店和茶叶铺，专门销售茶叶。清顾禄《清嘉录》卷6云："珠兰、茉莉花来自他省，熏风欲拂，已毕集于山塘，花肆，茶叶铺，买以为配茶之用者。"④ 苏州的茶店很多，"即以吾苏而论……茶店，如山如林，不知几千万人"⑤。

晋商茶帮的活动区域十分广泛，主要以福建、汉口为购茶、制茶中心，辐射湖南、湖北、江西、安徽、江苏的广大茶区，销售区域主要集中在北部地区，以张家口、归化、蒙古库伦、新疆、俄国最为活跃。此外，绥远、天津、扬州、成都、长沙、南昌等地也有晋商茶帮的足迹。

---

① 参见张晓玲《清代的茶叶贸易——基于晋商与徽商的比较分析》，硕士学位论文，山西大学，2008年。
② 许涤新、吴承明：《中国资本主义发展史》第一卷，人民出版社1985年版，第327—328页。
③ 参见李绍强《论清代主要手工业品与市场的关系》，《齐鲁学刊》2000年第3期。
④ （清）顾禄：《清嘉录》卷6。
⑤ （明）顾公燮：《消夏闲记摘抄》（上）。

明清山西茶商的贩运路线主要有两条。一条即是学者常提到的陆路经汉口、河南经过山西，再到口外的路线，即福建武夷山—湖北汉口—湖北襄樊—河南洛阳—山西太原—河北张家口—内蒙古呼和浩特—乌兰巴托—恰克图—莫斯科。另一条是经过京杭大运河的水运路线。经陆路的茶商是以外贸为主的，经运河水路的茶商，国内贸易的成分更多些，适合沿途洒销。原因有二：一是茶叶作为商品，相对于大宗货物来说，属于质量轻，体积小，价值高的商品，因而水、陆运输的成本差异对于茶商的经营收益影响小。二是水路运输的时间要比陆路长，水运的不确定因素更多，而陆路则相对稳定。这样对于贩运茶叶的山西商人来说，缩短运输周期即等于加快了资本的周转速度。水运的优势不明显。至晚清，运河阻塞后，茶商就只有陆运一个选择了。

由于资料的原因，目前学者主要研究清中晚期的山西茶商。山西茶商以明代经营边镇茶马互市的茶货贸易为发端，清代开始进入关东、蒙古、新疆和川西广大地区，进而成为中俄恰克图贸易的主要承担者。中国产茶区集中在汉水与长江以南，主要分布于陕西汉中、四川、湖北、湖南、安徽、福建等地。[①] 山西茶商为了获得茶叶产区与消费区的渠道，几乎跑遍了各个茶叶产区。由明至清，大致分为三个阶段。第一，明至清初，山西茶商贩运汉中和四川的茶叶运销至西北地区和俄罗斯。第二，清前期山西茶商去福建武夷、湖南安化、浙江建德、安徽霍山一带采购茶叶，运销至各茶叶消费区。第三，清乾隆、嘉庆以后，山西茶商主要去湖北、湖南两省交界之蒲圻、临湘、咸宁、安化一带采购茶叶。[②]

安徽、福建等地的茶叶贩运，以晋商经营的边茶转运贸易为最大宗。茶船溯运河北上至临清，"或更舟而北，或舍舟而陆，总以输运西边"，以供茶马互市之需[③]。"武夷山茶路恢复后，相当一部分销往俄国的茶叶从江西河口溯信江东驶上饶，再绕过玉山县进入浙江境，过衢州北赴淳安县，入富春江顺流至杭州，再由钱塘江进入杭州湾，而后北驶

---

① 李儒敏：《晋商史料全览·晋中卷》，第 601 页。
② 同上。
③ 许檀：《明清时期运河的商品流通》，《历史档案》1992 年第 1 期。

上海，自崇明岛出海北上天津。不少茶船为了避免海盗抢掠，从杭州去往苏州，顺京杭大运河北上，途径山东聊城，北驶天津，西经通州，到北京。"① "部分茶商自郑州花园口渡黄河北上，经新乡、辉县、安阳、定州，直赴北京；另有部分茶商自郑州东行，经开封、商丘、徐州，由大运河北上山东，经临清关，北上天津。"② "在河南境内，部分茶商由方城向东，经舞阳、漯河，至安徽亳州，山东菏泽、聊城去往天津。另有部分茶商由叶县北上郏县，西折汝州，经登封，向西北奔赴洛阳。"③商人利用京杭大运河水路的商品贩运，很多时候只是利用了运河的一段运输。

晋商在京杭大运河区域开设茶庄和贩运茶叶的非常多。如清初汾阳商人开设的茶庄从湖南、福建收购茶叶，然后沿水陆两路，辗转运到张家口，再到恰克图。

也有山西商人在临清购买茶叶转运到西北出售。④ 临清由于交通方便，又没有引额限制，遂成为商茶由产地销往西北的一条重要通道。此项边茶转运贸易主要由山西商人经营，卫河西岸有大小数十家专为边茶转运服务的茶店货栈。康熙年间山西茶商韩四维等曾捐资在卫河西岸修建一座大王庙，"壮丽无比"⑤，茶商资本之大及获利之丰于此可见。⑥

祁县城内的渠家，是清末民初祁县赫赫有名的渠、何、乔、孙四大财东之一，在晋商巨族中声誉卓著。渠家所经营的商业虽然行业繁多，经营的地域范围亦颇广，但其还是以茶庄、票号为主。茶庄中，渠家长裕川茶庄是其历史最久、规模最大的一个商号。长裕川全号总共有店员100余人，仅老号就有店员20多人。其最初以经营茶叶为主，主要是砖茶，后来由于俄国十月革命的影响停办了茶叶，而改为经营盐业，由海洲一带的食盐产地运输到湖南、湖北等地销售。再后

---

① 程光、李绳庆：《晋商茶路》，山西经济出版社2008年版，第36页。
② 同上书，第113页。
③ 同上书，第115页。
④ 王云：《明清山东运河区域社会变迁》，第131页。
⑤ （乾隆）《临清州志》卷11《市廛志》。
⑥ 许檀：《明清时期的临清商业》，《中国经济史研究》1986年第2期。

来又改为经营夏布。① 在湖北、湖南两省，长裕川占有羊楼洞、羊楼司、咸宁3座茶山。② 所产茶叶主要行销察哈尔、绥远一带。货物发运到这两地之后，主要是批发给当地的商人（也以山西人居多），再由他们转销至蒙古、新疆、恰克图等地。③ 长裕川茶庄的分号几乎遍及大半个中国，在运河沿岸扬州也有分号。④

三 丝 绸

晋商经营丝绸的很多，如平阳府大富商席铭曾游历吴越、楚魏，泛舟江湖，在大江南北贩卖丝绸，成为蒲州首屈一指的富商。象席铭一类走遍江南，远贩塞北的晋商大贾极多。明人张瀚说杭、嘉、湖是丝绸之府，"虽秦、晋、燕、周大贾，不远数千里而求罗绮绸币者，必走浙之东也"⑤。明清时期丝绸的产区首推江南，尤以湖州、嘉兴、杭州为盛。明人王士性说："浙十一郡，唯湖最富，盖嘉湖泽国，商贾舟行易通各省，而湖多一蚕，是每年两有秋也……丝棉之多之精甲天下。"⑥ 苏州、杭州有"丝码头"之誉。入清后广东顺德、佛山，山西潞安以及四川保宁等地也开始成为新的丝绸产区。晋商将南方的丝绸贩卖四方，以致北边如宣化，亦有"南京罗缎铺，苏杭罗缎铺，潞州细铺，泽州帕铺"。

由明迄清，从事丝绸生意的晋商，主要是贩运南方的丝绸。明人宋起凤《稗记》中记载，一晋商贩缣帛于杭州，舟过临清钞关，上报纳税货物时不小心遗漏了一箱，被胥吏登舟查验时发现。榷司某素刻薄，乃将其缣帛全部撕毁。商人货物无法销售，资本又全系借贷，无法还家，遂赴水而死。⑦ 清代雍正、乾隆年间，山西襄汾县商人尉嘉在两湖、江浙等地经营丝绸生意，家业发达鼎盛。尉嘉从山西、陕西收购生

---

① 李儒敏：《晋商史料全览·晋中卷》，第430页。
② 同上。
③ 同上。
④ 同上。
⑤ 张瀚：《松窗梦语》卷四《商贾纪》。
⑥ 王士性：《广志绎》，中华书局1981年版。
⑦ 宋起凤：《稗记》，《明史资料丛刊》第二辑，江苏人民出版社1982年版，第86页。

铁、羊毛、皮革、烟叶等商品运到江南，用以物易物的方式，换取丝绸、茶叶等南方的货物运到西安、兰州、西宁等地出售。或者在西北收购鹿茸、麝香、红花和木材运往两湖、江淮甚至两广等地区，再将南方的鱼、虾、海带等海产品运到北方销售获利。通过无数次的长途贩运，尉氏家族积累了巨额利润，名扬大江南北。尉嘉在贩运商业领域获得成功后，开始投资金融业，先后办起了银号、当铺和钱庄，地域涉及山西、陕西、河南、两湖、两广、江浙等地。在各地开设的商号都统一高悬"师庄尉家"的招牌。尉家的产业到嘉庆年间达到了顶峰。尉家多次向清廷贡献财物，获得朝廷的嘉奖和"黄马褂"。尉家鼎盛时期，家中有戏班，按照店铺的排序，每天一城一号巡回演出。尉嘉还穿上皇帝赐给的黄马褂，亲自带戏班到扬州、苏州的商号唱戏。可见，尉家在扬州、苏州一带的商业规模是很大的。乾隆年间，尉嘉在扬州经商时，结识了名士郑板桥。郑板桥曾为尉嘉书"难得糊涂"四个大字，劝其看透人生世事。[①] 再如，清代平定县宋家庄大富户"三槐堂"王家，其主人王向颐在山东运河沿岸的郑家口开设合裕店，并以该店为总号，又在沿河繁华码头开了10多个分店。他自备货船沿河搞货物贩运，经营有方，财源滚滚，其后辈南下苏州开办商号，经营丝绸与百货。[②] 晚清时，大同的皮货商将加工好的皮货运到天津，然后经海路再运到上海、江南一带。回来时，贩运丝绸批发给大同的绸、缎估衣行。[③] 清代山西商人多在临清城里叫"耳朵眼"的地方开设丝店，从江南、河南及本省收购蚕丝，发放给机户，机户领丝回自己的机房织成哈达，然后再交回丝店，领取佣金。[④] 山西商人到杭州、苏州等地贩运丝绸，还曾在清代丝绸名镇盛泽建有山西会馆和华阳会馆，可以想象他们在江南地区经营丝绸业的繁荣景象。

---

① 王三星：《晋商史料全览·临汾卷》，第52页。
② 张云翔：《晋商史料全览·阳泉卷》，第444页。
③ 翟纲绂：《晋商史料全览·大同卷》，山西人民出版社2006年版，第199页。
④ 王云：《明清山东运河区域社会变迁》，第223页。

四 粮 食

晋商从事粮食贩运的历史悠久。晋商因"开中法"而兴起，自然免不了经营粮食，其经营方式是长途贩运。清代的商品粮基地以号称"天下第一出米之区"的两湖为主，此外还有新发展起来的商品粮基地东北、蒙古以及有余粮可售的四川、陕西等地。由于北京、天津、南京、汉口、广州、苏州等城市手工业发展较快，云南、四川经济作物种植面积扩大，山西从商人数骤增以及地狭人稠等原因均需大量商品粮，于是在上述商品粮产地和销售地到处可见晋商的足迹。① 明人谢肇淛的《五杂俎》记载："富室之称雄者，江南则推新安，江北则推山右。新安大贾渔盐为业，藏镪至有百万者。其它二三十万，则中贾耳。山右或盐，或丝，或转贩，或窖粟，其富甚于新安，新安奢而山右俭也。"② 明清时期在江南等地经营粮食生意的晋商的行帮称为"陆陈帮"。商人们为提高自己的社会地位，显示儒商的风度，遂以"陆陈"自号。同时由于"开中法"的实施，山西商人将粮食长途贩运至边镇供应军队，取得盐引后赚取更多利润。所以，粮食贩运是明清晋陕商人的主要经营项目。③

晋商经营粮食的方式主要是囤积居奇，称之为"窖粟"。这是地处黄土高原的山西独特地理条件所形成的优势，即以窑洞贮藏粮食。"三晋富家藏粟数百万石，皆窖而封之。及开则市者纷至，如赶集然，常有藏十数年不腐者。"④ 明清时山西商人大规模地储藏粮食，伺机而售，是他们在经营活动中留给人们的突出印象。晋商在明代崛起的契机是为保证边镇军队的粮草供应而实施的"开中法"。明代大同、宣府和山西等镇召商籴买于山西、河南、山东和畿辅地区，《明实录》载："山西、

---

① 参见梁四宝《"陆陈帮"及其相关问题》，《山西大学学报》（哲学社会科学版）1998年第4期。
② （明）谢肇淛：《五杂俎》卷4《地部》，上海书店出版社2001年版。
③ 梁四宝：《"陆陈帮"及其相关问题》，《山西大学学报》（哲学社会科学版）1998年第4期。
④ （明）谢肇淛：《五杂俎》卷4《地部》。

河南、正定、保定、临清等处军民客商往大同、宣府输纳粮草军装及贩马、牛、羊、布、帛……"① 乾隆《宁武县志》载:"明洪武三年,山西行省请令商人于大同仓入米一石,太原仓入米一石三斗,准给淮盐一小引,商人鬻毕,即以原给引自赴所在官司缴之。召商输粮而予之盐,谓之开中盐法。"②"开中法使粮商兼而为盐商,以售盐的利润补贴转输军粮的商人。山西商人贩运的粮食,多由大运河运至京畿、山西、陕西。"③

汉口本身是商品粮产地,又是两湖地区通往北方的门户,它的地理位置及水陆交通条件,使它成为全国最重要的粮食和其他商品的集散地。汉口以北的社旗、平顶山、洛阳均建有规模宏大的山陕会馆,说明当年在此条路线上活动着大量的山西商人。明代学者黄汴所著《天下水陆路程》中也记载了这一重要的交通线,经由洛阳北渡黄河,或上太行,或入中条山而北达九边。因此,晋商在汉口的活跃,在粮食贸易中大显身手,可以说是理所当然。④

清人刘献廷在《广阳杂记》中说:"天下有四聚,北则京师,南则佛山,东则苏州,西则汉口。然东海之滨,苏州而外,更有芜湖、扬州、江宁、杭州以分其势。"⑤ 市场的扩大为各地商品的流转开辟了广阔的流通范围,清代粮食的流通,自北而南就有10条运道:(1)南粮经大运河北运京畿、山西、陕西;(2)奉天麦豆经海路运天津、山东;(3)奉天豆麦经海路运上海;(4)河南、天津麦梁经大运河运临清;(5)汉口麦谷经汉水运陕西汉中;(6)安徽、江西米经长江运江浙;(7)湖南、四川米经长江运江苏;(8)江浙米由上海经海路运福建;(9)台湾米经海路运福建;(10)广西米经西江运广东。可见,长距离贸易确实发展起来了。据专家估计,清代粮食的长距离运销约有45亿斤,为明代的3倍。棉布是当时仅次于粮食的第二位商品,长距离运销

---

① 《明实录》"景泰四年十二月辛亥"条。
② 乾隆《宁武县志》卷四,中国文史出版社2006年版。
③ 刘建生、刘鹏生:《试论晋商的历史地位及作用》,《山西大学学报》1995年第1期。
④ 参见梁四宝《"陆陈帮"及其相关问题》,《山西大学学报》(哲学社会科学版)1998年第4期。
⑤ (清)刘献廷:《广阳杂记》卷4,中华书局1957年版。

量约占全部商品量的 15 %。① 粮、棉这两大宗商品都已有全国性市场流通。

明中叶以来，江南地区商业市镇获得长足发展，至清代更为兴盛。兴盛的原因，主要是由于丝织业及棉纺织业的发展。这些地区因种棉、栽桑，育蚕抽丝，纺纱织布，大多数田地不产米，仰食四方。商人运米而来，居民买米而食，粮行、米行、豆米市在各市镇中越来越常见，有力促进了商品经济的发展。江南苏松嘉杭棉纺织业的勃兴吸引了南北各地商贾，其中以陕商、晋商最为著名。

晋商的粮布贸易随着明初九边驻兵而兴起，市场范围主要在北方边镇。徽商的粮布贸易在明中叶成化年间兴起，以江南地区为主②。运至山西市场上的粮食，多在江苏采购，或官漕私带，或商人贩运，通过大运河运至河南的怀庆、河南两府，再由怀庆之清化镇进太行山口入山西。③

晚清民国时黎城县的花家拥有三千亩的土地，以自家的粮食为基础，搞粮食加工，拥有酿酒、做豆腐、做粉条、磨坊等许多粮食加工作坊，尤以酿酒获利最多。除粮食加工外，花家还把粮食运到邯郸以及山东一带出售。④

山西缺粮地区主要靠河南、陕西各地贩运供应。乾隆《沁州志·艺文志》载，康熙时人吴时谦在《代郡守上抚宪书》中说："平时沁州地方，恃有河南、泽、潞小贩，驴驼肩负，北运来州。惟集市粜卖者多，则粟价不致腾贵。贫民量买升斗，糊口延生。"又云："潞为泽州、河南咽喉，而沁又为太、汾二府属之咽喉。历年以来，不但沁地小民仰给于潞、泽、河南之粮粟，即太原府南州县、汾州府东州县，并仰给于潞、泽、河南递运至沁之粮粟。"光绪《平遥县志·杂录志》载，康熙四十四年（1705）平遥知县王绶向巡抚噶礼上《疏通籴粜文》，颇能说明粮食市场的供求关系。文中言，因为康熙三十一年（1692），关中偶

---

① 许涤新、吴承明：《中国资本主义的萌芽》，人民出版社 1985 年版，第 272—288 页。
② 刘建生：《商业与金融：近世以来的区域经济发展》，山西经济出版社 2009 年版，第 451 页。
③ 姜守鹏：《明清北方市场研究》，东北师范大学出版社 1996 年版，第 142 页。
④ 尹钟子：《晋商史料全览·长治卷》，第 19 页。

荒，该省长官下令，不许关中粮食"渡河而东"，运销山西，以致山西粮价高涨，"籴粜艰难，民食不给"。十三年来，"关中米麦，每两则三四石有余，晋中价值，每两则四五斗而不足"。① 说明在往年有大量的粮食由关中流向山西地区。关中的粮食除了满足本地的需求后，剩余部分主要供应山西地区，运输方式为黄河水运加山西境内的陆运。粮食的运输成本很高，运输的范围小。江南的漕粮大量的运往北京，经京杭大运河转运山西的并不多。

五 棉 布

棉花的种植，于宋朝时在福建、广东逐渐普及。南宋后期和元朝，棉花向北推广，"种艺制作之法，骎骎北来，江淮、川蜀既获其利"②。到明朝时，气候水土最适宜棉花生长的华北平原已广泛种植这种经济作物了。明后期和清前期，在全国范围内常年大量流通的商品中，棉花和棉布的流通量是最大的。明朝时出现了"北土广树艺而昧于织，南土精织纴而寡于艺，故棉则方舟而鬻于南，布则方舟而鬻诸北"③ 的情况。棉纺织品取代麻纺织品，促成以布、丝手工业为支柱的全国统一市场逐步形成。到19世纪初，棉花、棉布、生丝、丝织品四大宗手工业制品，全国每年长距离运销值将近银3000万两。加上粮食，五大宗商品，全国每年长距离运销总值将近银7000万两（包括进出口贸易）。而这些大宗商品在全国范围内的长距离流通，是受江浙棉、丝加工业带动的，足以表明全国统一市场业已形成。④

清代，棉布已代替盐在市场上占主导地位，产区已由苏松地区扩大到北方和华中一些地方。据吴承明先生估计，"鸦片战争前，棉布的商品率经常占产量的一半"。而晋商则是棉布长途贩运的重要力量。例如直隶元氏"男女多事织作，晋贾集焉"。著名的松江"标布，关陕及山

---

① 转引自郑昌淦《明清农村商品经济》，中国人民大学出版社1989年版，第589页。
② （元）王桢《农书》第21卷附《木棉序》，中华书局1991年版，第507页。
③ （清）姚之骃《元明事类钞》第24卷引王象晋《木棉谱》。
④ 参见罗肇前《全国统一市场形成于19世纪初——兼论明清手工业和商品经济的发展》，《东南学术》2002年第3期。

右诸省设局于邑收之","秦晋布商皆主于家"。嘉定布"商贾贩鬻,近自杭、歙、清、济,运至蓟、辽、山陕"。

明代和清代前中期,江浙地区是中国丝绸棉布的主要产区,晋商在此贩布者极多。他们垄断了江南的标布市场,足迹遍布苏松嘉杭产布城市乡镇。如朱径镇、七宝镇、朱家角镇、南翔镇、大场镇等都有山陕布商的商号。明人张瀚说:"秦晋燕周大贾,不远数千里而求罗绮宁布者,必走浙之东也。"① 清代的叶梦珠在谈到前朝上海外销布时说:"上阔尖细者曰标布……俱走秦晋京边诸路……前朝标布盛行,富商巨贾,操重资而来市者,白银动以数万计,多或数十万两,少亦以万计。"② 山西商帮成为经营标布的重要力量。

山西的多数地区既不种棉,也不产布。所需棉花多从直隶及豫北各州县贩来。也有产棉而不织布的,如绛州直隶州所属河津县、平阳府属曲沃县等多产棉花,并作为商品出售。③ 山西大同府"其布、棉则取于直隶之行唐,山东之恩县"④。东昌府属恩县"妇女多以纺织为业。布客采买,运往奉天、山西二处出售,为本境出产之大宗"⑤。"粗布,东运至济南,西运至山西,俱系陆运,每岁数万匹。"⑥ 在河南内黄县,"旧志(万历志)曰:邑内土产,大率与大名(明时,内黄县属大名府)境内州县无大异同,独木棉最夥,出贩于山西泽、潞诸州县"⑦。道光初年,内黄县"东南两乡沙土多种棉花,收成不为不盛。……山西客商多来此置局收贩","至集镇,以东旺、楚旺为最,东旺通棉商",可见山西是内黄县所产棉花的传统市场。⑧

山西只有榆次生产棉布,其市场主要是本省邻近州县,在北京也有一定市场。正如文献所载:"榆人家事纺织,成布至多,以供衣服租税之用。而专其业者,贩之四方,号榆次大布。旁给数郡,自太原而北边

---

① (明)张瀚:《松窗梦语》卷4。
② 叶梦珠辑:《上海掌故丛书》卷7《阅世篇》。
③ 郑昌淦:《明清农村商品经济》,第209页。
④ 乾隆《应州志·风俗志》,转引自郑昌淦《明清农村商品经济》,第191页。
⑤ 光绪《恩县乡土志·物产》,转引自郑昌淦《明清农村商品经济》,第180页。
⑥ 光绪《恩县乡土志·商务》,转引郑昌淦《明清农村商品经济》,第180页。
⑦ 乾隆《内黄县志·物产》,转引自郑昌淦《明清农村商品经济》,第204页。
⑧ 道光《河北风采录》,转引自郑昌淦《明清农村商品经济》,第204页。

诸州府，皆仰市焉，亦货于京师。"①

1. 棉布的销售区。明代江南棉布占据了华北、西北、华中等市场。江南棉布的运销路线有四条，一条是沿运河北上山东、京师到九边重镇；一条是通过清口，沿淮河向西销往皖北、河南等地；一条是经长江销往湖广、江西等地；一条是经海运至辽东。晋商的棉布贩运活动主要是沿运河进行的，山西布商或者直接到江南棉布产区收购标布，或者在临清等运河城镇从其他商人手中接手棉布，再北运京师、九边等地区。②有关南布北销的具体记载还是很多的。比如松江生产的三纱布、番布、兼丝等主要销往京师，标布则销往陕西、山西。嘉定生产的棉布则几乎售遍北方诸省。③苏州是南北货物的集散市场，四方商贾，辐辏云集。松江府棉布，产于东南而运销西北，"松郡各邑产布，甲于他府"④。一方面松江商人在籍设立布店，"发卖于苏"⑤，另一方面"各省镰商远涉贸易"⑥，"俱走秦、晋、京、边诸路"⑦。大量的江南纺织品沿运河北上，运抵临清，其中一部分由山西商人收购后运至北方出售。"南北商货交流广泛，如明代植棉已普及北方而纺织业在江南，棉花南运，布匹北运都由运河。后来北方织布业虽大量发展，太湖流域的丝织品和棉布仍有相当数量北运，号称'衣被天下'，五六百年来始终是运河上的主要货物。"⑧

2. 京杭大运河区域山西布商的活动。棉花种植面积扩大，纺织业发展，涌现出许多经营土布的布店、布庄，与河北、山东毗邻的平定染业迅速发展，⑨城镇、乡间广设染坊。后随着资本的扩大，一些发展快的大染坊便开始购置机器，在潍坊、高阳、泰安、定县以至北京、天津

---

① 乾隆《榆次县志》卷7，转引自姜守鹏《明清北方市场研究》，第143页。
② 参见刘建生《商业与金融：近世以来的区域经济发展》，第451页。
③ 姜守鹏：《明清北方市场研究》，第143页。
④ 上海博物馆图书资料室编：《上海碑刻资料选辑》，上海人民出版社1980年版，第86页。
⑤ 《上海碑刻资料选辑》，第84页。
⑥ 同上书，第87页。
⑦ 叶梦珠辑：《上海掌故丛书·阅世篇》，上海古籍出版社1981年版。
⑧ 姚汉源：《京杭运河史》，第25、26页。
⑨ 张云翔：《晋商史料全览·阳泉卷》，第344页。

等商品集散地开设机械染整厂和颜料庄。① 颜料庄除经营进口的化学染料外，也销售平定所产的靛蓝。

山西商人去松江贩布，是在当地设肆收购棉布，然后捆载贩运至山西和京师、北边地区，以满足百姓和驻军的需求。例如《木棉谱》的作者褚华的六世祖就是做棉布生意的，与秦晋布商交易获利，而富甲一邑。"明季从六世祖赠长史公，精于陶猗之术，秦晋布商皆主于家，门下客常数十人，为之设肆收买，俟其将戒行李时，始估银与布，捆载而去，其利甚厚，以故富甲一邑。"② 松江府而外，太仓州的嘉定和苏州府的常熟棉布也多由方商贾贩运至北方。嘉定布由"商贾贩鬻，近自杭、歙、清、济，远至蓟、辽、山、陕"③。常熟布"用之邑者有限，而捆载舟输，行贾于齐鲁之境者常什六"④。这就是明代山西商人贩运南布与北棉的情况。⑤

在淮安的王家营，聚集了很多外地商人，土著不到十之一二。这些流寓淮安的布商先有蓟州帮，继之以山西帮。⑥ 太谷县白燕村张家发迹于清乾隆年间，经过乾隆、嘉庆、道光、咸丰、同治共百余年的发展，到光绪年间达到全盛。张家的商号有：锦全昌夏布庄、四箴明商号、德全厚钱庄、广升远药庄、正心裕钱庄、永泰公银号等。在北京、天津、青岛、重庆、成都、上海、汉口等地设有分支机构，主要业务是经销夏布和四川、苏杭绸缎并兼营汇兑，以经营夏布为主。⑦

山东禹城、齐河、陵县等地有许多晋商开设的布庄，这些布庄专门收购当地的棉布。馆陶县的布庄生意，几乎全为山陕商人所控制。⑧《齐河县乡土志》载，齐河县的棉布有"齐河大布"的美称，山西商人在齐河县城设立布庄收购，然后销往口外，这种商贸活动在乾隆年间最

---

① 张云翔：《晋商史料全览·阳泉卷》，第344页。
② 褚华纂：《木棉谱》，《上海掌故丛书》，第10页。
③ 嘉靖《常熟县志》卷4《食货志》。
④ 康熙《德安府志》卷8《物产》。
⑤ 参见黄鉴晖《明清山西商人研究》，第244页。
⑥ 陶敏：《明清淮安漕运与地方社会》，硕士学位论文，北京师范大学，2008年。
⑦ 李儒敏：《晋商史料全览·晋中卷》，第87页。
⑧ 王云：《明清山东运河区域社会变迁》，第139页。

为盛行①。民国《陵县志》记载，陵县有外来客商开设的布庄，他们收购棉布，运往西北、东北地区出售。陵县地近禹城、齐河，而禹城、齐河有很多山西布商，估计陵县的外来布商也多是山西商人。②

3. 山西布商范铜。乾隆十六年（1751），松江、苏州地区又出现一部新版的《布经》，作者是来自山西的布商范铜。他在《自叙》中写道："松之所产，衣被天下，价直（值）低昂悬绝，商贾安不疏其源哉！旧经叙事甚详，而繁文屡出，使初学者不知其所从来，几茫然莫识其指归也。然历年久远，人更物变，其中讹舛，难辨真赝。偶于长交余闲，潜心旧典，访诸里老，乡落产布优劣，地里、桥梁方向，有革有因，或增或损，皆有据依，纤悉条纲，具载于篇。"文章落款是"晋绛范铜题于槎溪春光堂旅次"，说明范铜是山西绛州人。

为范铜的《布经》作序的有山西布商张伸、同乡郭化鹏、山西布商姚建业、彭城布商刘濮乘、安定梁殿基、赵棨、范铜内侄冯至得、李大谦和陇西李胜轩共九人。与范铜"同客于槎溪"的山西布商姚建业在序中评论范铜称："予与范子西山同客于嘉定之槎溪里，从事布业。其为人，恂恂儒雅，手不释卷。"同是山西布商的张伸在序中说自己和范铜是"通家"，还提到"旧著《布经》一册，备载产布之地，于夫织布、染布、踹布之道，相沿已久。凡事于布之业者，罔不奉为楷式焉。吾友西山范子颖悟夙成胸藏经济"。还认为旧《布经》"产地之不一其地，织布之不一其类，染布之不一其色，踹布之不一其弊。（范铜）因为之究源探本而斟酌增损之，汰其繁而便简，补其缺而无遗，详审精密，较误前人，见逾广识逾精矣。此书一出，凡后之学者一览瞭然，有所依据"。范铜内侄冯侄得在序中说了范铜作《布经》的缘由："于布之中求甲于天下者，惟松江所产为最。是以良商大贾，不远千里，身携重资，来客兹邸，择师请友，以为运筹之计。苟择师不精，取友无识，取买染踹有不至于差谬云？几希前有虑于此故，笔之于书，名曰《布经》。"由此可见，《布经》对于布商经营的重要性。

《布经》的长处正如山西商人为范铜作的序中所言："吾友西山范子，

---

① 王云：《明清山东运河区域社会变迁》，第130页。
② 同上。

颖悟夙成，胸藏经济，于书无所不览……取《布经》而细阅之，见夫产布之不一其地、织布之不一其类，与染布之不一其色，踹布之不一其弊。因为之究源探本，而斟酌增损之，汰其繁而使简，补其缺而无遗，详审精密，较诸前人，见愈广、识愈精矣。此书一出，凡后之学者，一览了然，有所依据，庶不至昧昧以从事，则范子之为功，固非浅鲜矣。"①

4. 翼城县的布商。翼城县位于平阳府的东南方，东与泽州府相接，是个棉粮产区。元朝曾在翼城设织染局，为官府织造印染丝棉织物。翼城县在明清时期是平阳府的主要棉花产地，棉麻产量很大，织布业和印染业也有所发展，布商和印染商人应运而生。自明朝中叶至晚清，翼城布商在市场繁荣的北京、通州和苏州等地非常活跃，成为当地从事棉布和印染业的重要群体。清乾隆时期是北京翼城布商发展的鼎盛时期。翼城商人于雍正十一年（1733）在小蒋家胡同建晋翼会馆一座。乾隆四年（1739）又在通州教子胡同建晋翼会馆一座，晋翼会馆又名染房公所。道光十七年（1837）又在染房公所旁边建布商公所。②

翼城商人为了掌握棉布货源并加工印染各色棉布，在京城开设店铺的同时，也在通州和苏州设立布店和染坊。雍正、乾隆时期在北京、通州、苏州均有翼城布商会馆，说明翼城布商在三地经商的规模都很大。③ 正如翼城会馆内碑刻记载："事非创其所未有，则其有之也难而易；情非出于所乐为，则其为之也易而难。晋翼会馆，则固未有而乐为者也。翼距京师二千里，历来服官者，贸易者，往来奔走者，不知凡几，而会馆之设，顾独缺焉；讵真无能为之人，能为之时，能为之力欤？抑亦莫为倡之，谁为和之也。岁壬子（雍正十年）冬，布行诸君子，以乡人之萃止于兹者，实繁有徒，虽向来积有公会，而祀神究无专祠，且朔望吉旦群聚类处，不可无以联其情而洽其意也。议于布巷之东蒋家胡同、购得房院一所，悉毁而更新之，以为邑人会馆。""经始于癸丑（雍正十一年）之春，告竣乙卯（雍正十三年）之夏。"④ 这是布

---

① （清）范铜：《布经》，《四库未收书辑刊》第3辑第30册，北京出版社1997年版，第82—83页。
② 王三星：《晋商史料全览·临汾卷》，第107页。
③ 黄鉴晖：《明清山西商人研究》，第247页。
④ 李华：《明清以来北京工商会馆碑刻集》，文物出版社1980年版，第29页。

商在北京创立的晋翼会馆。该碑所说的"虽向来积有公会",大概是指建于布商会馆之前的"翼城会馆",设在前门外西之虎坊桥。时隔四年,在通州的翼城布商、染商在教子胡同,又建"晋冀会馆",亦名染坊公所。通州,古称潞河。故碑刻云:"矧潞河名胜,逼近神京,贸易斯土者,实繁且庶。而岁时伏腊,向无会聚之区,非所以笃乡而敦雅谊也。己未(乾隆四年)之春,吾乡诚翁薛君慨然有志,爰要同人诸公,尚义输财,共襄胜举,择地于中衢之西,鸠工庀匠,阅三月而告成。""物相遇而后聚,聚而上者斯升。故工居肆以成其事,士乐群以修其业,商亦设馆以联其情。"① 布商与染商合建的晋翼会馆,因议事不便,且房舍狭小,于道光十七年(1837),在会馆余地又新建布行公所,布商、染商各有公所。"每逢圣诞日期,合行咸集拈香,商议公事,第无公所,偶遇风雨便有不至,即至亦露处于天井中。殊失昭诚敬而妥神明之道也:兹与诸同人商酌,于会馆东院余地一段三楹,众皆踊跃输将,鸠工庀材,不逾月而工告竣,焕然一新。"② 翼城在京布商所建会馆,早期碑刻没有捐银字号名录。通州碑刻有捐银字号和个人名录,共有103个,以店铺名义捐银者只有14家,余皆为个人,不能确定其中是否有代表字号者。就店铺捐银数量来说,也是布铺大于染坊许多倍。说明布业经营的利润和规模要比染业大。详细捐银情况见下表。

表4—1　　　　　　　乾隆四年晋翼会馆捐银商号表

字号名称	捐银数量(两)
晋升布店	672
钦记布店	60.8
同升布店	49
存成布铺	45
元兴杂货铺	37
天太布铺	33.6
钦章号	30

---

① 李华:《明清以来北京工商会馆碑刻集》,文物出版社1980年版,第32页。
② 同上书,第38页。

续表

字号名称	捐银数量（两）
元亨布铺	21
晋丰布铺	20
广兴布铺	16
增盛染坊	10
成记布铺	7
钦诚号	4
均益染坊	2
合计	1007.4

道光十七年（1837）新建布行公所时，捐钱字号共16家，王成施、大顺施、晋成号、涌顺号、务本号、增盛号、义生号、兴成号各捐钱80吊，大兴施、广成号、德丰号、天和号各捐钱60吊，如意号捐钱40吊，富有号捐钱30吊，恒顺信标、通顺李标各捐钱25吊，奉晋翼会馆香资钱300吊整，共计1300吊，用于修建房舍。①

5. 贩运洋布的晋商。洋布输入天津和华北地区，并非始于天津被迫开埠通商之后。在19世纪30、40年代就有山西商人从上海、广东等地贩运洋布进入华北内地，并在直隶正定的庙会市场上进行交易。这种外国棉布的庙会交易持续进行了20年。19世纪60年代以后，天津成为华北洋布、洋货的集散中心，其主要销售地区是山西、直隶、山东西部及河南北部，少部分到达陕西和蒙古地区。每年天津进口的洋货仅有1/5由直隶消费，其余去往直隶周边省份。1868年，天津除了向直隶省供给外国进口货之外，还是山西、河南许多地方的中转站，山西省的太谷县、潞安府、太原府、汾州府、平阳府、大同府、蒲州府、朔平府，河南省的彰德府、卫辉府、怀庆府，山东省的临清州、东昌府、济南府。②

洋布、洋货在包括山西商人在内的商人的组织下由大清河向西运

---

① 黄鉴晖：《明清山西商人研究》，第248—249页。
② 张思：《19世纪天津、烟台的对外贸易与传统市场网络——以洋纱洋布的输入与运销为例》，《史林》2004年第4期。

至琉璃河镇，然后沿琉璃河运到北京附近地区。由子牙河往南，行至与滹沱河汇合处小范镇（今武强县），洋布运到此处又分成几路。其中一部分沿滹沱河、滏阳河进入直隶中部、南部各府县（冀州、顺德府等）。而更大的部分在小范由河船改装上大车去往山西方向。这些大车每辆载洋布20包（经重新包装，每包20匹布），向西到直、晋二省接壤的获鹿县，再次更换运载工具，由骡子、骆驼驮运洋布，沿井陉山路到山西太谷县。这是山西省运入洋布、洋货的第一大商路。在太谷县，洋布又装上小骡车，每车载洋布5包，运往山西各府县。①

六　铜　业

明清时期，国内市场上的铜，一是来自云南，二是由日本贩运回国内。铜的用途，最主要的就是铸造钱币。明清市场经济持续发展，对制钱的需求量不断增加，对铜的需求自然增加。此外，铜也是工业原料。"自康熙中期以来，社会安定，百姓安居乐业，社会逐渐繁荣，随着商品交易的频繁，于是作为交易媒介的铜币需求量自然逐日增加，造成铜币紧缺，供不应求。清代前期，铜币铸造原料多由云南省供给。后逐渐供不应求，便有民间商人从日本国长崎贩运铜料。到康熙五十三年（1714），日本当局因铜源减少，于是限制中国商人的采购量，中国商人采买铜额进入困难时期。制造铜制日用品的需求量也很大。明清时期，山西潞城的铜匠已经将自己的产品销到了中国北方的大部分地区，北京的制铜业几乎全被潞城的铜商所垄断。②

山西地区的铜矿不多，交城等地也出产过一些。如史料记载的"晋省交城等州县试采铜一案……查开矿一事，原属天地自然之利，采铜鼓铸，于民生日用最为便宜……饬令矿商于本处雇夫开挖，查明

---

① 张思：《19世纪天津、烟台的对外贸易与传统市场网络——以洋纱洋布的输入与运销为例》，《史林》2004年第4期。

② 尹钟子：《晋商史料全览·长治卷》，第226—239页。

附近乡里有家室亲族之人，连环具保，一切外来游手，不许混入其中"①。

1. 明清山西铸钱情况。"山西铜商兴起于康熙中期，主要是由于商品经济的发展与鼓铸钱币的原料铜严重不足的矛盾所致。康乾时期，社会安定，经济发展，商业繁荣，商品交易日益频繁。因此，必须增加通货以应商品交易之需。但是，作为广大农民普遍使用的制钱，由于铜源告匮，国内'滇铜'的产量远远不敷所需，因此迫切需要广开铜源。"山西巡抚于乾隆九年（1744）二月得旨："晋省殷实商人尚多，惟有令其承办洋铜，以供鼓铸，为可行之事耳"②。从此，山西商人获得了为清政府采买洋铜的特许。山西铜商因铸钱而兴，乾隆朝山西设炉11座，是铸钱最多的一个时期。铸钱多，需铜亦多。乾隆二十五年（1760）"计每岁需铜20万斤"③。后屡停铸减炉。道光九年（1829）仅开炉4座，道光十一年（1831）复又停铸。④ 山西商人贩运铜，不论采自苏州还是汉口，运回山西的路线，都要走大运河，然后由直隶故城县起旱转运太原府。故城与山东武城县为邻，武城上游即临清。采自苏州的铜斤直接通过运河运至故城。采自汉口的铜斤沿长江下行至扬州入运河北上至故城。从故城起旱，经冀州、束鹿、藁城、正定、获鹿、井径，进娘子关，运回太原。在汉口采铜走这条路线，比由汉口至襄樊、经河南南阳府赊店，陆路运山西，路程要远得多，商人舍近求远，偏走远路，或者是官府的规定，或者是水路运费节省的缘故。⑤ 史料载："初，运河中铜、铅船及木排往往肆意横行，民船多畏而让之。粮船北上，亦为所阻。至是（乾隆四十八年），令巡漕御史转饬沿途文武员弁，将运漕船催趱先行，余船尾随。"⑥ 说明京杭大运河是山西商人贩铜的重要路线。

2. 云南产铜。中国的铜矿主要在云南等地。"南方矿产，如铸钱的铜铅大部分亦顺江而下，沿运而上。清乾隆时云南采铜，每年由长江、

---

① 朱批奏折《乾隆十一年六月十二日阿里衮奏》，转引自韦庆远、鲁素《清代的矿业》上册，第312页。
② 《清高宗实录》卷417"乾隆十七年六月戊午"条。
③ 黄鉴晖：《明清山西商人研究》，第229—230页。
④ 同上。
⑤ 同上。
⑥ 《清史稿》卷122《食货三·漕运》。

运河运北京,定额630万斤,需船数千只。"① 铜是制钱的原料,官府虽未实行专卖,但对市场上采办铜斤管理甚为严格,商人贩铜出境或沿途运输情况,地方政府负有监督责任,并要向皇帝上奏报告。清档案中有山西商人贩铜的记载。如江苏巡抚乾隆二十五年九月十六日奏折说:"山西商人田尚在苏采买正余铜6407斤,于乾隆三十五年(1770)闰五月初二日自吴县起程,闰五月二十三日至沛县,出江苏省境。"沛县属徐州府,位于江苏省北部边境。自吴县(即苏州)至沛县出境,是沿大运河走的。再如湖北巡抚乾隆二十七年五月初一奏折说:"山西商人贾益之弟贾粹生,并尹梁鼎、李理、赵支林、刘光晋各赴汉口镇采办铜斤。"②

3. 赴日贩铜。由于商品经济的发展,康熙中期以后,市场交易所需的铜钱奇紧。清政府设局铸钱,在北京有户部所属的宝泉局,有工部所属的宝源局。此外,各省和一些重镇也设有铸局。清代前期,各局铸钱用料靠云南省产铜供给。随着货币需求量增加,云南所产的铜不敷使用,一些民间商人开始到日本长崎贩运铜料。这些商人往来日本,还兼运贩其他杂货,输出和输入皆有厚利。③ 赴日贩铜的晋商最有名的是皇商介休范氏。范氏为清代皇商,也是明末"市易边城"操纵张家口贸易的晋商八大家之一。国内贩铜与出洋办铜,有两点不同:一是商人贩卖铜斤,"分作五年运到,按年领价",铜价仍按刘光晟贩运洋铜价,每百斤银14两;二是怕商人垫本过多,办运迟误,"按每年应办之数,先给脚价三分之一,余俟头运铜斤交足找给"④。范毓馪看到往返日本贩铜有利可图,于是联络张家口的其他皇商,呈请朝廷答应他们承包办理"芜湖、浒墅、湖口、淮安、北新、扬州六关之铜额"。⑤ 呈书中还作出"自请减价"和"专交承办,不误铜额"等承诺。康熙三十八年(1699),经清政府正式批准,以范毓馪为首的几家皇商,最终承包了上述六关每年应交宝泉、宝源二铸局的额铜任务。"山西巡抚阿里衮

---

① 姚汉源:《京杭运河史》,第25、26页。
② 黄鉴晖:《明清山西商人研究》,第229—230页。
③ 李儒敏:《晋商史料全览·晋中卷》,第291页。
④ 《清高宗实录》卷417"乾隆十七年六月戊午"条。
⑤ 李儒敏:《晋商史料全览·晋中卷》,第291页。

奏：户部咨开刘光晟运办洋铜，议照范毓馪办运西安、保定陆路定价，每百斤价钱脚银十四两之例，询明该商，自备资本，出洋采办，俟回时给价，抑或先行量给脚价，于就近藩库内拨发，臣即传讯该商，据称自备资本，买铜五十万斤，照例定限一年，运回交局，其价脚银两，俟回时具领。"①范毓馪为首的皇商东渡日本贩铜，起初每年采购铜料250万斤左右。后来随着14关额铜任务全部承包，每年贩购数量增加到六七百万斤之多。②浩浩荡荡的皇商"船帮"沿着海上丝绸之路往来于中日之间，以中国生丝、绸缎、茶叶、杂货等土特产品，从日本长崎换回日铜。去货之利以一比五，回货之利以一比十，"故铜商之富豪，甲于南中"。船帮即指介休范氏对日贸易的运输船队。购铜商船在每年的夏至时节，就要将土产杂货和食物、淡水装上帆船，从舟山群岛的定海或杭州湾的乍浦出海行至日本长崎港，九月中旬装载铜料的船只返航回国。③范氏组建自己的船队为清政府进口日本铜，最盛时，一次出海四五十艘。每年两次放洋，借季风往返，长风帆影，浩浩荡荡，称为"山西船帮"。④

在清政府档案中，乾隆三十五年（1770）、三十六年（1771）、二十七年（1772）三件山西商人贩铜的奏疏，如下表所示。孝义郭连垲年年贩铜，汾阳武士元两年内连续贩铜而且是贩铜最多者，其他商人三年内只贩运了一次。这也说明商人经营能力的不同。⑤

表4—2　　　乾隆年间三个年份山西商人贩铜数量统计表⑥

商人姓名	籍贯	贩铜数量	资料反映年份
田尚	山西	6407	乾隆三十五年
郭连垲	孝义	6578	
杨士潘	山西	10434	

---

① 《清高宗实录》卷218，乾隆九年六月庚戌。
② 李儒敏：《晋商史料全览·晋中卷》，第291页。
③ 同上书，第198页。
④ 穆雯英：《晋商史料研究》，第83页。
⑤ 黄鉴晖：《明清山西商人研究》，第229—230页。
⑥ 同上书，第231页。

续表

商人姓名	籍贯	贩铜数量	资料反映年份
刘晋平	临汾	6600	乾隆三十六年
高上彦	曲沃	4200	
王浚	阳曲	6160	
温士佳	太谷	4400	
梁彩山	灵石	13200	
郭连垍	孝义	2200	
武士元	汾阳	13200	
张长裕	山西	2200	
武士元	汾阳	13277	乾隆二十七年
郭连垍	孝义	2257	
合计		91113	

康熙五十五年（1716）取消了内务府商人到日本采办铜货的资格，改由八省督抚办解。乾隆三年（1738），清廷再次起用范毓馪父子办理铜务。然而范家却诸事不顺，遇上天灾人祸，困难重重。乾隆十五年（1750）范毓馪去世，之后范家日渐败落。乾隆四十八年（1783），因贩铜不利，共亏损清政府156万两白银，被清廷抄家，家产全部充公。至此范氏一族彻底没落。

第五章

从事金融业的晋商

　　明代以前，具有一定规模的金融机构主要是当铺。在明代，当铺随处可见。由于这种高利贷性质的经营方式能带来极高的利润，遂成为商业资本的一个重要投资场所。到乾隆年间，出现了新的金融机构——钱庄。钱庄与明朝时小本经营的"列肆兑钱者"不同，也与资本额大致相仿的当铺不同。当铺是放账的金融企业，对客户通过质贷的方式实施抵押贷款；钱庄则是既吸收存款又出贷款项（信用放贷）并发行货币（庄票）的金融企业。百姓为满足生活的需要，只能向当铺质押求贷。当商人需要大规模采买、贩运商品，而手头资金又不够时，就需要向钱庄取得大笔的信用贷款。因此，钱庄的信贷活动是为商品大范围流通服务的。到了道光元年（1821），又出现了经营异地汇兑资金的金融机构——票号。数年间，山西就涌现出多家票号，发展成平遥、祁县、太谷三帮。票号汇兑取代成本高、危险性大的镖局押运现银，是有条件的。商品经济的发展达到一定的水平，汇兑业务量能够赢利，才可能出现票号。票号的资本远大于当铺或钱庄，后两者的资本一般为2—5万两白银。由于要在各地设置分支机构，才能实现异地汇兑，一家票号没有数十万两资本是办不起来的。如此大的资本投进去，如果没有巨额的业务支持也是不能正常维持的。提供信用贷款的钱庄的出现，显示了全国范围内商品流通的规模之大；异地间汇兑白银的票号的出现，则直接体现了全国统一市场的形成。①

---

① 罗肇前：《全国统一市场形成于19世纪初——兼论明清手工业和商品经济的发展》，《东南学术》2002年第3期。

一 晋商金融业的发展

晋商金融资本是随着商业资本的发展而发展起来的。明清时期，晋商既在商品生产和交换环节从事经营，又在金融领域经营，二者的结合，出现了晋商早期的金融资本形式——依靠自有资本放债的典当、印局和经营存放款业务而起中介作用的钱庄。19世纪初，随着商品经济的发展和晋商商业资本的进一步扩大，金融业从商业中分离出来，并在典当、印局、账局、钱庄基础上产生了票号这一专营汇兑、存放款业务的金融组织，它标志着晋商的金融资本进入了一个新阶段。

晋商早期经营的典当、银号、钱庄、账局等金融组织不仅为经营票号积累了丰富的金融经验，而且培养了大批的专业人才。典当业是晋商涉足较早的行业。清康熙三年（1664）全国有当铺2万多家，其中晋商开办的就有4695家。清人李燧在《晋游日记》卷三中称，全国"典肆，江以南皆徽人，曰徽商。江以北皆晋人，曰晋商"。"凡是中国的典当业，大半系山西人经理。"[①] 钱庄与银号是晋商经营的主要行当，从乾隆朝开始出现了兑换银钱的钱庄，到道光时期，由民间钱铺所签发的钱票，在山西的许多地方已经广泛流通。山西巡抚申启贤谈到："晋省行用钱票有凭帖、兑帖、上帖名目。凭帖系本铺所出之票，兑帖系此铺兑与彼铺，上帖有当铺上给钱铺者。此三项均系票到付钱，与现钱无异。"[②] 作为商业借贷关系的金融组织，账局早在雍正时期就已经在我国北方出现，并且经营者多为山西人。晋商设立的账局主要分布在京师、太原、汾州、张家口、库伦等地，以京师与张家口两地最多。在《清户部档案》中有记录的52家账局中，由山西人出资开设的有34家，占65.3%，由山西经理经营的有49家，占94.23%。随着商品经济的发展，晋商自身商业经营规模的扩大，晋商商业分支机构的遍布，雄厚的资本，良好的信誉，以及金融经验的积累均为晋商金融业的兴盛

---

① 卫聚贤：《山西票号史》，台湾说文出版社1976年版，第9页。
② 《军机处录副》，道光十八年六月二十五日《山西巡抚申启贤奏折》，中国第一历史档案馆藏。

创造了条件。

1. 典当

明清时期，随着晋商资本的兴盛，典当业得到较快发展。清代山西境内的典当业全部由晋人所经营。康熙中后期，直隶的典当业最为发达。晋商所开设与经营的当铺始终在北京、天津、内蒙、西宁、山东、河南等北方省市占据支配地位，其势力曾一度延伸至湖北、湖南、江苏、浙江、安徽等南方地区。到清末民初，山西人所开设或经营的当铺在北方的一些地区仍然具有很强的实力。①

清代山西是全国开设典当最多的省份，据资料统计，雍正二年（1724），山西有典当铺2602家，约占全国总数的26%；乾隆十八年（1753），全国共有当铺18075家，山西省则5175家，占全国总数的28.6%。② 即使在晋商衰落的光绪年间，山西典当在全国依然占据很重要的地位。据李沙《当铺》一书记载：光绪十年（1887）前后，北京以外的当铺7000余家，山西省占1773家。

据清档案资料统计，湖北省黄陂、襄阳、光化三县在道光二十三年（1843）共有当铺50家，其中晋商开设20家占40%，本地商人开设21家占42%，陕西商人开设8家占16%，徽商开设1家占2%。咸丰三年（1853）在京城159家当铺中，晋商开设109家占68.55%，顺天府商人开设42家占26.41%，山东商人开设5家占3.14%，安徽、浙江、陕西商人各开设1家，共占1.83%。这说明此时晋商在江北各省的典当业中占据优势。第一次鸦片战争后，晋商开设的典当业遍及全国许多省份，如祁县的乔家在西北、京津、东北和长江流域等地的各大商埠均有巨资经营的当铺。介休的冀家，其资本10万两银子以上的大当铺就有钟盛、增盛、世盛、恒盛、永盛等。榆次聂店的王家，以经营当铺为主，开设的当铺遍及江南、东北、河南、河北及山西各地。此外，祁县渠家除经营票号和商业外，开设的当铺也分布在全国许多地区。

---

① 刘清平：《山西典商的业务经营与组织管理研究》，硕士学位论文，山西大学，2007年。

② 罗炳绵：《近代中国典当业的分布趋势和同业组织》，《食货月刊》1978年第8卷第2期。

晋商经营典当业不遗余力，其中灵石、介休、孝义人尤为擅长。陆国香《山西之当质业》一文记述："清代天津、北平、山东、河南、张北等地，其典当几乎全系晋商所经营……在前清末叶，上述各地之典当亦有他省人投资而转让者惟掌铺伙友等，仍以晋人充当，其中以灵石、介休人居多。"① "介休商业以钱当两商为最，其他各行商号，均系兼营并弩，绝少专业，亦无大资本家。至邑人出外贸易者，在京则营当商、账庄；在津则营典质转账；河南、湖北、汉口、沙市等处，当商、印行邑人最占多数。"② 王韬《遁窟谰言》载："山西灵石县杨氏，巨族也，以豪富多，在京师开设当铺七十余所，京中人呼之当杨。"清道光年间，孝义县人在外埠开设的当铺，北京有集义当、源合当，天津有积善当、天合当，张家口有茂丰当，宁夏有晋义当和晋永当。③ 山西人开设的典铺分布极广，从省内到省外，从繁华都市到县城集镇，到处都飘扬着山西典商的招幌，以至"凡是中国的典当业，大半系山西人经理"④。介休冀姓、靳姓、王姓各家在湖北之各当曾著称一时。在清代的冀、鲁、豫三省，随处皆有晋人之当铺，而尤以山东为多，河南次之。山西人到河北经商的其实也很多，如河北唐山也有山西人开办的当铺，唐山的典当业大约起自清光绪二十五年（1899），最早的是坐落于东局子街的永顺当，系商会会长刘子祯所开设，略晚的是山西人所开的隆昌当。⑤ 直隶正定府平山县"工匠朴拙，亦有他邑来佣工者，而邑僻处一隅，均匠不聚。商之大者，曰盐、曰典，其余如菽、粟、布缕之属，只随时贸易，以谋朝夕，亦无甚奇货之萃于市，惟在上者使四民之不失其业可矣"⑥。直隶正定府《灵寿县志》亦载："商，其大者，曰盐，曰典，皆非土著之民。其余菽粟、布缕、鸡、豚、酒、蔬之属，不过随时贸易，以谋朝夕，视都会之地百货萃焉者，相去霄壤矣。"⑦ 除此之外，

---

① 陆国香：《山西之质当业》，《民族》1935 年第 4 卷第 6 期。
② 《介休县志》卷 9，1924 年铅印。
③ 倪力人：《孝义县志》，台湾海潮出版社 1992 年版，第 425 页。
④ 卫聚贤：《山西票号史》，台湾说文出版社 1976 年版，第 9 页。
⑤ 《唐山的典当业》，载《近代中国典当业》，中国文史出版社 1996 年版，第 153 页。
⑥ （咸丰）《平山县志》卷 1《舆地志·风俗》，王涤心纂修，清咸丰四年刻本。
⑦ （康熙）《灵寿县志》卷 1《地理志·风俗》，陆陇其修，傅雏耘纂，清康熙二十五年刻本。

河北其他城镇也有山西典商活动的足迹。如河间府献县"邑无大贾，其盐局、典局多他省人为之……"保定府唐县"商之大者，盐局、质库其人非土著……"直隶赵州"商贾业盐、典者皆异乡人"。永平府乐亭县"地近边关，经商者多出口贸易，挟资营运，谓之财主；代人持筹，谓之伙计，固谋生之道也。至列肆称贾，惟设质库鬻铁器者，间有晋人"。《重修宁河县志》载："宁邑统分县前后，总无大商，所以一二开典者，来自山右与邻近之左右县耳。"正定府无极县"商，大者，曰盐、曰典，皆山西人挟资为之"。清乾隆年间山西人就在无极县城开当铺，全县有当铺9家，分布在县城、郭庄、北苏、东汉等集镇上。从业人员百余人，其中有五六十人来自晋中祁县、太谷、汾阳、平遥等县。每家当铺都聘请山西人担任掌柜。著名的经营者有祁县人姚衮，汾阳人刘益兴，太谷人李四群等。在山东，晋商的盐号与当铺并称，皆极一时之盛，临汾、汾城、洪洞等县之富商皆由此起家。民国以后，现代金融组织开始取代传统典当组织，典当业的发展走向衰落。

2. 印局

印局出现于明末清初，是适应城市商品货币经济的发展和城市贫民、小商小贩融资的需要而产生的民间小额借贷组织。"穷窭之人原无资本，惟赖印局挪钱，以资生理……账局不发本，印局竭其源，则游民失其业。"[①] 印局的资本源于账局，业务则主要是发放印子钱。印子钱的发放全为制钱。数额一般为二三串，最多不过十来串。期限有"朝发夕收"的，也有以百日为限的，每日或每十日还钱一次，本利合算，还一次盖一次印，故名"印子钱"。印子钱利息很高，通常为月息三分至六分。不论借款期长短，皆须有熟人作保。近代时期，晋商开设的印局很多，"印子钱者，晋人放债之名目也"[②]，不仅本省各州、府、县有，省外京津以及江南等地也为数不少。对此，祁寯藻在咸丰三年（1853）在奏折中说："窃闻京城内外，现有山西等省民人开设铺面，名曰印局。所有大小铺户及军民等，俱向其借用钱文……京师地方，五

---

① 清档《通政使司副使董瀛山奏折》，咸丰三年。
② 张焘：《津门杂记》，《小方壶舆地丛刊》第九帙，光绪十年刊本。

方杂处，商贾云集，各铺户籍余利，买卖可以流通，军民偶有匮乏，日用以资接济，是全赖印局的周转，实为不可少之事。"一旦印局歇业，则"旗民无处通融，生计攸关，竭蹶者居多"。① 可见，印局在通融资金方面发挥了较大作用。晋商印局衰落于清末民初。

3. 账局

账局是专营工商业存款、放款业务的金融组织。一般不设分店，即或有分店，也不经营汇兑业务。大约产生于清雍正、乾隆时期。随着城市经济发展和晋商对俄贸易量的扩大，原先靠自有资本从事经营的店铺所需资本已经不足，出现了"各行店铺自本者十不一二，全恃借贷流通"②的情况。黄鉴晖先生认为，乾隆元年（1736），京晋地区出现的帐局是中国银行的起源，从其服务对象和业务内容等方面来看，已具有了银行的性质。③ 乾隆年间山西汾阳商人王庭荣出资4万两白银，在张家口开设"祥发永"账局。在票号问世前，账局在北京、张家口、保定、天津、多伦及太原、汾州等地均有设立，为工商业发展解决了资本不足的困难，受到社会舆论的称赞。京城"银钱所以不穷，尤藉账局为接济"④。马克思《资本论》中提到过的清代官员王茂荫⑤说："账局自来借贷，多以一年为期。五六月间，各路货物到京，借者尤多。每逢到期，将本利全数措齐，送到局中，谓之本利见面。账局看后将利收起，令借者更换一券，仍将本银持归，每年如此。"王茂荫还谈到了帐局对于社会经济的重要作用："若届期全行收起，更不复借，街市一旦成空。盖各行店铺，自本者十不一二，全恃借贷流通。若竟借贷不通，即成束手，以致纷纷歇业，实为可虑。且可虑者，店铺而尤不独在店铺

---

① 祁隽藻咸丰三年七月初九日奏折，转引自张正明：《明清晋商资料选编》。
② 王茂荫：《王侍郎奏议》卷3，黄山书社1991年版。
③ 黄鉴晖：《中国早期的银行——帐局》，《山西财经学院学报》1984年第6期；《清代帐局初探》，《历史研究》1987年第4期。
④ 张正明：《明清晋商资料选编》。
⑤ 王茂荫（1798—1865），字椿年，号子怀，安徽省歙县杞梓里人。《清史稿》有传，他是道光十二年进士，初授户部主事，后升员外郎。咸丰初补授监察御史。次年正月迁太常寺少卿，六月补授太仆寺卿，十一月授户部右侍郎，兼管钱法堂事务，三年奉旨转补兵部侍郎。八年病免，同治元年授工部侍郎，四年卒。

也。即如各行账局之帮伙,统计不下万人。账局收而此万人者已成无业之民。各店铺中帮伙,小者数人,多者数十人;一店歇业,而此数人,数十人者,亦即成无业之民。是账局一收,而失业之民,将不可数计也。"①

由于山西账局适应了商品经济发展的需要,因此发展相当迅速。以京城1853年268家账局的商人籍贯来看,晋商210家,顺天府商人47家,江苏、浙江、安徽、陕西商人总共11家。在210家晋商中,介休县商人达118家,平遥县商人21家,其余孝义、汾阳、灵石、文水、祁县、太谷、榆次、太原、阳曲、崞县、忻县、偏关、盂县等十三州县商人为71家。② 帐局的从业人员不下万人,交易盈利十分丰富。

帐局的放贷对象。一是对私营商业放款。二是对清朝官吏放款。"遇选人借债者,必先讲扣头,如九扣,名曰一千,实九百也,以缺之远近,定扣头之多少,自八九至四五不等,甚至有倒扣者,扣之外,复加月利三分。以母权子,三月后则子又生子也。滚利垒算,以数百金,未几而积至盈万。"③ 京城外有一账局,于庚子事变歇业后,单是拉公旗的官账,自嘉庆二十四年(1819)算到光绪三十二年(1906年),"本利共合八万余两"。④

再如恒隆光、大升玉等晋商帐局与俄商有信用关系,向在恰克图的俄国商人放贷。宣统二年(1910),因俄商米德尔祥夫等5家商号倒闭,拖欠山西十几家商号62万余两白银,其中就包括恒隆光、大升玉等账局在内。账局的产生,对当时的金融业产生了很大影响。"账局之放贷全赖私票。都中设立账局者,晋商最夥,子母相权,旋收旋放,各行铺户皆藉此为贸易之资……是停放之西商益巧于收藏,则仰给之铺户愈窘于生理,凡穷寒下户典当艰而困乏兴嗟,店铺别行

---

① 王茂荫:《王侍郎奏议》卷3《请筹通商以安民业折》(咸丰三年三月二十五日),黄山书社1991年版。
② 参见表5—1。
③ 李燧:《晋游日记》卷3,山西人民出版社1989年版,第70页。
④ 清民政部档,转引自《山西金融志》上,中华书局1991年版,第23页。

流通难而牵连失业，人情骚动，无以谋生。"① 由此足见账局在北京金融市场上的作用。账局的经营方式和业务活动与印局区别不大，以致后来逐渐与钱庄的业务趋于一致，因此，人们很难账局与钱庄作严格的区分。李燧《晋游日记》载："乾隆六十年，汾平两郡（汾州府与平阳府），多以贸易为生。利之十倍者，无如放官债，富人携资入都，开设账局。"这些钱庄，票号或账局，是适应大宗商品远距离贸易而产生的。它的出现，反过来又推动了大宗商品地远距离贸易的进一步发展。

4. 钱庄

钱庄早期称为钱市，商人沿街设摊或摆桌子兑换钱，因而被称做钱市、钱桌、列肆兑钱者。以后随其发展又称为钱铺、钱店、钱局、钱号，是山西金融资本一种重要的组织形式。钱庄起源于 18 世纪初，是商业已经发展起来而货币制度仍十分混乱的情况下产生的。明清时代，随着商品货币经济的发展，商品交换逐渐打破了地区和国家的界限，但货币制度极不统一，影响了地区之间和国家之间商品交换的发展。为了适应商业发展的需要，逐渐分化出一部分商人专门从事货币兑换业务。之后，他们又替其他商人保管暂时闲置的货币，并受委托办理支付事宜，成为商人之间的支付中介。后来，货币兑换商又把代管的货币借给暂时需要货币的人。这样，货币兑换商就从支付中介进而成为信用中介了，这就是钱庄的来历。晋商经营的钱铺（钱庄的前身）早在明代已经存在，到了清代又有了进一步的发展。乾隆三十年（1765），苏州的山西钱铺有 81 家，并捐资建立了"全晋会馆"。道光、咸丰年间，随着商业贸易的发展，货币流通扩大，钱庄亦随之兴盛。北京、天津、张家口、归化、包头、西宁、兰州、开封、洛阳、汉口等商业重镇的钱业以晋商势力为强。如"山西祥字号钱铺，京师已开四十余座，俱有票存，彼此融通"②。御史祥璋在道光二十年

---

① 《翰林院侍读学士宝钧奏折》，转引自《山西金融志》上，中华书局1991年版，第23页。

② 清档朱批奏折，咸丰三年四月初三《鸿胪寺卿祥泰为拟变通章程的奏折》。

(1840)三月二十日奏折中说:"京城内外,钱铺不下千余家,且山东、山西商人俱多。"辛亥革命后,票号衰落,山西钱庄却大力发展存、放、汇业务,从而进入其发展的极盛期。《东方杂志》曾这样描述:"特别是最近二三十年间外国银行设立于中国以来,此等钱庄、金融之便,多赖于外国银行,不复恃票号之助。国内汇兑,虽系票号之专业,然钱庄亦能经营,钱庄之汇费,更较廉于票号,商人多以托钱庄为便。且钱庄存款之利息较高,中国官吏,亦多存款于钱庄矣。"[1] 据统计,1912年山西有钱庄412家,1913年增至526家,1914年又增至561家。主要分布于太原、榆次、太谷、平遥、平定、曲沃、运城、洪洞、襄汾、霍县、大同、代县、晋城等地。这一时期,著名的钱庄有复盛公、复盛全、复盛西、公和源、公和泰、源恒长、广顺长、广顺恒、宝昌玉、复聚恒、兴盛号、兴隆永、谦和诚、天兴恒、复兴恒、懋和允、广义及聚兴等。至此,钱庄取代了票号,在山西金融业中独占鳌头势。从钱庄的发展过程可以看出,它的兴盛既与商业的繁荣及工业的发展紧密相关,又与明清至民国时期通货单位不统一有直接的联系。钱庄可以通过发行、兑换获利。

5. 票号

晋商资本的货币经营形式,最著名的是票号。票号又叫票庄或汇兑庄,是一种专门经营汇兑业务的金融机构。在票号产生以前,商人外出采购和贸易全要靠现银支付,在外地赚了钱捎寄老家也得靠专门的镖局把现银运送回去,不仅开支很大,费时误事,而且经常发生差错意外。这就迫使外出经商的山西商人不得不寻求新的办法。

山西票号是适应国内商品经济发展的需要,直接从商业资本中分离出来,专门经营商品交易中货币汇兑业务的金融机构。明末清初,民间虽然已经有了大量货币汇兑业务,但道光初年始有专业汇兑组织,这就是山西平遥商人经营的票号。从道光初年(19世纪20年代初)到20世纪30年代,山西票号的兴衰经历了一百多年。

山西票号有"汇通天下"之称,因为要办理异地款项汇兑,必须

---

[1] 《东方杂志》第14卷第6号,第81页。

有一定数量的分支机构，票号的总号虽然大多设在山西平遥、祁县、太谷三县，但是分支机构遍及全国各大城市及重要商埠码头，并远及朝鲜、日本等国家，在俄罗斯也有代理处。清朝的地方政府甚至中央政府在财政拮据之时，也不得不依靠票号借垫汇兑或贷款，所以票号能够下连官绅，上结朝廷，内携水客，外交洋商，盈利之巨，难以计数。

票号最初是晋商为了解决将四川的颜料——铜绿贩运到天津的贸易中运送现银不便的问题，而创立的汇兑制度。它以票据汇兑代替了现银的运送[①]。相传平遥县"西玉成颜料庄"在北京、天津、四川等地都设有分庄，总经理叫雷履泰。"西玉成"北京分庄经常为在北京的山西同乡办理北京与平遥、四川或天津之间的现金兑拨。这种异地拨兑，开始只限于在亲朋好友之间进行，并不收费。后来，要求拨兑的人越来越多，在双方同意的原则下，出一定手续费就可办理。雷履泰发现这是一个生财之道，于是改设"日升昌"，兼营汇兑业务，成为中国历史上第一家票号。后来，他放弃了颜料生意，专门经营汇兑业务。由于这种汇兑在此处交款，彼处用钱，手续简单，使用方便，所以除山西商人和其他地方商人汇款以外，还有政府及官员来托办汇兑事宜。随着资本的增加，通汇地点越来越大，利润也越来越多。接着又吸收现款，发放贷款，"日升昌"的生意一派兴旺。其他山西商人也学习"日升昌"的经验，投资票号，从而形成了著名的山西票号群体。

到鸦片战争前夕，山西票号约有八家。鸦片战争后的十年内，日升昌、蔚丰厚、口新中二家山西票号在各地设立的分支机构共有35处，分布在全国23个城市，除专门经营汇兑业务外，还兼营存款、放款业务，并把汇兑、存款和放款结合起来，利用承汇期，占用客户的现金放高利贷，得到了很高的利润。如蔚字号在外省的分庄就有上海、苏州、杭州、宁波、厦门、福州、南昌、长沙、常德、汉口、沙市、济南、北京、天津、沈阳、哈尔滨、成都、重庆、兰州、肃州、西安、三原、迪化、广州、桂林、梧州、凉州、开封、周家口、道口、昆明、太原、运

[①] 刘建生：《商业与金融：近世以来的区域经济发展》，147页。

城、曲沃等三十多家。据记载，1847年年末，山西票号蔚泰厚苏州分号有存款36000两，放款80000两；1850年，日新中北京分号有存款近37000两，放款近70000两。太平天国运动后，清政府的财政更加困难，山西票号由起初为封建商人服务转向为清政府服务。票号在这个时期有较为迅速的发展，利润丰厚。外国资本势力的入侵，沿海和长江沿岸主要城市的对外开放，洋货大量涌入，土产品大量外流，向票号提出了更多的汇兑要求。这种汇兑需求，有西方资本主义的商品输入的推动作用，也有国内传统商人对南方经济区与北方经济区进行长途贩运贸易的需求。

山西票号在19世纪50年代的迅速发展与商业贸易的发展有密切关系。同治三年（1864），山西介休北辛武冀家摘了乾盛亨布庄的招牌，将其改成乾盛亨票号，命武日中为经理，分头派人到天津、上海、重庆、开封、周口、沈阳、处、开河口、沙市、长沙、万县及本省诸地设立分号21处，开张营业。光绪十六年（1890），协同庆票号已在北京、天津、张家口、开封、西安、上海、汉口、长沙、福州、厦门、广州等31处设立了分号。

山西票号发展的更为重要的原因是得官府之助。各家票号资本大多十数余万两，但汇兑额动辄数百万两，如此巨大的周转资本，主要是靠吸收存款。票号吸收的存款，以各省政府机构之公款及贵族显宦之积蓄为主，公款如税款、军饷、边远各省丁漕款等，私款如官场之积蓄、富绅之储蓄等，无不存于票庄。

二 在大运河区域的辉煌

山西票号在全国各地商业繁盛的城镇开设分号，京杭大运河区域是明清经济最繁荣的地区之一，自然成为晋商票号聚集之地。山西票号在北京、聊城、淮安、苏州、扬州等运河沿线的大中城市设立的许多分号也说明了这些地区商业的繁荣程度。山西票号的总号绝大部分都在平遥、祁县、太谷三县。著名票号如蔚泰厚票号的分号遍布全国各重要商埠和城镇，且占据重要地位，特别是在上海、北京、天津、苏州、广州、厦门等地享有盛名。① 蔚泰厚实力雄厚，经营有方，业务发展很快。据资料记载，道光二十七年（1847）苏州分号收汇款数达银211793两，交汇数达314192两。道光三十年（1850），苏州分号借外（存）年终实绩36053两，外借（贷）80873两。咸丰八年（1858），蔚泰厚沈阳分号收汇数553292两，交汇数567726两。蔚泰厚票号还于宣统二年（1910）在北京发行银票148922两，准备金为80000两。蔚丰厚票号是在清道光六年（1826）由蔚丰厚绸缎庄改组而成。财东系介休北贾村侯家，总号设在平遥城内。最初资本为银17万两，中期发展到20万两，后期有28.3万两。在运河沿线北京、天津、苏州、扬州等地设有分号。② 蔚丰厚票号系平遥帮"蔚"字五联号之一，其经营规模、信用度都排在前位，尤其是上海、北京、天津、汉口、长沙、苏州、西安等分号，都曾被日本驻华使馆列为重要、著名票号。③ 百川通票号，是祁县渠家的渠源浈、渠源洛、渠本立合资创办的票号，总号设在平遥县城内南大街。开办于咸丰十年（1860），历经59年，1918年歇业。曾在运河沿岸北京、天津等地设有分号。④ 乾盛亨票号，由介休县北辛武村冀家的乾盛亨布庄改组而成。总号设在平遥县城内，有资本10万两白银，财东是冀以和。在运河沿岸北京、天津、苏州等地设有分号。⑤ 由于与官家关系密切，乾盛亨在各地分号的地位也非常显要。在苏州，被日本驻苏州领事称为著名票号；在汉口，也被日本驻汉口领事称为重要票号。⑥

1. 北京

清代的北京人烟稠密，市面繁盛，典当业非常发达。直隶顺天府《固安县志》有"商之大者，曰盐、曰典，其余布缕粟帛随时贸易，无

---

① 李儒敏：《晋商史料全览·晋中卷》，第449页。
② 李儒敏：《晋商史料全览·晋中卷》，第457页。
③ 同上。
④ 同上书，第465页。
⑤ 同上书，第468页。
⑥ 同上书，第469页。

奇货之萃于市"① 的记载。据记载，同治年间，北京有典当铺 210 余家，至光绪二十六年（1890）时，增至 260 余家。可见北京典当业的发展盛况，在北京从事典当业的商人大多是山西人。咸丰时北京的 159 家当铺中，山西商人开办的就有 109 家，占 68.55%，晋商占 2/3 强；顺天府商人开设 42 家，占 26.41%；山东商人开设 5 家，占 3.14%；安徽、浙江、陕西商人各开设 1 家，共占 1.83%②。除县志中记载以外，在清代小说、戏剧中亦有许多山西典商在京设当的事例。如《品花宝鉴》（道光年间作）第十三回所载："这潘老爷叫潘其观，是本京富家，有百万家财，开了三个银号，两个当铺……原籍山西。"③ 到了清末民初。北京仍有当铺 200 家左右，而其中殷实大户皆为晋商，各把持一二十家或二三十家当铺不等，至少约占北京当铺总数的一半以上，人称"山西屋子"。李华先生认为："在北京地方行帮商人当中，声势显赫的要算山西商人。他们不仅垄断者票号、钱庄、当铺、颜料、染坊、粮食、干果、杂货等一些重要行业，而且无孔不入地渗透到北京国民经济的各个部门。"④ 北京的周边，如平谷县（今北京平谷区）"商则以农隙为之，负贩而已，城内坐商多山西人"⑤。

1853 年"京师有帐局 268 家，其中 210 家都是山西商人开设的"，"帮伙不下万人"。其余顺天府商人开设 47 家，江苏、浙江、安徽、陕西商人总共开设 11 家。⑥ 以下是当时史料记载的帐局名录。

---

① （咸丰）《固安县志》卷 1《舆地志·风俗》，陈崇砥修，吴三峰等纂，清咸丰九年刻本。
② 黄鉴晖：《称雄一世的山西金融商人》，载李希曾主编《晋商史料与研究》，第 103 页。
③ 彭信威：《中国货币史》，上海人民出版社 1988 年版，第 947 页。
④ 李华：《明清以来北京工商业会馆碑刻选编》，文物出版社 1980 年版，第 18 页。
⑤ （民国）《平谷县志》卷 1《地理志·风俗》，李兴焯修，王兆元纂，1926 年铅印本。
⑥ 《王石磊奏议》卷 3，转引自卫聚贤《山西票号史》，中央银行经济研究处 1944 年版，第 11 页。

表5—1　　咸丰三年（1853）北京山西帐局名录①

帐局名称	籍贯	商人姓名	帐局名称	籍贯	商人姓名	帐局名称	籍贯	商人姓名
义丰永	介休	张敦礼	义丰成	介休	胡集成	恒裕萃	介休	张立权
义兴通	介休	杨兴林	义聚成	介休	马驷义	豫昌顺	介休	任尔昌
义丰昌	介休	穆栖桐	顺义成	介休	侯荣堂	集祥永	介休	田植璋
义顺公	介休	朱大禄	庆和堂	介休	张成贵	公生明	介休	张永枇
均和公	介休	田秀玉	清凝堂	介休	侯芝芳	德合成	介休	张九恩
永顺成	介休	张兴武	天德合	介休	杨本荣	德恒局	介休	武陪恩
义顺和	介休	范泽隆	福恒号	介休	乔如曾	福厚局	介休	侯慎行
义合永	介休	赵苓	德厚局	介休	张化普	益和公	介休	李肇珖
发盛亨	介休	刘撄三	永顺恒	介休	郭维清	云集玉	介休	曹尔智
永庆玉	介休	郭曜堂	永昌吉	介休	马仓保	万通松	介休	任开及
宽裕义	介休	宋云卿	泉裕勇	介休	庞振常	恒茂盛	介休	梁明经
富兴公	介休	程侃	广益公	介休	穆鸿渐	德义成	介休	王文珍
义源德	介休	曹鸣西	义源德	介休	曹世烈	公盛正	介休	张宗英
顺义祥	介休	梁书元	德恕成	介休	柴九礼	和盛义	介休	刘迎源
万盛局	介休	杨德敬	天欲亨	介休	刘维源	广和成	介休	冀世泰
鸿盛彝	介休	郝廷文	永厚长	介休	左焕谋	义发聚	介休	吉汝辅
光正公	介休	侯毓醇	久成升	介休	王大武	义顺长	介休	程守义
元兴长	介休	赵秉齐	永茂成	介休	张员庆	恒裕德	介休	温九如
瑞兴隆	介休	王衍秀	永隆成	介休	孟洪光	广亿恒	介休	武显泰
元隆局	介休	王育菜	永丰长	介休	白锡华	发盛全	介休	原丕芳
裕丰盛	介休	任保泗	仟和盛	介休	张培元	涌顺永	介休	张兴盛
裕茂盛	介休	任培林	源泰义	介休	穆栖树	永兴和	介休	朱广济
发盛亨	介休	刘廷治	广顺泰	介休	刺文瑜	天瑞宽	介休	赵秉修
协成局	介休	管天相	昌庆成	介休	胡夺铭	豫泰贞	介休	任秉照
同和厚	介休	郭桂起	广昌泰	介休	朱蕴珠	聚盛永	介休	王锡年
合义局	介休	任成辉	余庆元	介休	张明驹	永丰成	介休	李如坊

① 转引自黄鉴晖《明清山西商人研究》，第198—199页。

续表

帐局名称	籍贯	商人姓名	帐局名称	籍贯	商人姓名	帐局名称	籍贯	商人姓名
安盛局	介休	郭丙全	恒兴升	介休	宋正亮	元亨贞	介休	郭介平
怀德局	介休	武辉都	恒升庆	介休	赵守亨	聚泰永	介休	郭元弟
德和局	介休	张明寿	裕泰德	平遥	李珍泰	德成泰	太谷	郭殿之
天佑局	介休	马宪宗	吉格成	平遥	廉德英	积成山	太谷	要献之
悦来局	介休	李亮有	永恒兴	平遥	程沾瑞	广仪恒	太谷	武定治
广和局	介休	郝子奇	集义公	平遥	梁步阁	聚隆泰	太谷	王呈麟
增盛局	介休	任焕庆	永丰盛	平遥	范士全	万积成	太谷	白必信
永德长	介休	王焕章	敦盛合	平遥	康立志	永泰顺	太谷	张锡锋
元成信	介休	刘师闵	如恒局	平遥	康世义	润生公	阳曲	刘尚瑞
恒丰局	介休	张兰亭	义成信	平遥	雷豫占	协义公	阳曲	刘尚瑞
永庆明	介休	罗福保	昌蔚永	平遥	李登第	昌新生	阳曲	唐继昌
义祥永	介休	杨青山	永泰昌	平遥	范文炳	巨和源	阳曲	马廷松
广裕长	介休	孟谦	元泰恒	平遥	张全禄	协义公	阳曲	孙佶
兴顺泰	介休	刘凝礼	晋昌源	平遥	孟赞礼	永义成	太谷	王懋公
复盛德	介休	赵长凯	义泰和	平遥	刘开来	同生公	阳曲	冯应昌
永盛兆	介休	赵恺仁	德兴怀	平遥	张承格	庆和公	阳曲	王敬峰
恒源茂	介休	续鹤年	泰昌局	平遥	侯洸庆	西义和	阳曲	王大兴
和盛义	介休	刘迎源	聚泰公	平遥	范廷玉	协成局	阳曲	王炳
义昌信	介休	李中玉	六成顺	平遥	张守勤	永义和	阳曲	王谦
聚盛全	介休	郭廉福	永兴长	平遥	侯存章	昌新局	阳曲	冯尔辉
源顺局	介休	张彭龄	东心协	平遥	刘君敬	元盛远	祁县	郝光荣
宜庆成	介休	胡安仁	敦盛裕	平遥	景清泰	巨兴和	祁县	马锡赞
乾盛亨	介休	黄禄廪	义丰公	平遥	张成亮	文生长	祁县	罗昌隆
顺发祥	介休	杨立本	聚成德	太谷	田扶疆	元丰水	祁县	孙鄂元
义顺源	介休	程永令	恒庆隆	太谷	杜淦珩	兴盛恒	祁县	周鼎元
源隆世	介休	张培基	永泰玉	太谷	张锡光	源来局	祁县	刘秉文
义聚顺	介休	曹鹤寿	保隆堂	太谷	王泰连	长源魁	祁县	芦绍檀
恒兴泰	介休	杨抖楷	宝丰隆	太谷	郭春轩	协成玉	祁县	赵廷栋
吉万顺	介休	王锡顺	会隆堂	太谷	王希彭	云兴隆	祁县	刘保兴

续表

帐局名称	籍贯	商人姓名	帐局名称	籍贯	商人姓名	帐局名称	籍贯	商人姓名
永发公	介休	李伟珠	义长吉	太谷	马培林	广义永	祁县	冯世宝
道兴合	介休	陶应宣	尚志堂	太谷	要正泰	集祥永	偏关	张文魁
隆盛永	介休	梁建印	广隆堂	太谷	郭成图	恒新顺	榆次	康思芬
聚隆永	祁县	赵秉谦	恒升庆	灵石	阎中选	昌泰信	榆次	张万昌
永裕长	孝义	王文广	德新局	灵石	王景山	天成公	榆次	白执中
玉祥永	孝义	高体	德厚局	灵石	王锦荣	恒新利	榆次	宁全章
玉增祥	孝义	高冲汉	吉庆长	孟县	潘万令	源兴诚	榆次	李维浩
玉成兴	孝义	高铭鼎	复成永	孟县	郑呈辉	广成德	榆次	常导教
通兴局	孝义	武永枢	天合永	孟县	王干周	恒和茂	榆次	刘世明
聚源沁	文水	孙廷栋	永利长	汾阳	王森泰			
庆成裕	文水	武凤仪	德新局	汾阳	王令			
聚和奎	文水	李春华	聚珍局	崞县	郭亨泰			
聚丰永	文水	郭世慰	万盛局	崞县	翰嗣昶			
天成德	太原	黄琳	源恒勇	忻州	崔绳祖			

表5—2　　　　宣统二年（1909）北京山西帐局名录①

帐局名称	开设年代	资本（两）	资本主		总号所在地	经理		设分号地点
			姓名	籍贯		姓名	籍贯	
锦泉涌	1898	10000	曹克让	太谷县	张家口	曹克让	太谷县	京师
宝丰盛	1869	20000	侯殿元	汾州府	京师	宋继庆	平遥县	烟台
复盛兴	1901	10000	王承德	介休县	京师	王香圃	介休县	汉口
恒义蔚	1890	20000	吴恒德	大兴县	京师	石承志	榆次县	张家口
聚昌厚	1874	27000	梁渭舟	平遥县	京师	李清华	介休县	烟台
万亿兴	1905	20000	渠本谓	祁县	太谷县	李瑞	榆次县	京师

① 转引黄鉴晖《明清山西商人研究》，第200—201页。

续表

帐局名称	开设年代	资本（两）	资本主		总号所在地	经理		设分号地点
			姓名	籍贯		姓名	籍贯	
丽泉生	1855	15000	侯对庭	榆次县	京师	潘子厚	汾州府	赤峰
汇恒同	1906	20000	孟广誉	太谷县	天津	张成统	太谷县	京师
大泉玉	1840	30000	常立训	榆次县	张家口	王桂淮	汾阳县	京师
大升玉	1814	50000	常立训	榆次县	张家口	孙祯禧	汾阳县	京师、上海
公合元	1879	20000	赵成全等	榆次县	张家口	武达	榆次县	京师
庆和达	1907	20000	王廷策等	榆次县	张家口	张耀睿	祁县	京师
谦会成	1880	39000	武佐卿	太谷县	京师	师仲修	太谷县	营口
保修堂	1842	70000	王景漳等	太谷县	京师	石培荫	太谷县	太谷
祥发永	1736	40000	王庭荣	汾阳县	张家口	宋文蕙	汾阳县	京师、上海
同泰裕	1891	20000	王同泰	徐沟县	保定	王长清	徐沟县	京师、天津
福成德	1870	50000	许立忠	榆次县	张家口	王芝	榆次县	京师、天津
恒隆光	1870	30000	史序东	榆次县	张家口	张靖南	榆次县	京师、上海
公合全	1845	50000	张全善	汾阳县	张家口	王兆祥	祁县	京师、上海
中兴和	1858	20000	史致庸	榆次县	张家口	刘怀仁	寿阳县	京师、天津
聚顺发	1880	40000	冀师承	介休县	多伦	许步蟾	赤城县	京师、天津、张家口
天德隆	1879	40000	刘少霭	代州	代州	刘清栋	代州	京师、天津、张家口
万有富	1906	50000	杨有仁等	太谷县	太谷县	杜文郁	徐沟县	京师、营口、安东、呼兰府
裕源永	1880	50000	霍枚	万全县	张家口	麻德广	文水县	京师、天津、祁县、归化
德成厚	1907	10000	润剑	奉天	京师	李明远	榆次县	
恒裕厚	1906	20000	冯润田	大兴县	京师	阎轮	太原县	
天昌钰	1903	10000	张义堂	介休县	京师	张叙抡	介休县	
顺兴昌	1887	10000	冀天德	介休县	京师	郭庆照	介休县	
丰泰新	1906	15000	安文忠	天津县	京师	张毓摺	天津县	
中兴裕	1866	10000	蔺沐臣	奉天	京师	李子澄	太谷县	
震源润	1906	10000	李溪桥	通州	京师	宋纯修	介休县	
永泰公亨记	1805	21000	张元杰	太谷县	京师	师斐然	介休县	

续表

帐局名称	开设年代	资本（两）	资本主姓名	资本主籍贯	总号所在地	经理姓名	经理籍贯	设分号地点
益泰诚	1880	20000	王协卿	汾阳县	京师	梁务斋	文水县	
福源隆	1852	10000	葛延令	承德	京师	冯玉	平定州	
广源通	1905	30000	林云	京师	京师	陈讦谟	平遥县	
大美玉	1891	20000	常立训	榆次县	京师	周四弼	榆次县	
恒昌义	1905	36000	马文藏	深州	京师	原琇	祁县	
冈义兴	1890	12000	李信堂	大兴县	京师	孙昌泰	介休县	
德顺兴	1905	10000	张真	武清县	京师	胡臣清	介休县	
德润兴	1908	40000	润钊	大兴县	京师	温秉漳	文水县	
义聚成	1876	4000	王滨等	招远县	京师	刘如恺	招远县	
万泉长	1897	10000	晋泉恒	祁县	京师	郝庸光	平遥县	
新升茂	1863	5400	王三处堂	平遥县	京师	侯本正	平遥县	
孚昌贞	1869	10400	丁少山等	浙江山阴	京师	降星恒	介休县	
广源永	1910	20000	林云	京师	京师	张有威	平遥县	
降胜永	1837	7680	侯基同	介休县	京师	赵青云	介休县	
豫丰号	1900	4000	沈嘉焯	浙江山阴	京师	马文龄	介休县	
京元隆	1866	3200	丁梅笙	山东潍县	京师	田大怡	介休县	
同泰永	1908	10000	王保禄	徐沟县	京师	梁正华	介休县	
公兴合	1902	10000	芦余堂	介休县	京师	芦仙桥	介休县	
义诚协	1909	10000	贾希彭	文水县	京师	张辅佐	文水县	
永利公	1903	10000	贾景仁	夏县	京师	李克五	太谷县	

资料来源：清度支部档《帐局注册册》，宣统二年十月。

咸丰三年（1853）在京城的159座当铺中，晋商开设的有109座。清代晋商的典当业在河北、山东等北方省份中占据了优势地位，山西典当业居全国之首。①

表 5—3　　　　　　　　1912 年以后北京的山西银钱业②

商号名称	具体情况
义兴合银钱店	设于打磨厂中间路北，系积德堂出资创办。1905 年在商部注册领照，经理人杨仲和（稷山县人）。1916 年时仍照常营业。
义成谦钱铺	设于巨泰店内，1909 年 2 月 19 日在商部领照。该号总庄设于山西太原。1912 年 12 月，总庄因太原事起歇业，申请裁撤京都分庄，12 月 9 日经财政部批准。而太原、归化、多伦等，月处分庄仍守旧业，继续经理。
三元号钱庄	设于东四牌楼，绛州商人彭寿康创办并经理，1912 年 2 月，在壬子兵变中停业。
三合号银钱店	设于阜成门沟沿路西，由稷山县商人王松如 1905 年 12 月在商部注册领照，经理人王华廷创办，亦系稷山县人。
三合号银钱店	设于西交民巷路南，系山阴县人陈树堂创办。1905 年 12 月 1 日商部注册领照，经理人胡华廷，系昌平州人。
三晋源钱铺	设于草厂九条，经营商业兑换业务，1916 年时仍照常营业。
三聚号银钱店	设于南锣鼓巷路东，经营商业兑换贴现业务，资本银 1 万两，山西绛州商人张锡庆创办于乾隆年间。1905 年 12 月 1 日在商部注册领照，经理人张凤翼。
三合号银钱店	设于鼓楼西干水桥路北，经营商业贴兑业务，资本银 1000 两，清乾隆年间由绛州人张凤翼（又名张凤仪）创办。1905 年 12 月 1 日在商部注册领照，经理人张智平、张智丰。该号发行钱帖。
大升玉钱庄	设于打磨厂尚古店内，经营商业汇兑业务，1911 年 2 月 13 日注册领照，经理人常子长，1912 年 2 月月壬子兵变后停业。12 月 11 日批准裁撤大升玉钱庄京都分庄。
大兴泰银钱店	设于内西华门路西，经营商业汇兑业务，资本银 3000 两，乾隆年间由曲沃商人出资创办。1905 年在商部注册领照，经理人系太平县人李树勋

---

① 刘建生：《晋商研究》，山西人民出版社 2005 年版，第 121 页。
② 穆雯英：《晋商史料研究》，第 299—305 页。

续表

商号名称	具体情况
大新钱号	设于灯市口路西,系绛州人马善之创办,1905年在商部注册领照,1912年前后停业。
大新钱号	设于东四牌楼路东,系阳曲商人王蝦峰、王寿田创办。1905年12月1日在商部注册领照,1912年后停办。
大新钱号	设于东四牌楼北路西,系绛州商人创办,1905年12月1日在商部注册领照,1912年后停办。
久成公银钱店	设于烟袋斜街路南,系太平县商人崔子章创办,1905年12月1日由商部注册领照。1912年12月28日后仍照常营业。
云益号银钱店	设于前门外路东,系绛州人崔𝑦采汀创办。1905年12月1日在商部注册领照。1916年4月月后仍照常营业。
天成号银钱店	设于五道庙路东,资本银2500两,系山西绛州商人张桂元创办。1902年开业,1905年在商部注册领照,经理人张致和(绛州人)。1916年4月后仍照常营业。
天豫号银钱店	设于崇文门外西夹道路西,资本银1000两,系绛州商人杨炎亭创办。1886年开办。1905年12月1日在商部注册领照,经理人史星五(绛州人)。
内茂盛号银钱店	设于内西华门路北,资本银3000两,系绛州商人李友华创办,清康熙年间开业,1905年12月1日在商部注册领照,经理人柴伯常(绛州人)。1913年1月25日,京师总商会禀报该号,经理人为王发廷。
仁兴钱铺	设于椿树胡同路北,系绛州商人王伯祥与南海县商人承厚堂及大兴县商人梁子久合资创办。1905年12月1日在商部注册领照,经理人顾萃耕。1921年9月16日批准停业。
庆祥瑞银钱店	设于煤市街路西,资本银1万两,系闻喜商人冯秉文1895年创办经。1905年12月1日在商部注册领照,经理人梅在枝。该号发行钱帖,1916年4月18日后仍照常营业。
兆源号银钱店	设于西安门内帘子库路北,系绛州商人章衍堂出资创办。经理人张文轩(绛州人)。1912年12月28日后仍照常营业。
宝兴亨银钱店	设于崇文门外东夹道路东,资本银两,系绛州商人吴寿臣年年创办月。日在商部注册领照,经理人李汇川,绛州人。

续表

商号名称	具体情况
和合号银钱店	设于南横街路北,资本银6000两,系稷山商人三鳝堂财东杨仲和创办于乾隆年间,1905年12月1日在商部注册领照,经理人刘春亭,闻喜人。该号即"西和合号",发行钱帖,1913年1月23日后仍照常营业。
和合号银钱店	设于南横街路北,资本银3000两,系稷山人三缮堂财东创办于乾隆年间,1905年12月1日在商部注册领照,经理人吉福谦,稷山人。该号即"东和合号",发行钱帖,1913年1月23日后仍照常营业。
和益公银钱店	设于花儿市路北,资本银2000两,系大兴县商人高云泉创办,1901年开业,1905年12月1日在商部注册领照,经理系绛州人许乐三。
阜源号银钱店	设于朝阳门内南小街路东。系汾阳商人创办之德育堂出资创办,1905年12月1日在商部注册领照,经理系汾阳县人星垣。1913年1月23日后仍正常开店营业。
茂盛源银钱店	设于东安门内南池子西路口,资本银3000两,系庆余堂财东绛州人李友华创办于康熙年间。1905年12月1日在商部注册领照,经理人王发廷(翼城县人),1913年1月23日后仍照常营业。
茂盛源银钱店	设于东四牌楼北6条胡同路北。系绛州人刘星桥创办。1905年12月1日在商部注册领照,经理是绛州人杜崇甫。1913年1月23日后仍照常营业。
恒盛号银钱店	设于珠宝市北闹市口路东,资本银1万两,系闻喜商人冯傭禄创办。1902年开办。1905年12月1日在商部注册领照,经理人冯有禄。该号发行钱帖。1916年4月18日后仍照常营业。
信义厚银钱店	设于骡马市大街路北,系宛平人创办,绛州人经理。1905年年在商部注册领照。1924年时仍照常营业,经理为孔庆富。
信康银号	设于北孝顺胡同4号,经办商业汇兑贴现业务;资本洋1万元,系榆次商人李佩华创。1921年7月开业,是年8月15日经财政部核准注册领照。经理人张炳堂,武清县人。
泰和号银钱店	设于花儿市羊肉口外路东,系稷山县商人聂其中、高骧合资创办。1905年12月1日在商部注册领照,经理人高骧。1912年11月15日后该号仍照常营业。
通裕隆银钱店	设于护国寺路北,资本银6000两,系稷山县商人史文斋、金振铎合资开办于道光年间,1905年12月1日在商部注册领照,经理人贾子珍。

续表

商号名称	具体情况
通裕隆分号	设于护国寺路北,系王学忠创办,1905年12月1日在商部注册领照,经理人王学忠。1912年11月15日后仍照常营业。
乾云生银钱店	设于西河沿东头路南,资本银3000两,系宛平商人张秀斋于1907年开办,经理人是稷山县的张德志,以兑换银钱为业。
乾昌号银钱店	设于骡马市大街路北,资本银3000两,系宛平商人赵信甫于1905年注册领照,1907年开业,经理人系绛州人孙润斋。1913年1月23日后仍照常营业。
乾盛永银钱店	设于西单牌楼西斜街路东,资本银1万两,系介休县退恩堂财东奎训与张子英合资创办于道光年间,1905年12月1日在商部注册领照,经理人郝清佑。1912年11月15日后仍照常营业。
乾德号银钱店	设于延寿寺街路西,资本银1万两,系宛平商人张秀斋于1901年开办,1905年12月1日在商部注册领照,经理人系绛州人石瑞珍(字润斋)1913年1月28日后仍照常营业。
乾德号银钱店	设于琉璃厂东门路西,系绛州商人彭仰秉创办,1905年在商部注册领照,经理人系闻喜人赵凤台。1912年11月15日后仍照常营业。
乾德号银钱店	设于虎坊桥路北,系绛州商人彭德山创办,1905年12月1日在商部注册领照,经理人系容城人黄了述。1912年11月15日后仍照常营业。
裕泰厚银钱店	设于地安门内蜡库口路西,资本银1000两,系绛州商人罗如山于乾隆年间开年月办。经理人黄在己。1912年12月28日后仍照常营业
隆兴顺号银钱店	设于地安门大街交道口北路西,资本银4000两,系内务府梁耀堂创办,1905年12月1日在部注册领照,1906年开业,经理人系闻喜人周秀智。该号发行钱帖。1913年1月23日日后仍照常营业。
隆兴顺银钱店	设于安定门内宽街路东,系稷山县商人贾珍斋创办,1905年12月1日在商部注册领照,经理人杨ખ轩。1913年1月23日后仍正常营业。
源丰号银钱店	设于前门外草市路东,系绛州商人创办,稷州商人经理。1913年1月23日后仍照常营业。
源丰号银钱店	设于前门大街路东,资本1万两,系李可琴于1904年开办,经理人李可琴。1913年1月23日后仍照常营业。
源丰号银钱店	设于灯市口路北,系绛州商人创办、经理。1913年1月23日后仍照常营业。

续表

商号名称	具体情况
源兴号银钱店	设于菜市口路北，资本银 4000 两，系湘商双清德丰堂财东樊清创办，1905 年 12 月 1 日在商部注册领照，经理系山西人席有正。1913 年 1 月 28 日号仍照常营业。
蔚丰厚银钱店	设于中帽胡同，总号设于山西，原为票庄。1909 年 12 月开办，资本总额银 425.18 万两。1916 年 4 月 18 日后北京分庄仍照常营业。
蔚长厚银钱店	设于薛家湾，原为票号，该号为分号，总号在山西，1909 年 12 月设立，资本总额银 37.5 万两。1912 年 2 月兵变后该号停办。
蔚泰厚银钱店	设于草厂下四条，1916 年 4 月 18 日后仍照常营业。
蔚隆厚银钱店	设于骡马市大街，1916 年后仍照常营业。
聚增号银钱店	设于阜城门外路北；系绛州商人吴寿臣创办。1905 年 12 月 1 日在商部注册领照，经理人宁九如。1913 年 1 月 28 日后仍照常营业。
德丰泰银钱店	设于崇文门内大街路东。资本银 2500 两，系祁县商人隋永泰创办于 1894 年。1905 年 12 月 1 日在商部注册领照，经理系祁县人阎乾豫。1912 年 11 月 15 日后仍照常营业。
德丰泰银钱店	设于崇文门内苏州胡同路西，系宛平县商人创办。1905 年 12 月 1 日在商部注册领照，经理为绛州人。1912 年 11 月 15 日后仍照常营业。
德成号银钱店	设于北火扇，系绛州商人王宗荫、王瑞庵，宛平商人宁新全合资创办。1905 年 12 月 1 日在商部注册领照。1916 年 4 月 18 日后仍照常营业。
德成号银钱店	设于东四牌楼南级房胡同路南，系绛州商人何吉成创办。1905 年 12 月 1 日在商部注册领照。经理人赵云峰。1912 年 11 月 15 日后仍照常营业

票号兴起后，在北京的晋商票号成为重要的金融机构，为北京的资金调剂发挥不可替代的作用。晋商在北京开设的票号最多。各号存款、放账以及汇划事项，均以北京方面的交易额为最巨。下表是不同时期在北京的山西票号的情况。

第五章　从事金融业的晋商　155

表 5—4　　　　　　光绪二十一年（1895）北京主要的山西票号

票号	地址	票号	地址
蔚长厚	前门外薛家湾内路南	存义公	前门外打磨厂同泰店内
蔚泰厚	前门外草厂九条胡同内	天顺祥	前门外北孝顺胡同内
蔚丰厚	崇文门外巾帽胡同内	日升昌	前门外草厂十条胡同内
蔚盛长	前门外草厂九条胡同内	元丰玖	前门外草厂十条胡同内
协和信	崇文门外巾帽胡同内	百川通	前门外草厂十条胡同内
协同庆	崇文门薛家湾路南	新泰厚	崇文门外木厂胡同内
协成乾	前门外打磨厂聚泰店内	志一堂	前门外打磨厂太谷店内
义成谦	前门外打磨厂公和店内	聚兴隆	前门外打磨厂鸿泰店内
三晋源	前门外草厂九条胡同内		

资料来源：《朝市丛载》卷五《汇号》，京都荣宝斋光绪乙未版。

表 5—5　　　　　　宣统年间在京银行、票号、账局名单

名称	地址	名称	地址
户部银行	前门内西交民巷路北	存义公	前门外打磨厂同泰店内
中国通商银行	东四牌楼南路北	志一堂	前门外太谷店内
交通银行	前门外西河沿东头路北	合盛元	前门外上古店内
储蓄银行	前门内西交民巷	大德玉	前门外鸿泰店内
蔚长厚	前门外薛家湾路南	大美玉	前门外吉隆店内
协同庆	前门外薛家湾路南	大盛川	前门外泰昌店内
浚川源	前门外西珠市口柳树井路北	长盛川	前门外打磨厂复隆店内
蔚丰厚	崇文门外巾帽胡同路北	中兴和	前门外新大同店内
大德恒	崇文门外巾帽胡同路北	天顺祥	前门外长巷下二条胡同路东
世义信	崇文门外北五老胡同路东	天成亨	前门外小蒋家胡同路东
新泰厚	崇文门外木厂胡同路北	生和泰	前门外掌扇胡同路北
宝丰隆	崇文门外翟家口内路西	益泰诚	前门外打磨厂鸿泰店内
日升昌	前门外草厂十条胡同路西	丽泉生	前门外大蒋家胡同路南
百川通	前门外草厂十条胡同路西	义成协	前门外长巷下头条路东
蔚泰厚	前门外草厂九条胡同路西	广源通	崇文门外木厂胡同路南
蔚盛长	前门外草厂九条胡同路东	恒昌义	前门外草厂九条胡同路东
三晋元（源）	前门外草厂九条胡同路东	大德川	前门外兴隆街路北

续表

名称	地址	名称	地址
锦生润	前门外革厂九条胡同路东	华俄道胜银行	前门内东交民巷路南
大德通	前门外打磨厂宝丰栈内	汇丰银行	前门内东交民巷路南
协诚乾	前门外聚泰店内	横滨正金银行	前门内东交民路北
义诚谦	前门外打磨厂聚泰店内	德华银行	前门内东交民巷
公益总银行	虎坊桥	汇理银行	前门内东交民巷

资料来源：《新增都门纪略》、《都门会馆·都门汇号》，宣统庚戌孟冬，京都荣录堂藏版。

表5—6   民国二年（1913）在北京票号名单

名称	地址	名称	地址
天顺祥	长巷下二条	大德通	打磨厂
大德恒	巾帽胡同	大德川	薛家湾
三晋源	草厂九条	存义公	打磨厂同泰店
百川通	草厂十条	志一堂	打磨厂太古店
新泰厚	木厂胡同	蔚泰厚	薛家湾
蔚丰厚	巾帽胡同	蔚盛长	草厂九条
日升昌	草厂十条	天成亨	小蒋家胡同
锦生润	草厂九条	义成谦	打磨厂聚泰店
宝丰隆	兴隆街翟家口	蔚泰厚	草厂九条

资料来源：北京撷华编辑社编：《新北京指南》第二编第十一类《汇兑庄》，撷华书局1914年铅印本。

2. 天津

明清之际，天津逐渐成为一座繁华的城市，许多山西商人携巨资到天津投资开设当铺。在庚子事变前，天津"城乡当铺统计有四十四家之多，营业颇佳"[①]。晋商以经商出色而闻名天下，因而在天津的投资者总是想方设法聘请山西人，或山西当铺出身的人当掌柜。

在天津的山西典商互相扶持，势力日益强大，形成津门的一大商

[①] 吴石城：《天津典当业之研究》，《银行周报》1935年第19卷第36期。

帮。乾隆二十六年（1761）建的位于锅店街的山西会馆设有当业、海货业、颜料业、杂货业四个行业组织，作为各行业商人聚议之所。道光三年（1823），山西临汾商人在估衣街建立第二个山西会馆，亦作为"山西典、盐、杂货等商"的聚议之地。① 即使到了近代，由于频遭战乱，山西典商损失惨重，但在天津，山西典商依然处于垄断地位。

天津是票号的发祥之地。票号的出现给金融业带来巨大变革。庚子事变之前，通其全部放资之数，不下数百万两。1900年前后天津的票号有志成信、协成乾、中兴和、长盛川、大盛川、存义公、百川通、新泰厚、蔚泰厚、蔚盛长、蔚丰厚、大任厚、义成谦、协同庆、蔚长厚、日升昌、大德玉、大德通、裕源永、福成德、绵（锦）生润、世义信、恒义隆、合盛元、独慎生（玉）、人美玉、义善源、源丰润等等。② 宣统年间，天津的票号仍有九家。

表5—7　　　　　　　　宣统年间天津的票号

名目	地址	电话号码
志成信票庄	估衣街	229
大德通票庄	针市街德兴栈内	233
蔚丰厚票庄	锅店街	379
蔚盛长票庄	针市街	281
功成玉票庄	针市街	505
蔚长厚票庄	针市街	848
元吉票庄	北门东	970
同泰裕票庄	北门内晋丰里	1933
日升昌票庄	针市街	865

资料来源：石小川：《天津指南》卷六，文明书局1911年版。

3. 山东

京杭大运河流经的山东城镇有枣庄、济宁、聊城、临清、德州等。

---

① 张焘：《津门杂记》卷上，光绪十年刊本。
② 日本驻天津领事伊集院彦吉明治三十九年（1905）十月十三日报告，转引自潘承锷《中国之金融》上册，中国图书公司1908年版，第8—9页。

运河沿线城镇的经济由于水路交通的带动而获得很大发展。关于这些城镇开设典当、钱铺的记载很多。乾隆《临清州志》载："两省典当，旧有百余家，皆徽浙为之。后不及其半，多参土著。今乡合城仅有十六七家，皆山西人。"① 据《曲阜孔府档案史料》记载："（乾隆年间）本省各属内现在晋省等处富商大贾越境放债，贱价准折。"② 嘉庆年间，曹州府曹县"商贾辐辏，城内及东关，城外若西北之魏湾、西北之桃源、东南之青甸、南方之大义及监堤之望鲁集、刘家口，皆有山西商人开典当、钱庄，均生意茂盛"③。馆陶县"城南隅有山西会馆，碑文所载，皆晋省人，凡盐、当以及铁货、布庄、杂行、钱店各生意"④ 都归山西人控制。《东平县志》载："本邑商业向无大规模之组织，亦少大资本之营业，城内大商素以当铺、盐店称首，银钱号次之，此等较大营业多系晋商及章邱济南商人所经营。"⑤ 曹州府菏泽县"钱商多晋省人，无厚本巨资，即本境人开设，亦皆用晋人察视银色"⑥。冠县在"清光、宣以前，全城商号籍隶本境者仅十分之二，外来者占十分之八。山西人多钱善贾，占大多数，是以城西北隅建有山西会馆一处"⑦。在峄县经营典当的也多是山西商人。光绪年间，山东全省有典当二百余家。⑧

山西洪洞县商人刘谦在乾隆嘉庆年间携带大部分家资，前往山东滕县，寄居在一个素有联系的当铺内，从事放贷业务。几年后，刘谦在峄县、沂州两地开设典当铺，后又在台儿庄开设了典当铺。刘家由典当起家成为洪洞县的首富。⑨ 清末山西襄汾县南高村的刘家在全国各地开设的商号有一百多家，如在天津开设的津恒昌银号，山东的正立当当铺。刘家全盛时有"刘千万"之称。由于刘家商号甚多，族人和商号人员

---

① （乾隆）《临清州志·市廛志》。
② 《曲阜孔府档案史料》第 3 编第 6 册《公府田产》（上），齐鲁书社 1981 年版，第 41 页。
③ （光绪）《曹县乡土志·商务》，裴景煦纂修，清光绪三十三年抄本。
④ （光绪）《馆陶县乡土志》卷 1《商务》，清光绪刻本。
⑤ （民国）《东平县志》卷 6《实业》，张志熙修，刘靖宇纂，1936 年铅印本。
⑥ （光绪）《菏泽县乡土志·商务》，汪鸿孙修，杨兆焕纂，清光绪三十三年刻本。
⑦ （道光）《冠县志》卷 2《建置志·机关》，梁永康等修，赵锡书等纂，清道光十年修，1934 年补刊本。
⑧ 宓公干：《典当论》，商务印书馆 1936 年版，第 239 页。
⑨ 王三星：《晋商史料全览·临汾卷》，第 25 页。

北往北京，南往南阳，沿路均不需住店，吃住都有自家商号负责接待。①

4. 江浙

清代江苏的典当业已经很发达，宝山县（今上海宝山区）"业当铺者率系邑中富室。同治、光绪之际，罗店最盛，且有投资外埠者。近则全境设典十有二家，业主多半客籍矣。其与当铺性质相近者则为质铺，照章须加纳营业捐税，由原典分设，故亦称代步"②。"邑境商业，坐贾居多，鲜能从事于海外贸易，近年洋商踵集，事业乃日渐扩张。揆诸今昔情形，可分为牙商、典商、盐商、商铺、商厂等类。"③ 江宁六县，在嘉庆年间，已有典当171家。每县平均约28家。南京城内及附廓，计有49家，其盛况可以想见。④ 在典当业发达的江苏，山西典商占有重要地位。"高邮所用制钱，惟官项及契买田房系足串，寻常贸易乾隆时用九六六，同治以前用九九四，光绪以来用九九，惟临泽镇用九九五。乾嘉时，本无私小。道光间，他处私铸者多流入境，其时市上分三种钱，曰西典，乃山西典商所用，绝无小钱；曰徽典，乃徽州商人所用，每百两头有小钱八文、十文不等；曰毛钱，则或二八搭、三七搭、四六搭矣。"⑤ 泗阳县"商业之兴衰，视人民机智为进退。泗民朴愿安业，乏冒险性，故牵车服贾远客他乡者无有也。百年以前，著籍商界之人，大都属于客民。各酒业、典业多晋商"⑥。

苏州是山西商人聚集之地，钱庄、票号的规模都很大。北方各省在苏州贩货多用汇票，苏城为百货聚集之区，银钱交易全藉商贾流通。向来山东、山西、河南、陕甘等处每年来苏置货，约可到银数百万两，与市廛钱价相平，商民称便。在苏州的山西商人多经营银钱业。乾隆年间

---

① 同上书，第15页。
② （民国）《宝山县续志》卷6《实业志·商业》，张允高等修，钱淦等纂，1921年铅印本。
③ 同上。
④ 宓公干：《典当论》，商务印书馆1936年版，第197页。
⑤ （民国）《三续高邮州志》卷1《食货志·钱币》，胡为和等修，高树敏等纂，1922年刻本。
⑥ （民国）《泗阳县志》卷19《实业》，李佩恩等修，张相文等纂，1926年铅印本。

晋商在苏州开设的钱行铺号有130余家。道光二十七年（1847）年末，"蔚泰厚"苏州分号已经有存款36000两，放款80000两。19世纪50年代，蔚泰厚一年收汇1853389两，涉及21个城市，其中前三位京师、平遥、苏州占到13.19%。一年交汇1842724两，涉及23个城市，其中苏州居首位，达25.76%。[1] 可见晋商商业资本在苏州的活跃。

在淮安，山西票号的业务对象主要是工商大户和官府，有了这些客户的存在，官款、私款以及由此而来的社会游资也较丰裕。淮安的清江浦成了山西票商所瞩目的风水宝地。在清江浦设置的票号分号共有五家，其中山西票号四家，分别为日升昌分号、蔚丰厚分号、三晋源分号和大德通分号。[2]

---

[1] 《山西金融志》上，中华书局1991年版，第34页。
[2] 淮安市历史文化研究会编：《淮安运河文化研究文集》，第149页。

第六章

京杭大运河区域的晋商会馆

  在古代，商人的籍贯与其所经营的商品及所从事的行业有着某种一致性，这是同籍商人建立会馆和组织商帮的商业地理基础。贩运商的利润，全赖于地区差价和季节差价。商人在整个区域市场网络体系中从事贸易，从一个城市到另一个城市，他们依靠会馆，得益于会馆。会馆拥有地方社会的各种信息资源，是信息的窗口。会馆连结着各式商号，是联络的平台。会馆维系着商帮内部行商和坐贾的关系，是信任的纽带。明清社会经济的大发展，晋商的辉煌是与会馆制度的形成和发展密不可分的。

  会馆始设于明代前期，最初是同乡人在异地建立的一种社会组织。明中叶后，随着商品经济和商业都市的发展，具有工商业性质的会馆大量出现。会馆开始从单纯的同乡组织向工商业组织转变。会馆兴起于明代嘉靖、万历年间，鼎盛于清代中期。在所有会馆中，最有名、且数量最多的要数山西会馆。遍及全国的晋商会馆，是山西商人创造辉煌商业奇迹的缩影。晋商会馆，具有十分重要的商业功能，对晋商的发展曾经发挥了非常重要的作用。晋商为了保证经营活动顺利开展，在各地建造会馆，客观上加强了山西和当地的文化交流，促进了山西和当地的经济发展。到了清代，山西会馆得到了蓬勃发展，北京、通州、天津、德州、临清、聊城、张秋、济宁等沿运河城镇到处都有山西商人建立的会馆。据不完全统计，清代北京的山陕商人会馆就多达 71 所①。至清雍正、乾隆年间，晋商会馆发展到顶峰。

因为三国时的关羽是山西解州人，各地人多敬仰而设庙祀，山西商人也借此而建关帝庙。又传关帝为财神，乃商人所必祀，山西各地的行会，即设在关帝庙内。因此，许多地方由山西商人集资建设的关帝庙就发挥了会馆的作用。同时，各地的"山西会馆"、"山陕会馆"等晋商会馆必定建"春秋楼"、"春秋阁"之类建筑奉祀关公。因此，晋商会馆和关帝庙在绝大多数情况下是两位一体的。会馆作为集会之所，对内可以联络感情，协商业务，对外则采取集体行动。每年关帝诞日，多演戏酬神，以作同行的大集会，如遇小事，亦可到关帝庙集议。

一　晋商在大运河区域设立的会馆

明代较早的晋商会馆是山西的颜料商人于北京建的"颜料会馆"，以及由山西临汾、潞安两地人在北京所建的四个会馆②及由山西、陕西两省人合建于河南的两个"山陕会馆"③。山西商人至力于会馆建设，反映了在明代，晋商多依靠会馆来求得保障与发展。山西会馆在数量上的增加和地域上的扩展主要是在清代，且集中于康、乾、嘉年间。清代的商品经济发展到了中国传统社会的最高水平。

1. 北京

清人杭世骏说："会馆之设，肇于京师。"根据资料可以确认的明代全国各地在北京所建的会馆共有 41 所。其中山西会馆 5 所，占总数 12% 多。它们分别是万历年间山西铜、铁、锡、炭诸商创建的潞安会馆，山西颜料、桐油商人创建的平遥会馆，天启、崇祯年间临汾众商创建的临汾东馆和仕商共建的临汾西馆，天启、崇祯年间临、襄二邑汾河以东商人创建的山右会馆。至清代，由于"京师大贾多晋人"，故北京

---

① 王云：《明清时期活跃于京杭运河区域的商人商帮》，《光明日报》2009 年 2 月 4 日。
② 李华：《明清以来北京工商会馆碑刻选编》。
③ 刘文锋：《山陕商人与梆子戏》，文化艺术出版社 1997 年版。

山西会馆日益增多。关于山西会馆总数，《都门杂记》、《朝市丛载》、《顺天府志》等记载不一。《都门杂记》载山西会馆31所，占总数324所的9%。《朝市丛载》载38所，占总数391所的9%。《顺天府志》载50所，占总数445所的11%。由于三书写作年代不同，所以会馆总数也不一，也许是客观情况。这反映了道光以后，北京的山西会馆在数量和比重上都在增加。光绪时，尽管有些山西会馆倒闭，或为公所取代，但尚存45所，占当时会馆总数387所的11%。其中省馆9所，在各省数量中位居第一，占总数61所的14%，说明在京晋商的数量之多，规模之大。以山西属县命名的会馆24所，占总数174所的13%强，也是数量较多的一个，表明崇商、经商不是个别县府的地方特色，而是在全省范围已形成氛围；行馆6所，占总数23所得26%强，也是数量最多的一个。此外，还有府馆6所。①

北京的山西会馆许多是山西各州县商人分建的，外省的山西会馆则大多是山西各地商人共建的，说明在京山西商人众多并把持着京城某些行业，有必要单独建立各自的会馆。比如，临汾、襄陵两县商人，由明代至民国初年，历时数百年，把持着京城的油市。②关于临襄会馆的记载称："基地宽敞，栋宇辉煌，世代相传，由来已久。我邑业油盐粮行者，咸萃于此。""油市之设，创自前明。后于清康熙年间，移至临襄会馆，讫今（民国二十一年）已数百年。该馆极宽敞，可容数百人，最宜建立商市。"正是由于这一特点，山西商人在京建立的会馆数，超过所有其他地方商帮的会馆数。《明清以来北京工商会馆碑刻选编》辑录的工商会馆有55所，除属于行业公会性质者31所外，属地方商帮创建的为24所，计晋商15所，浙商4所，陕商、徽商、广商、闽商、苏商各1所，晋商占总数的62.5%。③如山西翼城商人，在附近小蒋家胡同（今改为小江家胡同）自建布商会馆。会馆坐北向南，三进大院，连同两旁小院，共约房屋百八十间。粥行商人逢时过节，聚会议事，都借布商会馆举行。当时，粥行与布

---

① 李希曾：《晋商史料与研究》，第405页。
② 参见黄鉴晖《明清山西商人研究》，第298页。
③ 同上书，第299页。

行的商人生了矛盾，粥行同业集资在前门外虎坊桥自建一所会馆。粥行会馆称为晋翼西馆。① 位于通县教子胡同八号的染坊公所是在清前期建设的一所晋商会馆，据《三圣会碑记》记载："晋翼会馆之建于通州也，康熙末年肇其事，乾隆四年观其成。"②

再如，北京的盂县会馆始建于清乾隆十五年（1750），馆址在前门外珠市口南。会馆为二进院落，房屋二十二间，偏东有地亩余，内有水井一口。此会馆属文人会馆，主要是为学子赶考、官员及绅士会聚议事、县署公务等提供住宿、饮食方面的服务。③ 第二个盂县会馆创立于清嘉庆二年（1797），馆址在前门外煤市街小椿树胡同路南。④ 第三个盂县会馆建于清道光三年（1823），馆址在虎坊桥东路北（即今骡马市大街与南新华街交汇处稍西）。⑤ 第四个盂县会馆始建于清代末期，馆址在宣武门外椿树上二条18号，修建者是在北京经商的盂县城东关南村商人——尹衡山。尹衡山出生于富有的书香门第之家，七七事变前在京开设参茸店多年。⑥ 第五个盂县会馆的馆址在宣武门外椿树上三条17号，始建年代无考。此会馆有北房5间，南房5间，东西房各3间。⑦ 可见"京师大贾多晋人"之说并非虚传。"盂人客都城者甚夥"的说法也有依据。大量的盂县商人经营的参茸、锦旗、车围、套垫、洗染、账局（金融业）、货栈等传统行业，当时在北京商界是占有一席之地的。⑧

明清时期，山西商人在北京设立的部分会馆情况见下表。

---

① 李希曾：《晋商史料与研究》，565页。
② 李华：《明清以来北京工商会馆碑刻选编》，第39页。
③ 张云翔：《晋商史料全览·阳泉卷》，第562页。
④ 同上书，第562—563页。
⑤ 同上书，第563页。
⑥ 同上书，第563—564页。
⑦ 同上书，第564页。
⑧ 同上书，第565页。

表6—1　　　　　　　　山西商人在北京设立的部分会馆

序号	名称	别称	地址	创建及沿革	出处
1	平遥会馆	颜料会馆	位于北京崇文门外北芦草园西头路北	始建于明代，为中国现存最早的商人会馆之一	《中国戏曲志·北京卷》编委会：《中国戏曲志·北京卷》，文化艺术出版社1998年版，第886页。
2	平阳会馆		位于北京前门外路东小蒋家（今小江）胡同	1984年列为北京市重点文物保护单位	李畅：《清代以来的北京剧场》，北京燕山出版社1998年版，第65页。
3	临襄会馆		原址在北京前门外晓市大街	仅存碑记	李华编：《明清以来北京工商会馆碑刻选编》，北文物出版社1980年版，第23页。
4	晋翼会馆	布商会馆	原址在北京前门外小蒋家胡同	仅存碑记	《明清以来北京工商会馆碑刻选编》，第29页。
5	晋翼会馆	布商公所，染坊公所	原址在北京通县教子胡同	仅存碑记	《明清以来北京工商会馆碑刻选编》，第29页。
6	潞郡会馆	炉神庙，潞安会馆	原址在北京广渠门内炉神庵	仅存碑记	《明清以来北京工商会馆碑刻选编》，第46页。
7	河东会馆	烟行会馆	原址在北京广安门	仅存碑记	《明清以来北京工商会馆碑刻选编》，第46页。
8	晋太会馆		原址在北京南堂子胡同晋太高庙	仅存碑记	《明清以来北京工商会馆碑刻选编》，第86页。
9	临汾东馆		原址在北京前门外打磨厂	仅存碑记	《明清以来北京工商会馆碑刻选编》，第86页。
10	浮山会馆	五圣神祠	原址在北京前门外鹞儿胡同	仅存碑记	《明清以来北京工商会馆碑刻选编》，第99页。

续表

序号	名称	别称	地址	创建及沿革	出处
11	盂县会馆		原址在北京宣武门外椿树上二条	仅存碑记	《明清以来北京工商会馆碑刻选编》，第89页。
12	襄陵会馆		原址在北京和平门外虎坊桥五道庙	仅存碑记	《明清以来北京工商会馆碑刻选编》，第90页。
13	三晋会馆		原址在前门外虎坊桥西侧（骡马市大街路北？）	存清康熙六年（1667）《创立三晋会馆序》和乾隆三十九年（1774）《重修三晋会馆记》碑两通藏北京石刻艺术博物馆	周华斌：《京都古戏楼》，海洋出版社1993年版，第130页。
14	三晋东馆		原址在北京玄武门外虎坊桥迤西	馆，碑俱已不存，仅存北京刘建业先生藏"大清道光十年"《三晋东馆记》碑拓	穆雯瑛主编：《晋商史料研究》，山西人民出版社2001年版，383页。
15	临汾会馆		原址在北京前门外大栅栏	仅存碑记	《明清以来北京工商会馆碑刻选编》，第109页。
16	密云县山西银粮行会馆	三圣祠	原址在北京密云县旧城南大街路东	清宣统元年改为密云县商务总会会馆；民国三年（1914）《密云县志》载其平面图；现已拆毁	《中国戏曲志·北京卷》，第909页。

续表

序号	名称	别称	地址	创建及沿革	出处
17	襄陵北馆		原址在北京前门外西河沿佘家胡同	仅存碑记	《明清以来北京工商会馆碑刻选编》，第127页。
18	襄陵南馆		原址在北京虎坊桥	存民国十九年（1930）《重修襄陵会馆碑》	《明清以来北京工商会馆碑刻选编》，第202页。
19	平定会馆		原址在北京前门外西柳树井	存嘉庆十五年（1810）《平定会馆碑》	《明清以来北京工商会馆碑刻选编》，第202页。
20	太原会馆		原址在北京皮库营	存道光二十四年（1844）《太原会馆粮行公立碑》	《明清以来北京工商会馆碑刻选编》，第203页。
21	洪洞会馆		原址在北京广宁门大街	存光绪二十五年（1899）《重修洪洞会馆》碑记	《明清以来北京工商会馆碑刻选编》，第203页。
22	曲沃会馆		原址在北京新开路	今已不存	（清）吴长元辑：《宸垣识略》卷九《外城》，北京古籍出版社1983年版，第181页。
23	永济会馆		原址在北京顺城门大街	今已不存	《宸垣识略》卷十《外城二》，第214页。
24	平介会馆		原址在北京鹞儿胡同	为平遥，介休二县会馆；今已不存	《宸垣识略》卷十《外城二》，第214页。
25	汾阳会馆	民乐园	原址在北京前门外王广福斜街	今已不存	侯希三：《北京老戏园子》，中国城市出版社，1996年版，第331页。

续表

序号	名称	别称	地址	创建及沿革	出处
26	山西会馆		原址在北京估衣街	待考	（清）朱一新：《京城坊巷志稿》，转引自刘建生等《晋商研究》，第457页。
27	山西会馆		原址在北京鞭子巷	待考	（清）朱一新：《京城坊巷志稿》，转引自刘建生等《晋商研究》，第457页。
28	三晋会馆		原址在北京崇文门外贾家花园	待考	（清）朱一新：《京城坊巷志稿》，转引自刘建生等《晋商研究》，第457页。
29	赵城会馆		原址在北京紫竹林	待考	（清）朱一新：《京城坊巷志稿》，转引自刘建生等《晋商研究》，第457页。
30	太平会馆		原址在北京百顺胡同	待考	（清）朱一新：《京城坊巷志稿》，转引自刘建生等《晋商研究》，第457页。
31	介休会馆		原址在北京崇文门外北官园	待考	（清）朱一新：《京城坊巷志稿》，转引自刘建生等《晋商研究》，第457页。
32	解梁会馆		原址在北京粉房琉璃街	待考	（清）朱一新：《京城坊巷志稿》，转引自刘建生等《晋商研究》，第457页。
33	三晋西馆	云山别墅	原址在北京宣武区下斜街北头路东第一门	1992年已翻建为"三晋宾馆"	胡春焕、白鹤群：《北京的会馆》，中国经济出版社1994年版，第193页。
34	闻喜会馆		原址在北京宣武门外东侧赶驴市路南	今已不存	《北京的会馆》，第195页。
35	泽郡会馆		原址在北京崇文门外花市中四条	今已不存	《北京的会馆》，第193页。

续表

序号	名称	别称	地址	创建及沿革	出处
36	灵石会馆		原址在北京宣武门外大街	今已不存	《北京的会馆》,第184页。
37	代州会馆		原址在北京前门外西河沿旗杆庙路南	今已不存	《北京的会馆》,第184页。
38	忻定会馆		原址在北京宣武区前孙公园御河桥路北	今已不存	《北京的会馆》,第185页。
39	龙泉镇三家店山西会馆		位于北京市门头沟永定河畔三家店村东街路南	现为三家店小学校;该会馆建筑仅存东西厢房和"南房",余皆毁,其"南房"似是倒坐南殿	山西省戏剧研究所特邀摄影师荣浪2006年4月田野考察拍照。
40	山西会馆		崇文区东小市		
41	山西会馆		崇文区明因寺		
42	三晋外馆		宣武区东阎王庙街		
43	曲沃会馆		宣武门外虎坊桥路北		
44	蒲城会馆		东砖胡同	清代	《北京的会馆》,第115页。
45	临汾会馆		三条胡同	清代	《京城坊巷志稿》
46	汾水会馆		粉房琉璃街	清代	《京城坊巷志稿》

续表

序号	名称	别称	地址	创建及沿革	出处
47	山西会馆		河北吴桥县	清代	《山陕商人与梆子戏》
48	山西会馆		故城	清代	《山陕商人与梆子戏》
49	汇元庄商会		北京	光绪二十九年票号商人建	《山西票号史料》,第679页。
50	账庄商会		北京	光绪二十九年账庄商人建	《山西票号史料》,第679页。
51	太平会馆		北京南堂子胡同	清初,乾隆四年重修,太平县商人建	《明清以来北京工商会馆碑刻选编》。
52	造纸同业		北京右安门内白纸坊	年代不详,山西造纸商人建	《明清以来北京工商会馆碑刻选编》。

2. 天津

明代,晋人在天津做官者很多。至清朝中叶,山西人在天津任知县、天津道、长芦盐政、巡盐御史、掌印指挥守使等官职者不下二三十人。这些官吏,无疑能为晋商撑腰,同时他们也是津晋之间政治、经济交流的润滑剂。[①]

清顺治十年(1653)天津遭水灾,《天津县志》中记载,山西大同人张文元捐资济荒,被赐予八品服。康熙七年(1668),天津再遇水灾,张文元之子张琦捐粟数百石,以拯饥民。晋商义举被津人称颂。[②]在清初,寄籍天津的晋人中已有发达者。天津城市人口随着商埠集散

[①] 《天津河北史迹》,第54页。
[②] 同上书,第44页。

功能的日益发挥而急剧增长，在来自各省的移民中，晋人占到八分之一。

清朝中叶，由于天津的繁荣，商人会馆陆续出现。乾隆年间，继闽粤会馆、豫章会馆之后，晋都会馆落成于粮店街中段。此地为河东三甲地方，居南北运道要冲，粮商云集。晋都会馆的建立，标志着山西人已在天津形成了势力。张焘在《津门杂记》中记载："山西会馆有二，一在河东杂粮店街者，为西客烟行聚议之所，一在锅店街。凡山西盐、当、杂货等商，馆内各有公所，栋宇巍焕，局面堂皇，内祀关圣帝君，无僧道住持。该馆存项甚巨，皆本省人捐纳。"①

据记载，乾隆二十六年（1761），山西商人冯承凝、贾汉英等在河北区粮店街建立山西会馆（初名晋都会馆），以此作为"西客烟行聚议之所"，是天津历史上第一所由晋商兴建的会馆，"坐震向兑，大门一间、门房一间、客厅三间、仪门一座、南北厢房各三间、正厅三间、过道偏房各一间、茶房厨房各一间"。乾隆三十七年（1772），会馆重建时，设大殿三间，还新增了廊庑、乐亭等。嘉庆十一年（1806）改建时，又"盖两廊舞楼，南房、西轩、东厨建造俱备"。1997年前后，粮店街山西会馆旧址出土的碑刻中详细记载了同治三年（1864）、同治十年（1871）、光绪六年（1880）的三次重修工程。其中包括《创建晋都会馆纪》、《改建山西会馆序》、《布政司理问杜建勋捐银》、《山西义地序》、《续修山西义地记入》、《李玉龙捐津钱》等8通碑，《重建晋都会馆记》碑及同治十年（1871）、光绪六年（1880）《重修山西会馆记》各一通。这11通石碑分别镌刻于清乾隆、嘉庆、道光、同治、光绪5朝，其碑文连起来便是 部晋商在天津的发展史。② 这些珍贵史料至今才为人所知，"晋都会馆"这一馆名埋没多年。粮店街山西会馆的三次重建，距锅店街山西会馆兴建仅四五十年。同治初年，粮店街山西会馆经百载风飘雨泊已破败不堪，来自介休的商人吴丰年"不忍坐视，倡行义举"，除率众号捐款外，还召集"在津贸易诸君"，"逐日各施制钱

---

① 张焘：《津门杂记》，载沈云龙主编《近代中国史料丛刊》第五十七辑，台湾文海出版社，第35页。

② 参见《天津河北史迹》，第283页。

一文"成立"一文会",以广筹重建之资。同治三年（1864）八月开工，先将大殿、罩棚等进行修建。无奈经费不足，只得停工。且吴丰年竟去世。同治四年（1865），来自临汾的王天锡成为召集人。直到同治五年（1866），工程才告竣。此次工程，将大殿基址抬高数尺，创建罩棚。可是，由于资金紧张，工料难免将就一些。到了光绪初年，该会馆罩棚铺顶所用洋铁已朽蚀，"渗漏颓废，几无完处"。来自阳曲的李学曾，来自临汾的王天锡、徐士杰等经商量筹资之法后，于光绪五年（1879）二月开工修缮，将罩棚改为木顶，以蔽风雨。同时，将戏楼垫高，还进行了一番涂饰、整修、装点。此外，还重修了南墙义地、房屋等。从留存至今的大殿梁柱彩绘、表现关羽端坐日值的壁画及精美考究的建筑雕刻等，依稀可见当年"以壮观瞻"之貌。

会馆创设约三十年（1790年左右）后，在津门芥园建设有山西义地，有簿册记载暂埋的死者姓名。由于该义地规模较小，于四十余年后的道光十六年（1836），在津晋商捐资三百余千文购地十亩有余。三四年后，再募资金八百余千文，续修义地，在义地周围"培筑土堰"。光绪六年（1880）粮店街山西会馆重修时，在馆址之南设义地寄埋故者。晋商屡次建修义地表明旅津晋商确实很多，且多为长居者。可见在津晋商总体上实力较强。[①]

锅店街山西会馆建于票号云集之地，才大气粗。从朝廷重臣祁寯藻为会馆题匾也可看出锅店街山西会馆中晋商的实力和影响。嘉庆十二年（1807），山西杂货十三帮48家富商公集巨款，在天津锅店街山西会馆内创建了晋义堂，作为山西盐、布、当、票、铁、铫、锡、茶、皮货、账、颜料、银号、杂货等商帮的聚议之地，馆内各有公所。康乾时期，晋商进入鼎盛时期，天津的晋商实力也更加雄厚。一些大商号凭借雄厚资本和遍及各地的分号，经营金融汇兑业。日升昌、蔚泰厚等早期晋商票号最早就出现于天津。[②] 道光初年，有16家山西票号在天津设有分号，资本总额达300余万两。晋商具有操纵天津金融业的实力。光绪初年，天津的25家票号中，只有一家位于针市街恒远里的"原丰润"

---

① 《天津河北史迹》，第48—49页。
② 陈其田：《山西票庄考略》，商务印书馆1937年版。

为上海票号，其余均来自山西。可见，天津这个清代大商埠是发挥晋商理财特长的重要载体。山西商人为维护既得利益，巩固已获得的商业阵地和某些行业的垄断地位，彼此联结起来，互相提携，互相帮助，形成了一个纵横连接、网络贯通的地域性商业集团，其形式即商人会馆。如山西旅津杂货十三帮共建锅店街的山西会馆的具名中，署有"票帮商日升昌，大德恒"，并于嘉庆十二年（1807）、道光九年（1829）两次制定了统一的山西会馆章程。由于天津的大多数晋商票号，都设于锅店街山西会馆附近，因此，锅店街山西会馆与票号的关系极为密切。①

此后，晋商还于嘉庆、道光年间分别在天津锅店街和杨柳青兴建了山西会馆。在津晋商分流后，粮店街山西会馆势力自然被大大削弱。另外，漕运渐由河运改行海运，原来与运河贩运贸易相关的行业必定受到影响。粮店街渐成居民杂居区。同时，北路贸易物流发生改道，晋商活动舞台缩小。铁路的修建及海河裁弯取直，更使山西会馆在客商中失去吸引力。晋商改行杂商，锅店街山西会馆的晋商逐渐成为主体。② 但是，粮店街山西会馆的社会影响是深远的，不仅对天津前近代商业流通起了促进作用，而且在天津传播了晋商文化。

3. 聊城

记载聊城会馆的史料很少，各种版本的《东昌府志》、《聊城县志》等均无涉及，唯一可依据的文献是会馆遗留下的碑刻，其中保留至今的山陕会馆拥有碑刻 19 通之多。清代聊城闻名全国的会馆共有 8 处，简称"八大会馆"。目前，有文字可考的碑碣中有记载的会馆共有 6 处，即太汾公所、山陕会馆、苏州会馆、江西会馆、赣江会馆和武林会馆，详见下表。

---

① 《天津河北史迹》，第 44—46 页。
② 穆雯英：《晋商史料研究》，第 294 页。

表 6—2　　　　　　　　　　聊城会馆一览表①

会馆名称	地址	建置者	始建年代
太汾公所	东关米市街路东	太原府、汾阳府商人	康熙年间（1662 年—1722 年）
山陕会馆	双街南段，古运河西岸	山西、陕西商人	乾隆 8 年（1730 年）
苏州会馆	东关大码头西侧路北	苏州商人	嘉庆 11 年（1806 年）
江西会馆	东关大闸口北街路东	江西商人	道光 10 年（1830 年）前后
赣州会馆	城内楼东大街路南	江西商人	不详
武林会馆	山陕会馆南邻，大王庙附近	浙江杭州商人	不详

聊城是"漕运通衢，南来客舶，络绎不绝"，"自国初至康熙年间，来者踵相接"。大运河的畅通，交通的便利，使得聊城的商业迅速崛起，嘉道年间，仅山陕商人在聊城开设的商号就有三四百家，其经营范围包括棉布、皮货、粮食、茶叶、纸张、西货、蜡烛、烟、炭、食盐、海味、铁货、板材等许多商品。据聊城山陕会馆的碑记估算，清代中叶聊城的商业店铺作坊有五六百家，其年营业额从低估计有二三百万两，从高估计则近千万两。聊城整个城市"廛市烟火之相望，不下万户"，成了"商业发达，水陆云集，车舰如织，富商林立，百货山积"的"东省之大都会"②。云集在聊城的客商，不仅在此地买地建房，设立商号，而且为了便于集体商议营业，联络感情，维护利益，还在东关大闸口、大码头一带的南、北、西面运河沿岸建立了多处会馆。据同治十一年（1872）甲戌科举人介休李弼臣所撰《旧米市街太汾公所碑记》："聊摄为漕运通衢，南来客舶，络绎不绝，以故吾乡之商贩者云集焉，而太汾两府者尤夥。自国初至康熙间，来者踵相接，侨寓旅舍几不能容。有老成解事者，议立公所，谋之于众，佥曰善。捐厘醵金，购家宅一区，因址而葺修之，号曰'太汾公所'。盖不营广厦千万间也。辛未，余赴试礼闱，道出聊摄，见有山陕会馆殿宇嵯峨，有碑为之记，诚盛举也。爰与同乡游，始知会馆而外，又有太

---

① 沈旸：《明清聊城的会馆与聊城》，《华中建筑》2007 年第 2 期。
② 同上。

汾公所。溯厥由来，而未获有所记也。"可见，17世纪的聊城已有大量山西商旅客居。太汾公所，位于聊城东关米市街路东，是在清康熙年间由山西太原府、汾州府商人集资兴建的。

聊城山陕会馆位于东关双街南段，古运河的西岸。由于"东昌（今聊城）为山左名区，地临运漕，四方商贾云集者不可数。而吾山陕为居多，自乾隆八年创建会馆"。山陕会馆成为山西、陕西一带客商联系乡谊的公共场所。山陕会馆是庙宇和会馆相结合的建筑群，主要建筑有山门、戏楼、夹楼、钟鼓楼、看楼、碑亭、大殿、春秋阁等，共计160余间。会馆的建筑布局，采用我国的传统做法，山门、戏楼、春秋阁等主体建筑，均位于一条东西向的中轴线上；钟鼓楼、看楼、碑亭等则在主体建筑两侧作对称式排列。这样就使山陕会馆形成了一个规整的长方形院落。整组建筑布局紧凑、连接得体、做工精细、装饰华丽。从会馆碑碣中可以了解到，山陕会馆先后进行过8次扩建和重修，是山西、陕西两省商人几十年通力合作的结晶。

山陕会馆最初的建筑规模并不大，房舍也不多，只有正殿、戏台和群楼，"中祀关圣帝君，殿宇临乎上，戏台峙其前，群楼列其左右，固已美轮美奂，炳若禹皇矣"。但南北两面都是空旷的，"艮巽二隅一望无涯，未免有泄而不蓄之憾。"于是乾隆三十一年（1766）第一次重修时，"议欲增修之……遂庀材鸠工，陶甓取糅，因前制而缮焉。旁增看楼二座"。乾隆二十七年（1772）和乾隆四十二年（1777）的两次重修规模均不大。第四次重修，"起癸亥迄己巳，七年而告工竣"，是重修中工程最大的一次。"兹之重修，非第故者新之，缺者补之，等寻常之经营已也。盖有修而求其新者焉。中殿祀关帝君，其后建春秋阁，已勒诸贞珉，兹不复赘。北殿祀财神、大王，南殿祀文昌、火神。三殿居西，正大高明，为诸神凭依之所。其东有演戏台，而看楼对峙，山门屏列，此皆依旧制而新之者也。殿前享亭九间，陈俎豆于此，肃跪拜于此，联乡谊而饮福酒亦于此。至若礼动于上，乐应天下，则钟鼓二楼，列于戏台之左右，此则增旧制而备美者矣。"增筑的春秋阁、享亭（即献殿）和钟鼓楼使整个建筑群体更加完整，会馆也基本扩展到了现在的规模。道光二十一年（1841），"正初演剧，优人不戒于火，延烧戏台、山门及钟鼓二亭"。后于道光二十五年（1845）集资重建，即今日戏台、山门、钟鼓楼。这次重修充分体现了山陕籍商贾的思乡之情和会馆的地域特色，"斯役也，梓匠觅之汾阳，梁栋来自终南，积虑劳心，以有今日。今众商聚集其间者，肫然蔼然，如处秦山晋水间矣"。其后分别于同治六年（1867）、光绪二十三年（1893）、民国二年（1913）又进行了三次重修。修建经费的主要来源是在商业利润中抽的"厘头"。如第四次重修时，收入项目共五宗：收布施干白银6294.64两，收厘头干白银42980.25两，收利干白银422.97两，收众号用物并房租干白银495.52两，收长利房价干白银139.92两。以上共收干白银50333.12两。

聊城山陕会馆内有南、北碑亭，分别位于南北看楼的西端，各为三间。会馆现存的19通碑刻，分别位于南、北碑亭及后院走廊的墙壁上。这些碑刻涉及乾隆到光绪五朝，详见下表。

表6—3　　　　　　　　　聊城山陕会馆现存碑刻情况

年代	名称	碑中记载商号数	捐银总数（两）
乾隆八年（1743）	乾隆八年契碑	836	
乾隆十一年（1746）	山陕会馆碑记	389	8190.49
乾隆三十一年（1766）	山陕会馆重修戏台建立着楼碑记	140	1097.88
乾隆三十七年（1772）	重修山陕会馆碑记	142	380.5
乾隆四十二年（1777）	山陕会馆重修南北亭厦并两楼游廊及补借各处等费用开支碑	155	499.4
嘉庆二年（1796）	金龙四大王行略		
嘉庆十四年（1809）	山陕会馆众商重修关帝君大殿、财神大王北殿、文昌火神南殿暨戏台、看楼、山门并建飨亭、钟鼓楼序碑	450	42718
嘉庆十四年（1809）	春秋阁碑	391	6368.48
嘉庆十四年（1809）	会馆大功告竣碑记序	247	246.75

续表

年代	名称	碑中记载商号数	捐银总数（两）
嘉庆十五年（1810）	会馆功竣历年进出银开列碑		50333.12
嘉庆二十二年（1817）	山陕会馆接拨厘头碑记	363	7466.77 + 124.5千文
道光三年（1823）	二十一年至二十五年众号厘金开列碑	261	1761.04 + 35.6千文
道光二十五年（1845）	重修山陕会馆戏台、大门、钟鼓亭记	364	14738.29 + 54千文
道光二十五年（1845）	重修山门、戏台、左右二门、南北殿、小鼓棚、重修春秋楼、墨摩油洗各处见新一应使费及建立旗杆狮子碑使费开列碑		
同治四年（1865）	山陕众商会馆续拨厘头碑记序	953	约8292.5
同治六年（1867）	重修旗杆大门一切使费与司事之家暨众号乐输银两咸列碑	87	476
同治十三年（1874）	旧米市街太汾公所碑记		
光绪九年（1883）	钦加同知衔聊城县正常加十级纪录十次汪为出示缙绅事		
光绪二十年（1894）	重修山门外石栏杆序碑	28	164

资料来源：刘保哲主编：《全国重点文物保护单位：山陕会馆》，天马出版社2008年版，第59—109页；李红娟：《聊城山陕会馆碑刻分类及其史料价值》，《聊城大学学报》（社会科学版）2005年第3期。

4. 苏州

明清时，苏州"为东南一大都会，五方商贾，辐辏云集，百货充盈，交易得所，故各省郡邑贸易于斯者，莫不建立会馆"。苏州是江南商品经济最为繁荣的地区，五湖四海的商贾云集于此，呈现出一派欣欣向荣的商业景象。明代初年，阊门外上塘街尚是一条可以并行五马的康庄大道，到了清初，原本开在松江一带的数百家布庄纷纷迁到这里营业，染坊、踹坊等随之聚集于此，于是这里的道路渐渐被店铺挤占，成为寸土寸金之地。在16世纪末，苏州开始出现一些由商人捐款创立的名为"会馆"、"公所"的组织。据统计，苏州前后共出现会馆60余处，公所200余处。① 晋商是苏州各商帮中的佼佼者。他们经营商品之多、资本之雄厚、从业人员之多，在所有商帮里都是首屈一指的。

晋商在苏州建造了两所会馆，一所是翼城商人建立的老山西会馆。一所是兴建于清乾隆三十五年（1765）的全晋会馆，又称山西会馆。由当时旅苏晋商汇兑、办货、印账三帮集资创建。1860年，太平天国忠王李秀成自天京（南京）挥军东征，一路势如破竹，迅速逼近苏州，溃败的清军在城外枫桥、虎丘、山塘、上塘、下塘和南濠、北濠一带纵火，大火延烧三昼夜，被誉为"红尘中一二等风流之地"的苏州阊门化为废墟，位于阊门外山塘街半塘桥畔的全晋会馆也毁于战火。太平天国运动失败后，晋商在中张家巷选址重建晋商会馆。从光绪五年（1879）至民国初年，这座全晋会馆陆续修了三十多年，才有了最终的规模。从清咸丰年间到民国初年，也是在苏州的晋商发展最为繁盛、实力最为雄厚的时期。因此，这座新建的全晋会馆非常宏伟。

会馆占地面积约6000平方米。以中路为轴，分中东西三路建筑。中路建筑是会馆的主体，气势雄伟，富丽堂皇。中路由门厅、鼓楼、戏楼、正殿组成，是会馆迎宾、祭祀、演戏酬神的场所，建筑为宏伟庄重的庙堂殿宇式样，具有明显的山西建筑特色。坐南朝北的两层戏楼，与正殿遥遥相对，是当时晋商们举行庆典和娱乐活动的场所。西路建筑庄重朴实，筑有两厅一庵。楠木厅和鸳鸯厅为晋商们交流商情、调剂资金的洽谈场所；万寿庵为停放在苏身故晋商灵柩之处，每年由山西派专船将灵柩迁回故土。东路有房屋数十间，供短期来苏的晋商寄宿存货，以

---

① 马斌、陈晓明：《明清苏州会馆的兴起——明清苏州会馆研究之一》，《学海》1997年第3期。

及在苏破产失业的晋商借住。①

当时在苏州的晋商以从事金融业为主，主要是票号和钱庄。发起建造全晋会馆，出钱的大多是山西票号的商人。晋商不仅为苏州带来了雄厚的资金、丰富的商品，推动了苏州社会经济的发展，而且也把具有山西特色的优秀文化带到了苏州。苏州的园林文化与很多会馆都有紧密关系。全晋会馆以其独特的艺术价值而备受关注。

5. 其他地区

除了前面提到的晋商会馆外，晋商在京杭大运河沿线的中小商业城镇也设立过许多会馆，如济宁的"三省会馆"。山西、陕西、河南三省旅居济宁的商人，主要经营中药材、钱票、生漆、烟叶、杂货（干果、蜂蜜、地毯、棕箱等）生意，财力雄厚。在清代乾隆年间，三省的商人联合集资建造了一座会馆。会馆坐落运河南岸，东临慈灯寺，南靠西越河。建筑格局分前、中、后三进院落，占地约六千平方米。大门向北，砖木结构。门楣上悬清代乾隆时济宁运河同知、书法家、金石家黄易手书"三省会馆"的金边大匾。门内是南北狭长的前院。东侧有五间平房，平时供路过济宁的同乡免费暂住。中院水磨方砖铺地，宽敞整洁，北侧的"关帝殿"面阔五间，深进三间。中院南面是三间厅堂，平时作为同乡会议事场所。19世纪40年代中期，三省商人出资在"关帝殿"内兴办义学一处，方便同乡中贫寒子弟就学。此外，三省商人在西越河南岸，购置义地约20亩，供同乡灵柩无力运回原籍者安葬或暂厝。②

故城山西会馆在今河北省衡水市的故城县。故城县城，以前叫郑家口，交通便利的地理位置吸引了各地商贾前来经商，逐渐形成了一个小城镇，三街五镇，店铺栉比，客货川流，有"小天津卫"之称。在众多客商中，尤以晋商居多。为了叙乡谊，通商情，祭神求财，经常来往于沧州、河间等地的晋商看中了这块风水宝地。清乾隆年间，晋商在郑家口建造了宏丽的"山西会馆"，作为他们同乡聚会、交流经济信息的

---

① 孙迎庆、马杰：《昔日繁华的苏州老会馆》，《寻根》2007年第4期。
② 张培安：《图说老济宁》，山东省地图出版社2009年版，第312页。

场所。故城山西会馆是关帝庙和会馆相结合的建筑群。会馆坐北朝南，三进院落，建筑雕梁画栋，气势宏伟。特别是会馆大门上方悬挂的"山西会馆"匾牌，出于著名书法家祁寯藻之手，后毁于战乱。现存的一块作于咸丰二年（1851）的木刻楹联，见证了晋商在故城县的经商历史。这幅木刻楹联由两块木板刻制而成，上联为"自修齐至平治不啻四书内十章大学"，下联为"寓褒贬别善恶恍若五经中一部春秋"。上联下方落有"经理三元店、永泰昌、德泰公、德泰远、合德同、源懋号、万丰店、丰泰协公立"字样，下联落款为"大清咸丰二年岁次壬子孟秋上浣七日石艾朱琳敬书"。从楹联文字，可以看出晋商所推崇的儒家文化和进取、敬业、团结、和谐的"晋商精神"，这种精神也贯穿到晋商的经营意识、组织管理和心智素养之中，可谓晋商之魂。题写楹联的作者是朱琳清代学者，阳泉平定县人。①

山东省德州市夏津县西距聊城市五十多公里，夏津县东李官屯村大北门外，曾有一处山西会馆。过去，李官屯每年有两季庙会，曾是车马辐辏、商贾云集的繁华集镇。在这里经商的山西商人，集资建了这处会馆。会馆占地五亩左右，分南北两组建筑。北面是会馆主体，五间出厦的北房，东、西偏房各三间。院中栽有四棵柏树，南面居中是坐南面北的戏楼，戏楼两边各有一个大门。戏楼是古式建筑，非常壮观。前台约有五尺高，一丈五尺长，三丈宽。②

山东周村山陕会馆的建设经历了漫长曲折的过程。会馆由山西商人范永观在康熙三十四年（1695）创建。会馆尚未告成，范永观便辞世。后来山西商人丘尚德在范永观所购地基上建成三义殿。28年后丘尚德携其子丘兆岭再赴周村，买下了庙两旁的地。丘兆岭归去后30年，山西和陕西商人为丘家父子事迹所感动，捐资重构殿宇，命名为山陕会馆，到乾隆二十五年（1762）县令蒋学模到周村召集商人，再次重修。道光四年（1824）又进行了一次大的重修，耗银13000两，集资的商号达500余家，体现了山陕商人世代相继的协作精神。③

---

① 孟宪峰：《大清咸丰年间山西会馆楹联惊现故城》，《燕赵都市报》2009年8月20日。
② 李养兴：《乡村"山西会馆"：当戏已成往事》，《德州晚报》2010年10月19日。
③ 许檀：《清代山东周村镇的商业》，《史学月刊》2007年第8期。

泰安地处山东省中部的泰山南麓，北依山东省城济南，南临孔子故里曲阜，东连瓷都淄博，西接京杭大运河。明代中期以后，晋商的经营范围扩大，具有敏锐商业洞察力的晋商察觉到这里的商机，并陆续到此经商。到明朝末年，泰城的山西商人已经有一定数量。他们重修并扩建了泰山红门原有的一座关帝庙，作为联系商业情况、沟通同乡感情的场所。庙西附建有一些客房厅舍，即为他们聚会、议事之处，也被称为山西会馆。因该地的山西商人主要经营盐业和典当业，又被称为盐当会馆。清代康熙以后，在泰城经商的山西商人日渐增多，他们的商业规模越来越大，在关帝庙举行的活动也愈来愈多，庙内建筑已远远不能满足各种活动的需要。康熙、乾隆、道光、咸丰、光绪年间，进行了多次重修和扩建。关帝庙坐北朝南，依山而建，高低错落。极盛时期由山门、戏楼、拜棚、正殿、憩亭、东西配殿、过亭、后殿组成。正殿祀关羽，东西配殿祀关兴、周仓。庙西为会馆，有议事厅、客房、仓库、马厩等建筑。从留存下来的重修碑文看，历次的主持者、参与者绝大多数为当时居住于泰安的山西商人，且以汾州府汾阳县、平阳府洪洞县人居多。捐资数额从几百两到数千两不等，由此亦可看出不同时期晋商的经营状况。乾隆、道光年间捐资额多至八百余两、四千多千文，标志泰城晋商事业达到鼎盛。今天的红门关帝庙仍大致保留了鼎盛时期的规模和布局。①

晋商在泰安设立的第二家会馆位于古镇大汶口。该镇地处著名的大汶河北岸。这里河面宽阔，水势平缓，是著名的汶河古渡口。明朝末年，晋商来到大汶口，积极参与当地的商贸活动。清代大汶口有大牙行、小牙行、姜麻行、粮行、鱼行五大行商，负责牲畜、毛猪、姜麻、粮食和水产品的交易，有大小货栈近百家，可见当时大汶口商贸活动之繁盛。大部分货栈由晋商经营。当时大汶口镇的商业规模在泰安县范围内仅次于泰城，镇上有东大街、山西街、升平街、吉祥街、粮食市街、文化街、寿春胡同、石家胡同、侯家胡同等街巷。山西商人在西南门里路西创建了关帝庙。康熙三十二年（1693）、雍正三年（1725）重修和扩建关帝庙。乾隆二十四年（1759）广庙基，修墙垣，置地建戏楼。

---

① 田承军：《泰安山西会馆寻踪》，《文物世界》2008年第5期。

与泰城山西会馆一样，大汶口山西会馆的格局也是庙馆合一。建筑布局北为关帝庙，有钟鼓楼、过厅、东西厢房、大殿和东西配殿，大殿主祀关羽，配祀为关兴、周仓，东配殿为财神爷，西配殿为火神爷。南为戏楼及客房厅舍。戏楼台前空地甚为宽敞，能容纳千余人。整个建筑占地二千多平方米。从碑文看，历次重修捐资的都是山西商人，原籍遍及山西各府州县。现今会馆仅存大殿、东西配殿、东西厢房和戏楼，损毁严重。由于具有较高的历史和艺术价值，大汶口山西会馆已被列为山东省省级重点文物保护单位。①

位于泰安城东南方，距泰城约百里之遥的楼德，是晋商在泰安的第三个聚居地。楼德最早见于明万历《泰安州志》，为当时泰安州七十五处镇店之一，因地处交通要道，市镇经济逐渐发展起来。当时过往楼德的官宦、客商、百姓很多，流动人口的大量聚集推动了服务业等业活动的发展。商业贸易的繁荣也促进了楼德的城镇化，其市镇格局逐渐完备。清末楼德有东、西、南、北四哨门，镇上有鱼市口、兴隆街、朝阳街、二衙街、会馆街、万全街、前纸坊街、后纸坊街等街道，颇具规模，当时的商业店铺主要分布在这些街道上。从商者多为外地人，主要来自山西、济南、章丘以及泰安的其他地区。在此经商的山西商人多来自汾阳、洪洞、平遥等地，主要经营酒坊、油坊、土产杂货店等，坐商兼赶四集。楼德山西会馆位于西哨门外，坐北朝南，内有大殿、钟鼓楼、戏台等。会馆的创建时间无考，从楼德市镇经济的发展情况来看，应在清代康熙、乾隆之间。晋商积极参与泰安的商业贸易，与当地百姓和谐相处，促进了泰安与其他地区的商贸往来，给明清泰安的经济、社会带来深刻影响。②

阳谷山西会馆，位于阳谷县张秋镇南偏东，紧邻京杭大运河，现为聊城市重点文物保护单位。"南有苏杭，北有临张"，这是当年人们对京杭大运河沿岸四处著名商埠的表述，其中的"临"为临清，"张"即阳谷张秋。同临清一样，大运河造就了古代张秋的富庶与繁华。张秋随着运河漕运的繁盛而迅速发展起来，成为当时运河沿岸的一处重要口

---

① 田承军：《泰安山西会馆寻踪》，《文物世界》2008 年第 5 期。
② 田承军：《泰安山西会馆寻踪》，《文物世界》2008 年第 5 期。

岸。当时，很多商人在张秋经商。为了联络感情，建立了会馆。山西会馆为康熙三十二年（1693）由山西商人所建。建筑形式为四合院，坐北朝南。整体建筑为歇山式建筑。正殿三间，东西厢房各两间。大门与戏台成为上下两层。上层为戏台，下层为大门，大门前镶有石匾"乾坤正气"。房屋雕刻显示出了典型的山西建筑风格，戏楼的建筑风格与聊城山陕会馆的建筑模式极为相似。阳谷古镇阿城，在清代也是一个水陆通达，商贾云集，群货充牣的商业重镇。阿城盐、当二业发达，药中上品阿胶即源于此。因而，这里也是山西商人的聚集之地。山西商人捐厘聚金，集资在此建立了山西会馆。①

"黄河北岸沿卫河入山东进入运河河道沿岸建立的商业会馆有辉县山西会馆、道口山陕会馆、安阳西水镇山西会馆等。"② 光绪《恩县乡土志》记载，恩县城北曾建有山西会馆③。光绪《馆陶县乡土志》卷八《商务》记载，馆陶县"城西南隅有山西会馆，碑文记载，皆晋省人，凡盐、当以及铁货、布庄、杂行、钱店各生意"，皆归他们控制。馆陶县城西南30里的南馆陶镇也有山西会馆，乃"西商所建"④。道光《东阿县志》卷二《街衢》记县城中有山西会馆，"为山西商人捐修"⑤。山东冠县，城市商号"籍隶本境者仅十分之二，外来者占十分之八。山西人多钱善贾，占大多数，城西北隅有山西会馆"。其他如山东朝城县等县的县城内亦设有山西会馆。⑥ 山东泗水山西会馆，原址在泗水县城关大街西首。⑦

二　大运河区域晋商会馆的特点

山西会馆由明至清，在中国的商业史上留下了一道壮丽的风景线，

---

① 于德普主编：《山东运河文化文集》，第304页。
② 李芳菊：《明清时期河南古商道沿途的商业会馆》，《安阳师范学院学报》1997年第1期。
③ 转引自王云《明清山东运河区域社会变迁》，第130页。
④ 同上书，第132页。
⑤ 同上。
⑥ 姜守鹏：《明清北方市场研究》，东北师范大学出版社1996年版，第295页。
⑦ 《中国戏曲志·山东卷》，第589、669页。

成为山西商人在他乡的一个特殊驿站，发挥着举足轻重的作用。它的实际功用，首先是联络乡谊。晋商长途贩运，分布于全国各大商埠。他们在异地他乡，难免有思亲怀旧之感。由于共同的语言、风俗、生活习惯、文化心理，会馆是"联乡情于异地"，"叙桑梓之乐"的同乡人活动的场所。第二是聚会议事，沟通信息。会馆是明清晋商的中心社团，也是其社会活动最重要的阵地。随着商品经济的发展，商业竞争日趋激烈，需要一种组织形式来加以联结，以地域为基础建立的山西会馆恰好提供了这样一种社会组织形式，山西商人利用这一合法形式团结起来互相支持，既与其他商帮竞争，又联合抵制官府的肆意压榨。第三是公议行规。会馆是公议行规的监督执行场所。山西会馆大多有明文规定，要求入会商人重视商业信誉，买卖公平，违者处罚。经营规范，取信于人，是晋商的经营特色，也是晋商成功的重要原因。第四是祭祀神灵。长期在异地经商的晋商，在精神上需要神灵的保佑。因此，定期祭祀以祈求神灵护佑是会馆的主要活动内容之一。许多会馆都是在先建神灵庙殿的基础上发展起来的。晋商所敬之神除了主祀神关公之外还有财神及行业诸神。第五是作为节日演戏及各种庆典活动的场所。晋商会馆作为同乡人的组织，凡逢年过节及商业活动取得重大胜利之时，老乡们常常欢聚这里，聚酬演戏。因此，山西会馆多建有戏台。第六是购置冢地，举办善举。晋商在外闯荡，难免遇到灾难，甚至会客死他乡。会馆则"专寄同乡、同业旅榇，不取寄费，俟购得冢地。再行代为掩埋，以成其善"，"以慰行旅，以安仕客"。每当同乡在外发生"疾病疴痒"，会馆便"相顾而相恤"，提供钱财药物。对年老失去工作能力者更要予以救济。

从整体来看，晋商会馆是一种民间自发的商业组织，有效地发挥了社会各种矛盾和利益冲突的协调整合功能。其成立多数先是因山西商人崇拜关帝而修建庙宇祭拜，举行祭祀、集会等活动。尔后由于商业的需要渐渐成为商人的集聚地，发展成为庙馆合一的会馆。当然也有仅仅是出于商业的需要而修建的。晋商会馆成立的原因决定了它的功能。由此可见，晋商会馆是在中国传统社会变迁中既保存了旧的传统又容纳社会变迁，含有行业性质的封建商人社会组织。这些在后人看来精美绝伦的建筑体现和传播了山西的本土文化，发扬着山西商人特有的人文特质，使得三晋文化和其他地域文化进行交流的过程中，产生出一种新的具有独特价值的商业文化，推动着商人在彼此交流中走向融合。

京杭大运河沿线的晋商会馆的独特特点，一是晋商会馆在当地占有举足轻重的地位。如在苏州，晋商是苏州各商帮中实力最雄厚的。他们经营商品之多、投入资金之多、从业人员之多，在所有商帮中是首屈一指的。金融业则完全由晋商控制。山西商人在京建立的会馆，超过所有地方商帮的会馆。有记录的工商会馆有55所，除属于行业公会性质者31所外，属地方商帮创建的为24所，计晋商15所，晋商占总数的62.5%。[①] 晋商在商界的活跃决定了作为晋商活动重要场所的晋商会馆在当地的地位不容忽视。二是晋商会馆与其他地域商人的会馆比较，财力更雄厚。会馆以雄奇瑰丽、金碧辉煌、殿宇巍峨的格调和魅力，名播中外。

[①] 黄鉴晖：《明清山西商人研究》，第299页。

第 七 章

晋商在大运河区域的社会活动

晋商在京杭大运河区域或从事长途贩运的商业活动，或在当地开设店铺坐地经商，首要目的是获取经济利益。但在这一过程中，晋商促进了山西地区与京杭大运河区域的社会文化交流。晋商积极参与当地的社会文化活动。一方面，晋商把山西地方文化、习俗带到了经商地，另一方面，晋商将当地的文化、社会习俗、民间信仰带回山西。由于京杭大运河纵贯祖国南北上千公里，因而晋商对于我国明清时期南北地区的社会文化交流也有很大的贡献。晋商通过贩运棉花、茶叶、烟草等商品，促进了大运河区域经济作物的发展和农业结构的调整。通过贩运棉布、丝绸、纸、铁器等商品，促进了手工业的发展和产业结构的调整。并使许多商品形成了一批重点产区，促进了地区分工的发展。

一 晋商在南北方文化交流中的重要作用

中华民族的文化是多元一体的文化，其内部各种区域文化之间存在着众多鲜明的差异，重要原因在于自然环境的不同，如高山、河流的阻隔造成区域之间经济水平、社会习俗以及文化等方面的差异。京杭大运河的南北贯通，将海河、黄河、淮河、长江、太湖和钱塘江流域联系在一起，便捷的交通促进了大运河区域社会经济的繁荣，而且加强了南北、东西文化和中外文化交流，使各种地域文化和外来文化相互接触、融会、整合，形成了独具特色的大运河文化。

京杭大运河的贯通改变了传统区域文化发展、交流的空间格局，将南方经济发达地区和北方政治文化中心密切联系起来，推动了中国传统文化的发展，促进了中国社会的进步。中国地域广阔，山脉纵横，河流多东西走向，将全国分隔为以东西走向为主的几个大的区域，形成了各具特色的区域文化。这些区域文化在长期发展过程中，既各具特色，又不断交流、渗透和融合。南方丰富的物产源源不断地通过运河流向北方，而中原文化也不断地通过运河传播到江南；经济文化的交流和融合由横向变为纵横交错发展。元代建都北京，明清两代，北京一直保持着全国政治、经济、文化中心的地位，其中大运河所起的作用举足轻重。由运河发展起来的漕运和水利，使大运河成为南北交通的大动脉，吸引了南北各地的客商，也形成了独具特色的运河文化。各区域的文化汇聚到大运河区域，又经运河向外扩散，使运河的文化积淀越来越深厚。运河促进了社会变迁和文化发展。京杭大运河的开通，便利了内陆交通，加速了社会流动，使各种社会思潮的传播也变得快捷。①

运河的畅通，形成了中国历史上规模巨大的南北物资大交流，密切了全国市场的联系，促进了商品经济的繁荣。以大运河为干线的销售网络将巨额的商品送达全国各地市场。运河的北段以临清、天津、通州为中转市场，与东北地区和西北地区市场联系起来。陕西、宁夏、大同等处的商品皆由运河辗转运往南方。运河南端，以杭州、苏州为中转市场，与江西、福建、广东等东南沿海地区市场联系起来。漕运的兴盛，促进了沿运河地区经历了巨大的社会变迁，尤其是经济领域的变迁。此前，运河地区的经济与社会发展水平与整个华北地区大体相当，运河的穿境而过使得该地区发生了根本性的变化，经济迅速崛起，沿运河兴起了一批新的商业城市，南北文化交流融汇，社会风俗和人们的思想观念发生了变化，运河城镇成为全国经济文化繁荣的地区。

山西商人与封建政府之间的结托关系，表现形式很多，如明代扬州盐商，商籍有山西而无安徽，正是由于山西商人与政府有着特殊关系。晋商与地方官府的结交、兴办义举义事，参与地方公益活动，促进了当地经济的发展，促进了区域商品流通，增进了山西地区和京杭大运河区域的交流。

晋商促进了京杭大运河区域及山西地区现代化的进程。晋商从晚清

---

① 马亮宽：《大运河与社会政治文化变迁》，《光明日报》2009年1月20日。

开始就大量从事洋货的贸易，如从广州、上海贩运洋布到天津，然后再经天津贩运到河北、山西的许多地区以及内蒙地区。晋商贩运洋货进入中国的经济腹地，加速了中国传统棉纺业、织布业等的解体。① 晋商的活动，也加速了内地百姓思想的开化。②

1. 晋商促进了山西和京杭大运河区域戏曲文化的交流

山西戏曲艺术历史悠久，剧种繁多，它的形成、发展、传播与山西商人紧密相连。晋商出于自身的喜好和精神方面的需求，在经济上对戏曲的发展给予大力支持。同时，戏曲的发展与繁荣开拓了商路，活跃了市场，在很大程度上促进了商品经济的发展。③

位于四通八达之商路联结点上的晋商会馆，成为山西梆子向全国各地传播的载体。山西梆子兴盛于地方戏勃兴的乾嘉时期，其地方色彩浓郁。梆子戏借助晋商势力得以在全国流播，并与当地的民间艺术逐步融合，繁衍出众多的地方剧种。山东梆子、章丘梆子、莱芜梆子就是早期梆子与当地语言、民间艺术结合的产物。

晋商会馆促进了秧歌与江南民间舞蹈的交流。秧歌的起源与古代祭祖、戍边军旅庆功和农民欢庆丰收"手舞足蹈"有关。光绪《祁县志》载："立春前一日，迎春乡民扮杂剧唱春词。"民国《太谷县志》载："秧歌又名阳歌，言时转阳春，歌以乐之。"明代以后，秧歌在晋中地区极为兴盛，这与其经济的繁荣是分不开的。清代与民国时期，晋中地区的商业活动辐射全国。商业市集与娱乐活动相交融，春节期间，"各商行扮演抬阁马社，次日集县衙听点，及期以次前导，各官盛陈仪卫，迎春于东郊"，"村民于里庙祀神演剧，四乡商贾以百货至交易杂遝，终日而罢者为小会，赁房列肆裘绮玩，经旬匝月而市者为大会。城乡岁

---

① 当然，在这一过程中，晋商间接助长了西方资本对中国经济的侵略也是事实。但这一时期，洋货贩运主动权是在中国商人的手中，晋商的商贸活动使中国百姓享受上了国外物美价廉的商品，正面的作用是第一位的。

② 张思：《19世纪天津、烟台的对外贸易与传统市场网络——以洋纱洋布的输入与运销为例》，《史林》2004年第4期。

③ 刘建生、武芳梅：《论晋商与山西戏曲的关系》，《晋中师范高等专科学校学报》2002年第1期。

会凡五十五"①。在节日通常都会"悬花灯"、"放烟火弦歌辙夜",同时"货物杂集远近游人争相贸易"②。可见娱乐游艺与商业风气之盛。山陕会馆作为文化的载体对秧歌的传播与发展起到了很大的推动作用。在秧歌中反映最多的是商人的家庭生活。由此我们可以看出晋商经营的商路和戏路,他们所到之处将西部民间文化带入当地,使之与与当地的民间艺术融合发展。江南广为流传的花灯、花鼓与山西的秧歌属于同源异流的艺术形式,花灯词与秧歌一样有着浓郁的乡土气息。载歌载舞也是秧歌、花灯、花鼓共同的艺术手法。

在山东临清流行的戏曲,有很多地方剧种,如京剧、评剧、豫剧、秦腔、山西梆子、河北梆子等,这与徽商、山陕商人等外地商帮在临清等运河城镇的商业活动紧密相关,爱好戏曲的外地商人经常把本土的戏班请进会馆来演出,由此丰富了运河区域的剧种。用当地老艺人的话说,这些曲艺形式,都是从河里来的。

从聊城山陕会馆戏楼内墨记的内容可以看出当时南北戏剧文化交流的状况。墨记所见有南北各地的戏班、各地的戏种。如"山西双魁社"、"邱县四喜班"、"本城小三班"、"安徽同庆班"、"太原府红盛班"等。③ 在山陕会馆演出的有来自山西东南部的上党梆子戏班,更多的是山西中路梆子即晋剧戏班。光绪初年,山西大灾,泽州一带艺人外出逃荒演戏,据说上党梆子的著名戏班壶关县的"十万班"逃荒来到鲁西南,在当地演出达一年之久。后来又有艺人在这一带收徒传艺,组织戏班。当时人们称这种梆子戏为"泽州调"或"潞安宫调"。上党梆子传入鲁西南后,受当地语言和其他戏曲唱腔的影响,逐渐形成了新的剧种,后来称为"枣梆"。"枣梆"的流行区域以菏泽为中心,包括朝城、范县等地。④ 晋商会馆成为传播山陕戏剧文化的重要阵地,对东西部戏曲文化的发展起到了交流和促进作用。山西商人通过听戏文、观演剧来寄托他们浓郁的思乡思亲之情,推动了山西艺术在大运河区域的传播。

---

① 民国《太谷县志》卷4《礼俗》。
② 光绪《祁县志》卷4《风俗》。
③ 王云:《明清山东运河区域社会变迁》,第254页。
④ 同上书,第256页。

2. 晋商促进了两地民间信仰的交流

晋商对京杭大运河区域民间信仰发展的交流促进，首先表现为关公信仰的扩展。山东号称孔孟之乡，崇尚忠义的鲁西人早就有对关羽的崇拜。明初大量的山西移民涌入鲁西地区。鲁西的山西移民和到山东经商的山西人以自己的信仰理念，为关公崇拜增添了新的商业内涵。商品经济的发展为古老的民间信仰赋予了新的意义。山西商人在大运河区域建立的商业会馆里，都供奉着关公。他们通过祭祀、迎神赛会、献戏等活动表达对关羽的信仰，以求保佑自己的商业兴隆，这也扩大了关公崇拜的范围。在聊城，大大小小的关帝庙有上百座，而山陕会馆的俗称就是关帝庙。

晋商会馆的春秋楼是祭祀关公的场所。因为关公是山西商人的乡土之神：关公忠义肝胆，是商人的行业神"财神"，更重要的是关公在明清以后被统治阶级提到"天下共神"的高度，拥有至高无上的权威。对关公的崇祀已经从乡土观念上升为国家观念。山西商人抓住这一契机，将关公列为晋商会馆主祭的神灵，在客地树立起超越土著乡神的权威，使自己的乡土文化巧妙地凌驾于客地文化之上，有力地张扬了本土文化的优越性。

山西会馆的建立使山西的地域文化得以与江南的地域文化进行交流。晋商通过大量的经营贸易活动，把山西的民风民情带到当地。在山陕会馆的影响下，其他省的会馆也逐渐崇奉关羽，从而推动了各地文化的发展。

明清时期大量的山西商人来到京杭大运河区域从事商业活动，他们的活动对这些地区的关公崇拜起到了推波助澜的作用。同时山西商人也以自己的信仰方式和信仰理念为这些地区的关公崇拜增添了新的文化内涵。山西商人通过会馆这一具体形式，将传统的关帝信仰融入商业文化当中。山西商人推崇关公，一方面是祈祷乡土神给予自己护佑，另一方面则是借助关公的形象来提高山西商人在侨寓地的地位。[①]

金龙四大王信仰的传播也和晋商的商业活动有很大的关系。明朝前

---

① 王云：《明清山东运河区域社会变迁》，第 298—303 页。

期，金龙四大王被朝廷敕封为漕河之神，对其的崇拜迅速由官方传入民间，成为北方地区的又一神祇。明朝中后期，苏北鲁南一带成为金龙四大王信仰的中心地区，大王庙遍布当地的城乡和码头。在临清至少有三座金龙四大王庙，一座是在明万历三十二年（1604）由杭州商人在汶河南岸的旧窑渡口创建。另一座是由山西商人在万历四十六年（1618）集资创建。康熙十四年（1675），山西茶商韩四维等又在卫河西浒的广济桥旁边，创建了一座大王庙。在聊城山陕会馆北殿奉祀的水神即是金龙四大王。在山西太原、高平、蒲县、盂县等许多地方也都有金龙四大王庙。① 商人在金龙四大王信仰的传播中起了重要的作用。

大运河区域崇敬金龙四大王之风，也深深浸染了到此经商的各地商帮，使他们在敬奉他们的乡土神的同时，也供祀金龙四大王。在聊城的山陕会馆，山西商人合祀关帝和金龙四大王。金龙四大王在北京晋翼布商会馆也有祭祀，"中厅关夫子像，左间火神、金龙大王，右间玄坛财神"②，体现了商人的商业活动促进了地区信仰文化交流。侨居的客商不仅在侨居地崇信金龙四大王，而且还将这种信仰带回了自己的故乡。金龙四大王信仰在京杭大运河沿线南北的传播，正是京杭运河贯通后，商业发展带来的社会文化现象。③

明代时，晋城大阳镇有"人居万家，商贾云集"之说，街上出现了八大专业市场：木市、煤市、人市、棉市、席市、菜市、米市、枣市。来往于大阳的商人们为了祈求神灵的保佑，捐资修起了金龙四大王庙。④ 金龙四大王信仰是山西与山东商业交流促进文化交流的明证。崇祯年间，山西商人朱之运、梁儒英等联络众商，在张秋镇捐资修建了金龙四大王庙。至清初，山西人张孝、陕西人陈良策又召集众商重新修葺，增设戏台，使之更显壮观。⑤

---

① 王云：《明清山东运河区域社会变迁》，第277—280页。
② 《创建晋翼会馆碑记》，原碑在北京前门外小蒋家胡同十一号晋翼布商会馆内，转引自李华《明清以来北京工商会馆碑刻资料选》。
③ 王云：《明清山东运河区域社会变迁》，第286页。
④ 靳虎松：《晋商史料全览晋城卷》，山西人民出版社2006年版，第350页。
⑤ 康熙《张秋志》卷10《艺文志》，《重修金龙四大王碑记》。

3. 晋商促进了两地饮食文化的交流

晋商促进了运河区域饮食文化的交流。会馆在饮食文化的发展方面扮演了重要的角色。各地的风味食品通过会馆、店铺，流传到南方。以山西会馆为中心，商人临河设店，在江南水乡古镇形成了一个个饮食亮点。他们多经营各地名、优小吃，这些风味小吃做工精细、货真价实。晋商会馆在促进地域和民族间饮食文化的交融交汇方面发挥了不可替代的作用。山西饮食以酒、酱、醋最为突出。据说山东冠县元庄的"五粮甘醋"曾得到"山西陈醋"酿造师傅的指点传授，因此味道醇美，被定为宫廷贡品。这是山西商人在运河文化交流中所起作用的一个实例。① 糖醋鱼据说始于清代乾隆年间，当时京杭大运河畅通，山西人在聊城做生意的多。山西人嗜酸，不论什么菜都要带点酸头。饭馆为迎合山西客人的口味，就在做糖酥鱼熬糖汁时加点醋。菜一上桌，浓香四溢，令人未食生津，不仅山西客人愿食，本地人也羡慕不止。后做法几经改进，糖醋鱼遂成名。其特点：色泽金黄，刀口泛花如层层金浪，尾巴翘起，呈欲跃之势，香酥酸甜，咸在其中②。同时，由于晋商在江南的商业活动广泛，南方的许多食品制法、饮食习惯也传到了山西太谷、平遥等地。

4. 晋商的商业活动促进了京杭大运河区域的技术交流

坐商是传统商人的重要部分。在京杭大运河区域的晋商群体中有很大一部分采取前店后厂经营形式。商业和手工业是紧密结合在一起的。商业活动的发展就会带动手工业技术的传播。晋商在京杭大运河区域的繁荣发展也会促进山西与京杭大运河区域的手工业技术的交流与提高。皮金的加工技术便是一个较典型的例子。皮金是将黄金锤成极薄的金箔，可以贴到皮革的表皮上。贴在其他如殿宇、服饰、佛像等表面的也称为飞金。皮金是晋城独特的工艺品，它的销路南至广州，北至呼和浩特，西至陕西，西南至成都，东南至苏杭等地，有广庄、苏庄、川庄、

---

① 于德普主编：《山东运河文化文集》，第152页。
② 齐宝柱、高志超：《聊城风物》，山东友谊书社1989版，第193—194页。

汉庄之分。晋城的皮金手工艺是由山东传来的。据晋城市西巷前关帝庙内碑记记载，清康熙四年（1665），有山东锤金匠人5人，陕西格切金匠20余人来到晋城，集资开设了一座皮金铺，名"义和永"。康熙末年，陕西商人在晋城开设三义公皮金铺，乾隆年间又开设了兴隆魁等3家。到民国时期，晋城的皮金业达到最盛时期。当时经营皮金、飞金的金铺有三义公、三义德、万盛永、天昌久、三怡成、桐茂公、三盛成、协兴永等十余家，每年加工销售的的各种皮金达720万张，各种飞金达4200万张，可谓盛极一时。[1]

二 晋商在京杭大运河区域发展的原因

晋商在京杭大运河区域发展的原因首先是受到明清时期京杭大运河区域商业繁荣的利益吸引。其次是明代初期，大量的山西人被迁移到运河沿线的山东西部、河北等地，客观上促进了山西与这些地区之间的联系。

1. 明清时期京杭大运河区域商品经济的繁荣

京杭大运河的开通带动了明清市场经济的发展。明清时期商品经济的发展，主要是在商业城镇中展开的。当时中国经济最发达的地区主要有三个：一是京杭大运河沿岸地区，一是江南地区，一是东南沿海地区。而大运河沿岸的苏州、杭州等城市，同时又是江南地区工商业经济发达的著名城市。大运河实际上联系着当时中国三个经济最发达地区中的两个，同时又与东南沿海地区有着较为密切的联系。因此，明清时期运河区域商业城镇经济发展的水平，比当时的沿海城市、内地城市和边塞城市更能反映社会经济发展的水平。运河与沿线经济的发展互相促进。运河开通，繁荣了沿运经济；沿线经济的繁荣，又促进了运河的发展。城因水兴，水为城用，运河堪称京杭大运河沿线城镇的母亲河。所以，运河航道的畅通，既是沿线城市兴起的条件，也是沿线城市繁荣的保证。大运河区域生产力和生产关系的发展状况，在当时

---

[1] 靳虎松：《晋商史料全览·晋城卷》，第186页。

的中国具有典型意义。晋商正是在明清市场经济大发展的背景下来到大运河区域经商发展的。

2. 京杭大运河区域的许多地区是明清山西移民的迁入地，两地间的联系密切

元末明初，战争和自然灾害不断，中原地区一片荒凉。山西受战争影响较小，经济、文化较临近地区发达，人口密度大，尤其晋南泽州、潞安两府地少人多的现象突出。明朝采取了宽、狭乡之间移民的办法，以便均衡人口分布，发展生产，恢复中原经济。从洪武初年开始至永乐后期的五十年间，人口稠密的晋南、晋东南等地不断地向土地荒芜、人烟稀少的中原地区移民，朝廷还采取了一系列优惠政策，鼓励人民开荒种田，发展生产。这些措施，调动了农民的积极性，很多农民主动移民屯田。从山西移民到山东始于洪武四年（1371），史料记载比较明确的有15次迁民活动，移民数量达28.2万户。主要分布在当时的东昌、济南、青州等府，旁及滕州、肥城、青州、聊城、济南、莱阳等60余个县市区。① 如洪武八年（1375）迁山西潞州、山东即墨民3300户于临清②。洪武二十一年（1388）迁山西泽、潞州民无田者往彰德、真定、临清等处闲旷之地置屯耕种③。洪武二十二年（1389）徙山西沁州民于北平、山东、河南旷土耕种④，这里的山东概指鲁西的东昌府一带。据考察，济宁市辖区的自然村庄建村年代大多为明洪武、永乐年间，始祖多是从山西洪洞县迁来的，有的县份高达70%，如梁山县1073个村庄，明代建村800个，有400个是从山西洪洞县迁来的。永乐二年（1404），"核太原、平阳、泽、潞、辽、沁丁多田少及无田之家"⑤ 一万多户，分其丁口到北平进行屯种。可见移民活动规模之大，范围之广。⑥

---

① 张培安：《孔孟之乡地名寻根》，山东省地图出版社2009年版，第37页。
② 康熙《临清州志》卷2《赋役》
③ 《明太祖实录》卷193。
④ 《明太祖实录》卷197。
⑤ 《明史》卷77《食货一》。
⑥ 张培安：《孔孟之乡地名寻根》，第37页。

表7—1 明洪武年间各省人口密度 单位：人/平方公里

	洪武十四年	洪武二十四年	洪武二十六年
山西	26.1	28.58	29.1
河北	9.06	9.48	9.53
河南	12.31	13.71	14.01
陕西	8.63	9.98	10.27
山东	33.69	36.78	37.43

资料来源：赵文林、谢淑君：《中国人口史》，人民出版社1988年版，第15页。

明代初年山西人口大量迁移到邻近省份，主要是河北、山东西部、河南、北京、安徽等地。

表7—2 明初部分山西移民情况

年代	迁出地	迁入地	资料来源
洪武二十一年	山西泽州、潞州	河南北田、山东临清	《明太祖实录》卷193、《明会要》卷52
洪武二十二年	山西、苏、杭、嘉、湖	大名、广平、东昌、北京、凤阳	《明太祖实录》卷197、卷243
洪武二十五年	山西	北京、开封、彰德、广平、卫辉、怀庆	《明太祖实录》卷223
洪武三十年	山西	山东	《明会要》卷52
洪武三十五年	太原、平阳	北京	《明太祖实录》

由于明代山东地区的大多数移民是从山西来的，这些居民同山西商人保持着密切的联系，而晋商则由于山东运河地区经商的便利条件和血缘上的认同感而在这些地方经商，在山东各地的山陕会馆数不胜数，反映了山陕商人在山东经商的广泛性。晋商为山东运河城镇的发展带来了资金，为运河城镇的繁荣作出了贡献。

三　其他问题

1. 京杭大运河区域晋商的籍贯分布特点

就京杭大运河区域经商的晋商籍贯分布来说，山西东部的商人，如平定县、盂县、寿阳县及北部大同等地的商人到北京、天津、直隶、山东等地经商的较多。许多盂县商人在北京经营荷包铺、染坊、参局、毡毯铺等行业。

山西中部地区的商人在全国各地都很多，没有明显的在某几个城市集聚经商的特点。"山西灵石县杨氏，巨族也，以豪富多，在京师开设当铺七十余所，京中人呼之当杨。"① 清道光年间，孝义县人在外埠开设的当铺，北京有集义当，源合当，天津有积善当、天合当。② 陆国香《山西之当质业》一文认为："清代天津、北平、山东、河南，张北等地，其典当几乎全系晋商所经营，在前清末叶，上述各地之典当亦有他省人投资而转让者，惟掌铺伙友等，仍以晋人充当，其中以灵石、介休人居多。"③

山西南部的商人更多的是跨过黄河然后到京杭大运河区域经商。清代"在鲁晋盐号与当铺并称，皆极一时之盛，临汾、汾城、洪洞等县之富翁皆由此起家"④。明朝末年，山西洪洞商人王安就在济宁南关的运河与月河之间空地上设粮食摊，贩卖五谷杂粮，生意很好，后来开设了"人和粮行"，同治末年，该粮行又分设一店"德和粮行"，成为济宁粮行的魁首。馆陶县的铁货生意大都归山陕商人经营，直到清末，这里的铁器仍由晋商从潞安府运来，有的设行销售，有的在庙会上售卖，数量很大。⑤ 高唐、河间的市场上也有很多山西铁货。聊城的铁货店也很多。⑥

---

① 王韬：《遁窟谰言·江楚香》。
② 《孝义县志》，海潮出版社1992年版，第425页。
③ 陆国香：《山西之质当业》，《民族》1936年第4卷第6期。
④ 李宏龄：《晋商盛衰记》，山西商业专门学校，1923年，第44—46页。
⑤ 《馆陶县乡土志》卷8《商务》。
⑥ 王云：《明清山东运河区域社会变迁》，第139页。

2. 在京杭大运河区域经商的晋商与其他地域商人的合作与冲突并存

明清时期山西商人与陕西商人的合作是最多的。因此晋商与陕商时常被合称山陕商人，分布在许多地方的山陕会馆证明山西和陕西的商人间的合作是非常广泛和深入的。在一些地方山陕商人的力量比较弱时，还会和甘肃的商人联合起来，如山陕甘会馆便是三省商人联合对抗当地商人的结果。

除了合作，地域商帮间的冲突也是明清时期地域商帮的重要特点。工商业人口的大规模区域移动，商业经营集团化发展所导致了市场竞争的激烈，当时的十大商帮在全国范围内进行了激烈的商战，大体情况为：华北主要是晋商、鲁商、徽商的竞争；华中主要是晋商、陕商、徽商、镇江商人、洞庭商人、江右商人之间的竞争；江浙主要是晋商、陕商、徽商、粤商、闽商之间的竞争；华南主要是晋商、陕商、宁波商人、闽商之间的竞争；西北则是晋商、陕商和后起的陇商之间的竞争；西南为晋商、陕商、江右商人、黄凌商人以及后来从陕商中分裂出去的雅（安）帮之间的竞争。[①] 可见山西商人在全国范围内的经商规模都很大，晋商与各地商帮的竞争关系相当复杂。

商人群体的大规模区域移动，挤占了当地商人的市场，分流了本地商人的利益，从而导致本地商人与客地商人矛盾的尖锐化。本地商人借助地域、人际、文化优势，经常蓄意欺负、排挤外来商人，使得主客矛盾成为各地市场竞争中长期和普遍存在的问题。如明代江南标布市场上作为客商的山西商人与当地的牙行、脚行之间的矛盾就十分尖锐，"市中贸易，必经牙行，非是，市不得鬻，人不得售"[②]，"商民货物横所脚价，稍不如意，将货抛河下，无人承挑，商家裹足"[③]，"能自运者，群均喧哗，强架不许，商民为之丧气"[④]。"商家裹足"和"商民为之丧气"形象说明了土客矛盾所造成的严重后果，在这种激烈竞争的情况

---

① 居峰：《明清山陕会馆产生的原因及其功能分析》，硕士学位论文，西北大学，2003年。
② 嘉庆《安亭志·风俗》卷2。
③ 民国《江湾县志》卷3。
④ 雍正《分建南汇县志》卷15《风俗》。

下，势单力薄的山西商人只有以地缘关系为纽带，联合成商帮并以会馆为阵地来为自己争取生存和发展的空间。①

各商帮之间既有经营地域和经营业务之分，又有业务上的互相交叉，彼此竞争。山西商人借助"布马互易"、"食盐开中"的有利政策，率先成为江南布市的主要客商。朱家角镇"西省客商往来不绝"②，月浦镇"有陕西巨商来镇设庄，收买布匹"③。当山陕商人携银"动以数万计或多数十万两"④到江南购布时，徽商在苏杭棉布市场上的渗透才刚刚开始，"新安布商，持银六百两，将往周蒲"⑤，但徽商有地利人和，利用牙行坐地把持，依靠官府等办法，很快将势力渗透到江南棉布收购、染色、运销等各个环节，把江南布市掌握在自己手中，形成"五方贸易所最，徽人尤多"⑥，"无徽不成市"的局面。

再如在两淮盐业的经营中，淮安西门与北角楼之间是"江西会馆"，河下有"湖南会馆"，周宣灵王庙同善堂是新安会馆，福建庵（今楚州区莲花新村北）是福建会馆，北角楼有镇江会馆，竹巷有晋商的定阳会馆，湖嘴街有浙商的四明会馆，中街有句容商人的江宁会馆。在淮盐商以徽商、晋商为主，徽商中的程氏曾长期担任盐务总商。除此以外，也有福建、浙江、江西及江苏本地商人。清代侨居河下的外地著名盐商中，徽商有程氏、汪氏、黄氏、吴氏，晋商有高氏、王氏、阎氏、乔氏，浙商有何氏、李氏，闽商有汪氏，陕商有杜氏，吴商有周氏，赣商有曹氏。⑦各地商人同在一地经商，必然会有许多的利益冲突，同时又存在一定的合作关系。

3. 晋商在京杭大运河区域经商的拓展过程

明初是晋商的兴起阶段。晋商的起点是山西南部的盐池，经营地域在山西南部、河南北部和陕西西部的河东盐行销区域。明初推行的

---

① 居峰：《明清山陕会馆产生的原因及其功能分析》，第19页。
② 万历《松江府志》卷3。
③ 民国《月浦县志》卷5。
④ 褚华：《木棉谱》。
⑤ 褚华：《沪城备考》卷6《杂计》。
⑥ 王适元：《明清徽商与江南棉纺织业》，《安徽师范大学学报》1991年第1期。
⑦ 王振忠：《明清徽商与淮扬社会变迁》，三联书店1996年版。

"食盐开中"、"布马交易"等政策,"九边"地区成为山西粮商的活动区域。"开中法"为山西商人赴江南经商提供了历史契机和。尤其在江苏、浙江两地山西商人是当时重要的商业力量,他们赴扬州贩盐,贩运江南棉布到西部。明代中前期,在两淮地区"商之有本者,大抵属秦晋与徽郡三方之人,万历盛时,资本在广陵者不啻三千万两"①。康熙南巡后说:"联行历吴越州郡,察其市肆贸迁,多系晋省之人,而土著者盖寡。"② 在湖南长沙,从乾隆到同治的百年间,"其贩卖皮货,金玉玩好,列肆盈廛,则皆山陕之客商"③。在湘潭,"山陕客商最多,久滞思归"④。江浙大小城镇都有山陕商人设立的商号。乾隆年间,在苏州的陕商建立了全秦会馆,山西商人建有翼城会馆和全晋会馆,勒于碑石的商家多达130余号。同治九年(1870),山陕商人又与河南商人一起在南壕设北货码头,参与其事的山西商号有26家,陕西商号有15家。⑤ 可见,山西商人始终活跃于江南各市镇,成为江南商业中的重要力量。

晋商在明代中后期获得了很大的发展。这时山西商人的经商地域还主要集中在一些重点地区,经营的行业也集中在盐、茶、丝、棉、粮、典等几个重点行业。明朝中叶,灵石人已开始外出经商,至明朝末年,已初具规模。在天津,由灵石人经营的银号有7家,当铺有8家。其中松茂当经理王道福因在天津典当界的威望,后来被推选为天津质业公司理事长、天津当业公会会长。此外,不少灵石人经营的银号在北京设有分号⑥。

明末清初,由于改朝换代时的战乱,商业必然会受到破坏。一方面,这一阶段的山西商人的经营同样遭受了损失,另一方面,由于山西商人与入关前的清政府就有许多的商业交往活动,这一点直接导致了清初山西官商的发展。太谷曹家,是明清之际声势显赫的晋商巨富,从明

---

① (明)宋应星:《野议·盐政议》。
② 《清高宗实录》"乾隆二十八年二月乙卯"条。
③ 乾隆《长沙府志》卷11。
④ 《于瑞公政书·武昌书》卷4。
⑤ 范金民:《明清时期活跃于苏州的外地商人》,《中国社会经济史研究》1989年第4期。
⑥ 李儒敏:《晋商史料全览·晋中卷》,第608—611页。

末清初发迹，到民国年间衰落，近三百年间，商号遍及全国，贸易波及蒙俄，资金发展到一千余万两。在晋商这个庞大的商帮势力圈内，无论其资财实力、经营规模、应变策略、用人思想、敛财手段、管理方法等方面，都具有典型性。再如明末清初，太谷曹家的曹三喜，因生计所迫，到关外的朝阳地区，与当地人合伙开一豆腐作坊，卖豆腐兼喂猪、种菜，小本经营。生意兴隆后，经商地域由朝阳扩展到赤峰、凌源及建昌，增添了酿酒业、杂货业和典当业。曹家的商业带动了朝阳这片地区的繁荣。当地有民谚云："先有曹家号，后有朝阳县。"曹家商业的发展，对朝阳地区的经济繁荣和增设县制起了明显的推动作用。曹家的商业逐渐发展到当时的关外七厅，清兵入关时，又向关内发展，先在太谷设立总号，然后在太原、天津、北京、济南、徐州、兰州、新疆等地设分号。道光、咸丰时期，曹家的商业发展到鼎盛阶段，一直维持到光绪年间。

明末清初，平定染坊遍布京、津、冀、鲁等地。主要印染绸缎、布、棉线、衣服等。平定染坊的染织品，以色鲜、品种多、不褪色而著称。有的客户便以"染就江南三日景，提出扬州一片红"、"染青色一镇无比，出翠色天下夺魁"等楹联相赠。① 清代，平定人在外埠经商，其行业有钱庄、当铺、铁货店、煤栈、砂器、陶器、制革、染坊、百货、运输等，其中最大的行当就是开染坊，当地人称为"走染坊"，是当时平定人谋生的一大途径。② 而过去在京津冀鲁等地也广泛流传有一句俗话："没有平定人，就开不成染坊。"③ 如平定宋家庄村商人王明，明末在山东武城县甲马营做染坊生意，买卖越做越红火。传至四世王赐福、王赐禄时，就抓住清初清廷大兴漕运的机遇，倾其积蓄，购置船只，在京杭大运河上搞起漕运，并利用停泊间隙，沿运河搞起批发买卖，获利颇丰，贮积渐巨。后又在山东运河沿岸开设了十余家商铺，甚至在江苏苏州开设了绸缎庄。④ 同时，在原籍置地修宅，成为平定县城附近的一大巨族。乾隆年间，平定乱流村村民石聚祥，原是穷得一文不

---

① 张云翔：《晋商史料全览·阳泉卷》，第341页。
② 同上。
③ 同上书，第342页。
④ 张云翔：《晋商史料全览·阳泉卷》，第342页。

名的乡下人，经人引荐到河北一家染坊铺当学徒三年后，成了精通业务的"把式"，后自己独资开办了一座染坊。他以"积德"、"恒心"为信条，诚信经营，买卖越做越大，又在天津开设了存店。① 传到他儿子时，生意扩大到山东济南、东北沈阳，并创办了绸缎庄、皮货店、当铺、票号，至道光年间发展为平定东境的一大富商。连续七世经商的平潭街牛家的祖宅位于阳泉郊区平潭街村北，约占该村面积的1/2。明代万历年间，平潭镇牛氏始祖牛九功曾在一家铁铺学习，明末清初去外地经商，发展家业。② 乾隆年间，牛家买卖做到了河北、山东、河南、内蒙等地。③

大盛魁是清朝前期至民国初年规模很大的一家旅蒙商号。它于清代康熙年（1662—1722）间开业，到民国18年（1929）宣告歇业，经过了200多年的历史。大盛魁以放"印票"账为主，经营各种商业贸易。在内地京、津、沪、杭、晋、冀、鲁、豫、湖广等地，均有其分支机构、小号和坐庄人员。④ 所属各地从业人员，加上雇用的牧民和工人，共达六七千人。

清代中期是晋商商业规模达到鼎盛的时期。大运河在清代虽仍承担着相当大的运输量，因运河而兴盛的一些城市如临清、天津、淮安、扬州等仍是重要的商业中心，但由于其他航道的开通，京杭大运河的重要性比明代有所下降。像明代八大钞关有七个在运河上，运河七关在八大钞关商税总额中所占百分比，万历时为92.7%，天启时为88%。清代运河七关在全国关税总额的百分比，康熙二十年（1681）为50.5%，雍正三年（1725）为40.9%，乾隆十八年（1753）为33.1%，嘉庆十七年（1812）为29.3%，道光二十一年（1841）为33.5%。⑤

平定州大阳泉村郗家魁盛号是旧时平定州西门外头号财主。起初主要经营铁货，开办了炒铁炉、焖炉等冶炼铸造作坊，制造铁锅、锹、炉

---

① 张云翔：《晋商史料全览·阳泉卷》，第342页。
② 同上书，第29页。
③ 同上书，第30页。
④ 李儒敏：《晋商史料全览·晋中卷》，第400页。
⑤ 龙登高：《中国传统市场发展史》，人民出版社1997年版，第521页。

条、火口等铁货。① 到郗占魁经商时以其"勤以事,不能事业",专心经商,家业发扬光大,从井陉、石家庄、正定到北京、天津、山东,直至东北的大连、海城、营口,有36座"魁"字号商行,底下还支出不少分支店铺和出摊,覆盖华北一带。② 到清代中期魁盛号郗家达到顶峰,财大气粗,庄园宏伟。

平定乱流村石家的商业开创业于清乾隆初年,先后开办了驼店、骡店、杂货铺、赁货铺、染房、布店、绸缎庄、皮货庄、药店,还有当铺、钱庄、票号等商号,业务辐射北京、天津、山东、东北等地,生意兴隆。③ 祥泰隆商号,是在内蒙古经营达200多年的晋商老字号。祥泰隆分号众多,在全国各地设立分庄,派驻了经营人员,主要有北京、天津、兰州、南京、上海、重庆、西安、汉口、宝鸡、成都、张家口、包头、归绥(今内蒙古自治区呼和浩特市)等分号。④ 天津分庄主要推销头等、二等驼绒和药材,采购绸缎布匹、日用百货,还从事羊毛、驼绒出口贸易。⑤ 北京分庄主要采购蒙民喜爱的首饰(如珊瑚项珠等)、装饰品、鞋帽、绸缎等。⑥

平定宋家庄村人远赴河北、山东等地经商,咸丰年间在河北、山东、天津、北京及浙江等大运河沿岸地区经商。宋家庄村民远赴外地经商主要以经营染业为主,并以此为契机滚动发展到铁货、百货、茶庄、颜料庄、粮油、绸缎、布匹、花店、制革、典当、钱庄等各业。⑦ 据三槐堂十四世王卫东撰写的《家史》记载:嘉庆年间,仅三槐堂开设的商业店铺就有十几处,总店设在河北郑家口,店名为合裕店,房屋多达百余间,为分店货物汇总,分店分布在山东境内运河沿岸,规模较大,主要经营船运、染业、绸缎、百货等。道光初年换鹅堂王镇国在山东高唐开有13座染坊,王廷对在江苏苏州开有绸缎庄。⑧

---

① 张云翔:《晋商史料全览·阳泉卷》,第38页。
② 同上书,第39页。
③ 同上书,第51页。
④ 李儒敏:《晋商史料全览·晋中卷》,第418页。
⑤ 同上。
⑥ 同上。
⑦ 张云翔:《晋商史料全览·阳泉卷》,第181页。
⑧ 同上书,第184页。

表7—3　　　　　　　宋家庄部分商人在外经商情况表①

姓名	年代	经商地	行业	字号	职务
王明	明万历年间	山东武城甲马营	染坊		掌柜
马云骧	清道光年间	山东高唐	染坊		掌柜
马云驷	清道光年间	山东高唐	染坊		掌柜
王国镇	清道光年间	山东高唐	染坊	共十三座字号	东家
王廷对	清道光年间	江苏苏州	绸缎	不详	东家
王连庚	清光绪年间	天津	染坊	不详	掌柜
王连登	清光绪年间	北京通州	染坊	不详	掌柜
李同兰	民国年间	山东	染坊		店员
王砚田	民国年间	北京	纱灯店		掌柜
马之德	民国年间	北京西河沿	皮货	亨永泰	店员
王连骑	民国年间	北京	皮货		店员
王象颐	民国年间	天津	颜料	颜料庄	业务员

晚清时期，票号将晋商的声誉推向了顶峰。光绪到民国年间，祁县乔家在全国大中城市开设票号、钱庄、当铺、粮店等商号200多处，流动资金700万到1000万两以上。太谷曹家在道光、咸丰极盛时，商号遍布全国，包括票号、钱庄、典当、绸缎、布匹、呢绒、药材、皮货、杂货洋货、茶叶等，资金达千万两以上。这些巨商在京杭大运河沿线开设的商号不在少数。

---

① 张云翔：《晋商史料全览·阳泉卷》，第187—191页。

第八章

晋商在京杭大运河区域的衰落

到了民国时期，辉煌了近五百年的山西商人衰落了。今天，探讨晋商衰落的原因，总结晋商发展的历史规律和经验教训，可以给当代商业以宝贵的启示。本章主要探讨晋商在京杭大运河区域衰落的原因，分析晋商在这一地区从事商业活动的经验教训。

一 运河阻塞导致商业的衰落

运河阻塞和黄河改道导致了运河的衰落。水运在明清时期是南北物资调度的主要手段。而水运的方式主要有两种：一是海运，由东南沿海起航，一路向北途径渤海湾抵达天津，再由天津入运河运送到北京。二是漕运，主干道便是京杭大运河，由南向北一路直达北京。

自从12世纪末黄河夺淮入海之后，"善淤、善决、善变（改道）"的黄河，始终是运河的最大威胁。根据史料记载，明代276年间黄河决口改道456次，其中大的改道7次①；清初至鸦片战争（1644—1840年）的近200年间，黄河决溢达361次②。为了保持漕运通畅，明清两代坚持"挽黄保运"之策，逆黄河之性，强迫其继续朝东南流淌，使黄河经常泛滥于豫东和苏北平原。为了让黄河顺利入海，采取"束水攻沙"之策，蓄水成洪泽湖，筑高家堰大堤，"蓄清刷黄"，导致淮河无法安流，渐成害河。③

---

① 董文虎：《京杭大运河的历史与未来》，社会科学文献出版社2008年版，第263页。
② 同上。
③ 同上。

清嘉庆年间，大运河已是问题重重。河政废弛，运河各段多年久失修，河床淤滞严重。大运河淤塞最为严重的主要有两处：一是黄淮交汇处的淤塞；一是由淮安至山东临清段运道的阻塞。因运河要横渡黄河，而黄河经由淮安东流注入大海，运河与黄河在此交汇。二者的交汇处因黄河水含有大量泥沙，而运河水流缓慢，导致泥沙淤积严重，影响运道的畅通。为解决这一问题，在洪泽湖畔将堤岸筑高，以此提高水位，然后等待夏汛到来，水位上涨，再开启大坝放水，借河水的高水位力量来冲刷河床淤沙。洪泽湖水位高过黄河7—8尺乃至10尺才能起到预期作用。① 在乾隆年间（1736—1795）以前，洪泽湖的水位都保持很好，刷黄的效果显著。但嘉庆朝以后，河道失修，水流流速缓慢，河床河沙淤积日益严重。嘉庆九年（1804），黄河流水一度倒灌洪泽湖。嘉庆二十一年（1816），清王朝下令对黄河大加挑修，以提升洪泽湖水位，但投入大量人力、物力、财力，才将其水位比黄河水位提升二尺多，已丧失刷黄的功能。

由于此时河道淤塞严重，水位降低，漕运船只渡黄异常艰难。"清口淤垫，夏令黄高于清，已不能启坝送运。道光以后，御黄坝竟至终岁不启，遂改用灌塘之法，自黄浦泄黄入湖。湖身顿高，运河水少，灌塘又不便，遂改行海运。"②

道光四年（1824），因运河不畅，只有不到三成的船只能够通过河运抵达京都，形势所迫，开始尝试海运，开辟新的航运方式，次年成功。但因种种原因，第二年又恢复漕运，船只在运河时而畅通，时而受阻过程中，艰难航行。

道光四年，高家大堤溃决，冲毁运道，运河水量剧减，几乎不能行船。后在治理过程中，本想通过"借黄济运"，将黄河之水引入运河，增加水量以使船只能够正常航行。但黄河过高的含沙量使运河河床淤淀更加严重。黄河连年决口，加上河政腐败，大量用来修缮河道的经费被大小官员中饱私囊，治理运河工程收效不佳，水患不断。终于在咸丰五

---

① 江太新、苏金玉：《中华文明史话·漕运史话》，中国大百科全书出版社2000年版，第29页。

② 董文虎：《京杭大运河的历史与未来》，第264页。

年（1855）夏汛期，连绵不断，昼夜不休的大雨使得黄河水位暴涨，河水漫溢于河南兰阳铜瓦厢大堤两岸，堵决无效，终至溃堤。① 黄河改道东北流，冲毁山东张秋段运河，夺大清河入大海。这结束了黄河夺淮入海700年的南流历史，也冲毁了运河河道。② 黄河溃决兰阳铜瓦厢后，洪水漫流于封丘、祥符、长垣、曹州、东明诸州县以东，分三股穿鲁西平原会流于张秋，横过运河，沿清河至利津入渤海。此后，京杭大运河全线停运达十几年。③ 正如李鸿章所言："百年之内，无能复河运之理。"④ 随着运河的阻塞，运河沿线的许多商业城镇开始衰落，山西商人也离开了京杭大运河沿线的城镇。

二 近代交通运输方式的变化

进入近代，铁路的修建，海上运输的发展加速了属于传统商业经营范畴的山西商人的衰落。现代交通工具的出现对运河区域的商业经济造成严重的打击。19世纪的工业革命改变了整个世界的面貌。轮船、火车等的出现引发了交通运输方式的深刻变革。这些新交通工具很快传入中国，并得到迅速发展，它们提供了更为便捷的运输服务，促进了经济的发展。中国的传统运输方式迅速衰落。

鸦片战争前后有关铁路的知识已经传入中国，19世纪末20世纪初，铁路建设在中国的发展速度大大加快。中国自主修建的第一条铁路是1881年由清政府洋务派主持的唐山至胥各庄的铁路。到1911年，中国铁路总长度已达9719公里，铁路已成为中国的主要交通运输方式之一。

相较铁路、公路而言，水运速度慢，经济效益低，受自然条件环境影响大。因此在铁路、公路进入中国的短短几年间，水路运输迅速衰落。在大运河因黄河改道而中断后，清政府开始改漕运为海运，在1873年又成立了轮船招商局，采用轮船承担漕粮海运业务。1912年津

---

① 董文虎：《京杭大运河的历史与未来》，第262页。
② 同上书，第264页。
③ 常征、于德源：《中国运河史》，北京燕山出版社1989年版，第543页。
④ 董文虎：《京杭大运河的历史与未来》，第265页。

浦铁路全线通车,成为中国大陆新的贯穿南北的运输通道。

以铁路运输为主,陆路和河运为辅的新型商品流通网络,极大地影响着华北内陆传统工商业城镇的兴衰。铁路使华北地区的交通环境发生了根本性的变革。一方面,摆脱了地理条件的制约,运输效率极大提高。从天津至浦口,以前走陆路官路或运河水路要25天,津浦铁路通车后只要2天多。从北京前往张家口,用骆驼驮运商货,单程要一两个月,京张铁路通车后,仅需六个半小时。

大运河中断的部分主要在山东,因而对山东的影响较大。同时,山东公路的建设迅速发展。辛亥革命后,大运河沿线的德州、聊城、临清、济宁等地都有公路通往其他地区。①

苏北的运河破坏没有山东段严重,但运河衰败之势已经不可避免了。"当时以漕运为重,设有专官,兼司治河之事。自黄河北徙,淮流梗塞,江北运河遂为淮、沂、泗水之承受及输送机关。暨乎海禁开,漕运废,故道无人过问,虽设有河工局,捍御两堤,为治标之计,然苟且补苴,恐终有不可收拾之一日。"②

1935年,近代著名水利工程学家汪胡桢经过实地勘察后,在《整理运河工程计划》中全面介绍了当时运河的状况:北平至通县河道犹存,而船舶则已绝迹。通县至天津,淤浅之处甚多,致航业衰败殊甚。天津至临清,因河南省特产恃此行销天津,故尚有若干帆运,但一至夏初,即水浅胶舟。临清至黄河及黄河至安山镇,则因闸坝废圮,水源断绝,以致完全干涸。安山镇至南阳镇,情形较佳,然自此以南至韩庄镇,因积水难消,湖泊连亘,故大水时则绕行湖中,勉强舟楫,小水时则随处淤浅,航行艰难。韩庄至淮阴,则因微山湖之把注,尚有涓滴水流,以通小船。淮阴至杭州,则大水时尚可通行百吨以下之货船与载客小轮,小水时则亦时闻浅阻。③ 由此可见,京杭大运河断流仅数十年,河道却已破败不堪。

道光年间,清政府于上海、天津两地设海运总局、分局。道光六年

---

① 董文虎:《京杭大运河的历史与未来》,第276页。
② 同上书,第277页。
③ 参见《京杭运河(江苏)史料选编》第2册,第772—773页。

(1826)即诏江南各州直接运粮赴上海交纳,由海运局以轮船运津。上海至天津"海程四千余浬,逾旬而至",上下称便。同治十一年(1872)"设招商局,试办轮船,分运江浙漕粮"①,当年运抵天津的粮食即达 20 万石以上,相当于河运漕船 400 艘次的运量。此后,招商局的业务迅速发展,北漕的绝大部分皆由其包办。招商局的轮船浮海,并不是说商运也须改行海道,而是由于清政府不再关心运河的维修,商船在运河上的航行便渐渐不能进行了。②但是,以轮船为运载工具的海运在取代运河的这种趋势,对天津以北的北运河、大通河以及京东的蓟运河、京南的拒马河的航运的影响较小。这三条运河是北京及清朝的东皇陵和西皇陵通向天津的航道。大通河和北运河在北京城对外交通上的地位非常重要,它们不仅是京杭大运河的起点,还是北京以水路联系沿海省份以至朝鲜半岛、中南半岛、琉球群岛各属国的出发地。③

漕运的兴衰对于明清两朝的经济、政治乃至科学文化都产生了一定的影响。漕运的发达,反映了运河的通畅对于社会经济的巨大促进作用。大运河的贯通使沿途流经的诸多市镇出现了日渐繁荣的景象,这是因为它将华北地区与当时中国最富庶的江浙地区联结起来,沟通了两地的物资交流,加强了南北经济往来。交通网络的通畅可以导致商业市镇的兴起,但交通体系的变动却会造成单纯依靠商品中转而发展起来的市镇走向衰落。

三 近代国际、国内政治军事环境的变化

乾隆三十九年(1774),山东发生王伦起义,起义军一度占领临清城,战争切断了当地的商业交往,临清经济大受影响。咸丰三年(1853)太平军北伐在天津受阻,洪秀全派援军克临清,又与清军在此激战,临清经济再受打击,山西商人也遭到很大损失。八卦教军等连战于山东、河北、河南、苏北和皖北,包括第二次鸦片战争,京杭大运河

---

① 《清史稿》卷 22,中华书局 1977 年版。
② 常征、于德源:《中国运河史》,第 547 页。
③ 同上。

沿线沦为战场。虽然太平军并未攻取北京和天津，但是由于战争的冲击，两地也出现了不同程度的金融恐慌。北京是清王朝的政治、文化中心和北方地区的经济中心，也是全国金融重镇之一。1853年1月12日，太平军连克湖北重镇汉阳、汉口和武昌，震惊了清廷，京城工商业者和居民人心惶惶，纷纷收缩业务，四散逃避。山西商人开设的帐局和票号开始发还存款，收本止账不放。"所有在京富商俱提本还乡"，他们所开设的铺号"大半关闭"①，这些提本还乡的富商中有许多是拥有较大资本的票号商人，有人指出"报官歇业回籍者，已携资数千万出京"②。帐局、票号等收回资本回籍，使京师的大量资金外流，人情骚动，告贷无门，"汇兑即已不行，廛肆自形萧条"，富者窘迫，贫不聊生，社会秩序趋于混乱。③ 京师的金融混乱持续了一年左右的时间。太平军的北伐失败后，京师局面渐渐稳定，工商金融各业也渐渐恢复。天津是北方的一个出海口，漕运由京杭大运河改为海运后，天津渐趋繁荣，帐局、票号在天津设立的分号渐多。1853年3月，太平军在南京定都后，天津已经慌作一团，"自今春以来，帐局多半停歇，商人借贷无门"④，"津郡放账之家多已关闭歇业，商人无可通融，悉皆束手无策"⑤。商旅逃散，帐局、票号撤离，失业增加。天津市原有十三行，诸如米行、油行、布行、纸行、木行、猪行、杂货行等等，人数约有两万之众，皆为商贾服务，太平军攻克天津以南的静海、青县、沧州等县，逼近天津后，商旅逃散，此十三行人等皆失业。⑥

日俄战争对北京的商业也造成很大破坏。"自俄兵重据奉天，京师商情益形窘迫，各号存款皆纷纷提取，而利息遂日涨无已。各典肆向炉房通融，向之一分息及一分二息者，现均涨至一分五六，尚不可必得。各钱业亦均有岌岌可危之势，如大局未能即定，或竟之开战，都门之经

---

① 朱批奏折，咸丰四年四月初三日。
② 军机处录副奏折，咸丰三年四月十一日。
③ 朱批奏折，咸丰二年七月初九日。
④ 清档，长芦盐政文谦咸丰三年十月二十日奏折。
⑤ 清档，长芦盐政文谦咸丰四年正月初一日奏折
⑥ 参见董继斌、景占魁《晋商与中国近代金融》，山西经济出版社2002年版，第174页。

济界，殊不堪设想也。"① "兹有沪客来京谈及该处因有俄日开战之风说，各行商业悉存观望，输运货物者亦属寥寥，各行赔累亦不少云。"②

1912年年初，袁世凯在北京搞兵变，在2月29日和3月1日两天中，东华门丁字街、打磨厂、前门大街、大栅栏、西河沿和西四、西单的铺户被焚被枪，"商界又遭浩劫"，几乎"百无一存"③。兵变还波及保定、天津。天津针市街等繁盛街区，兵匪抢掠，纵火焚烧，"各行商业约有数千户财产荡然"④，造成"民丧其居，商失其业，流离荡折，生计维艰"⑤。凡此等等，对山西商人造成的损失不可计数。⑥

---

① 《商情窘迫》，《大公报》1903年11月19日。
② 《客述上海商情》，《大公报》1904年1月3日。
③ 《中华民国史档案资料汇编》第2辑，江苏人民出版社1981年版，第91页。
④ 天津商会档，《众钱商禀》，民国元年五月。
⑤ 《辛壬春秋》卷1。
⑥ 参见黄鉴晖《明清山西商人研究》，第465页。

参考文献

古籍

（汉）司马迁：《史记》，中华书局1959年版。
（明）魏焕：《皇明九边考》，明嘉靖刻本，南开大学图书馆藏。
（明）杨时宁：《宣大山西三镇图说》，明万历癸卯刻本，台湾"国立中央图书馆"1981年影印版。
（明）宋濂等：《元史》，中华书局1976年版。
（明）谭希思：《明大政纂要》，清光绪二十一年湖南思闲书局刻本。
（明）《抄本明实录》，线装书局2005年版。
（清）席裕福：《皇朝政典类纂》，清光绪二十九年刻，上海图书集成局刻本。
（清）李虹若：《朝市丛载》，清光绪丁亥刻本。
（清）褚华：《木棉谱》，《上海掌故丛书》本，1935年版。
（清）傅泽洪：《行水金鉴》，商务印书馆1937年版。
（清）王世贞：《嘉庆以来内阁首辅传》，张海鹏辑，影印明嘉庆十七年序虞山张氏刻本，1967年版。
（清）张廷玉：《明史》，中华书局1974年版。
（清）《清实录》，中华书局1985年版。
（清）范铜：《布经》，抄本，《四库未收书辑刊》第3辑第30册，北京出版社1997年版。
（民国）赵尔巽：《清史稿》，中华书局1977年版。

方志

（明）成化《山西通志》，李侃修，胡谧纂，中华书局1998年版。

（明）成化《杭州府志》，陈让、夏时正等纂，明成化十一年刻本。

（明）万历《杭州府志》，陈善等纂，明万历七年刻本。

（明）万历《淮安府志》，上海书店出版社《天一阁藏明代方志选刊续编》影印刻本。

（明）万历：《汾州府志》，明万历三十年刻本。

（明）万历《扬州府志》，《北京图书馆古籍珍本丛刊》第25册，书目文献出版社2000年版。

（清）康熙《杭州府志》，杨鼐等纂，清康熙二十五年刻本。

（清）康熙《临清州志》，清康熙十二年抄本。

（清）康熙《灵寿县志》，陆陇其修，傅维耘纂，清康熙二十五年刻本。

（清）康熙《馆陶县志》，清康熙十四年刻，清光绪十九年重刻本。

（清）康熙《张秋志》，马之骦纂，林芃修，清康熙九年抄本，江苏古籍出版社1992年版。

（清）雍正《泽州府志》，朱樟修纂，台湾学生书局1968年版。

（清）乾隆《天津县志》，吴廷华纂，清乾隆四年刻本，北京图书馆藏。

（清）乾隆《临清州志》，清乾隆十四年刻本。

（清）乾隆《孝义县志》，台湾海潮出版社1992年版。

（清）乾隆《潞安府志》，中华书局2003年版。

（清）嘉庆《重修扬州府志》，广陵书社2006年版。

（清）道光《济宁直隶州》，清咸丰九年刻本。

（清）道光《津门保甲图说》，清道光二十六年刻本。

（清）道光《冠县志》，梁永康等修，赵锡书等纂，清道光十年修，1934年补刊本。

（清）咸丰《平山县志》，王涤心纂修，清咸丰四年刻本。

（清）同治《苏州府志》，江苏古籍出版社1991年版。

（清）《江宁府志》，陈作霖等纂，清光绪六年重刊。

（清）光绪《淮安府志》，清光绪十年刻本。

（清）光绪《馆陶县乡土志》，清光绪刻本。

（清）光绪《菏泽县乡土志》，汪鸿孙修，杨兆焕纂，清光绪三十三年刻本。

（清）光绪《曹县乡土志》，裴景煦纂修，清光绪三十三年抄本。

（清）光绪《山西通志》，中华书局1990年版。
（清）光绪《丹徒县志》，江苏古籍出版社1991年版。
（清）光绪《补徐沟县志》，乔志强等点校，山西人民出版社1992年版。
（清）光绪《峄县志》，线装书局2007年版。
（民国）《宝山县续志》，张允高等修，钱淦等纂，1921年铅印本。
（民国）《三续高邮州志》，胡为和等修，高树敏等纂，1922年刻本。
（民国）《泗阳县志》，李佩恩等修，张相文等纂，1926年铅印本。
（民国）《平谷县志》，李兴焯修，王兆元纂，1926年铅印本。
（民国）《东平县志》，张志熙修，刘靖宇纂，1936年铅印本。
（民国）《通县志要》，金士坚、徐白民，1941年铅印本。
（民国）《新校天津卫志》，薛柱斗纂修，台湾成文出版社1968年影印本。
（民国）《德县志》，董瑶林纂，台湾成文出版社1968年版。
（民国）《闻喜县志》，杨钹田，台湾成文出版社1968年版。
（民国）《太谷县志》，胡万凝，台湾成文出版社1976年版。
（民国）《解州志》，撰人不详，台湾成文出版社1976年版。

笔记、文集
（明）张四维：《条麓堂集》，明万历二十三年张泰徵刻本。
（明）李鼎：《李长卿集》，明万历四十年豫章李氏家刻本。
（明）谈迁：《枣林杂俎》，张氏适园丛书初集本，国学扶轮社1911年版。
（明）顾炎武：《天下郡国利病书》，四部丛刊三编本，商务印书馆1935年版。
（明）陈子龙：《明经世文编》，中华书局1962年版。
（明）王士性：《广志绎》，中华书局1981年版。
（明）宋起凤：《稗记》，《明史资料丛刊》第二辑，江苏人民出版社1982年版。
（明）宋应星：《野议、论气、谈天、思怜诗》，上海人民出版社1976年版。

（明）张瀚：《松窗梦语》，上海古籍出版社1986年版。
（明）李梦阳：《空同集》，《景印文渊阁四库全书》本，台湾商务印书馆1986年版。
（明）王世贞：《弇州山人续稿》，《景印文渊阁四库全书》本，台湾商务印书馆1986版。
（明）汪道昆：《太函集》，《四库全书存目丛书》，齐鲁书社1997年版。
（明）谢肇淛：《五杂俎》，上海书店出版社2001年版。
（清）贺长龄：《清经世文编》，清道光七年刻本。
（清）张焘：《津门杂记》，《小方壶舆地丛刊》第九帙，清光绪十年刻本。
（清）方苞：《方望溪先生全集集外文》，四部丛刊初编本，商务印书馆1919年版。
（清）阮葵生：《茶余客话》，《京田时田》，中华书局1959年版。
（清）包世臣：《安吴四种》，台湾文海出版社1968年版。
（清）纪昀：《阅微草堂笔记》，上海古籍出版社1980年版。
（清）叶梦珠：《上海掌故丛书·阅世篇》，上海古籍出版社1981年版。
（清）张集馨：《道咸宦海见闻录》，中华书局1981年版。
（清）徐珂：《清稗类钞》，中华书局1984年版。
（清）黄宗羲：《明文海》，《景印文渊阁四库全书》本，台湾商务印书馆1986年版。
（清）徐继畬：《松龛集》，《山右丛书初编》本，山西人民出版社1986年版。
（清）李燧、李宏龄：《晋游日记、同舟忠告、山西票商成败记》，山西人民出版社1989年版。
（清）王茂荫：《王侍郎奏议》，黄山书社1991年版。
（清）刘古愚：《烟霞草堂文集》，三秦出版社1994年版。
（清）李斗：《扬州画舫录》，中华书局2001年版。
（清）顾禄：《清嘉录》，中华书局2008年版。
（民国）刘大鹏：《退想斋日记》，山西人民出版社1990年版。

参考文献

档案文献、资料集

严中平：《中国近代经济史统计资料资料选辑》，科学出版社 1955 年版。

李治文：《中国近代农业史资料》，三联出版社 1957 年版。

江苏省博物馆：《江苏省明清以来碑刻资料选集》，三联书店 1959 年。

朱契：《中国运河史料选辑》，中华书局 1962 年版。

汪敬虞：《中国近代工业史资料》，中华书局，1962 年版。

姚贤镐：《中国近代对外贸易史料资料》，中华书局，1962 年版。

李光涛：《明清档案存真选辑第二集》，台湾"中央研究院"历史语言研究所，1973 年。

李光涛：《明清档案存真选辑第三集》，台湾"中央研究院"历史语言研究所，1975 年。

中国第一历史档案馆：《清代档案史料丛编》第二辑，中华书局 1978 年版。

李华：《明清以来北京工商会馆碑刻选编》，文物出版社 1980 年版。

上海博物馆图书资料室：《上海碑刻资料选辑》，上海人民出版社 1980 年版。

陈祖集、朱自振：《中国茶叶历史资料选辑》，农业出版社 1981 年版。

苏州历史博物馆：《明清苏州工商业碑刻集》，江苏人民出版社 1981 年版。

中国第一历史档案馆：《清代档案史料丛编》第七辑，中华书局 1981 年版。

谭其骧：《中国历史地图集》，地图出版社 1982 年版。

中国第一历史档案馆：《清代档案史料丛编》第八辑，中华书局 1983 年版。

中国第一历史档案馆：《清代档案史料丛编》第九辑，中华书局 1983 年版。

许道夫：《中国近代农业生产及统计资料》，上海人民出版社 1983 年版。

《申报》影印本第 24 册（1884 年 1—6 月），上海书店出版社 1984

年版。

张海鹏、王廷元:《明清徽商资料选编》,黄山书社1985年版。

张伟仁:《明清档案》,台湾"中央研究院"历史语言研究所,1986年。

天津市档案馆:《天津商会档案汇编》,天津人民出版社1989年版。

张正明、薛慧林:《明清晋商资料选编》,山西人民出版社1989年版。

黄鉴晖:《山西票号史料》,山西经济出版社1990年版。

中国第二历史档案馆:《中华民国史档案资料汇编》,江苏古籍出版社1991年版。

李光涛:《明清档案存真选辑初集》,台湾"中央研究院"历史语言研究所,1992年。

《津海关年报档案汇编(1865—1911)》,天津社会科学院历史所等编印,1993年。

丁世良、赵放:《中国地方志民俗资料汇编》,书目文献出版社1995年版。

《京杭运河(江苏)史料选编》编委会:《京杭运河(江苏)史料选编》,人民交通出版社,1997年版。

北京市档案馆:《北京会馆档案史料》,北京出版社1997年版。

王国平、唐力行:《明清以来苏州社会史碑刻集》,苏州大学出版社1998年版。

山西省政协文史资料委员会:《山西文史资料全编》,内部资料,1999年。

黄鉴晖:《山西票号史料(增订本)》,山西经济出版社2002年版。

中国第一历史档案馆:《户科史书》,广西师范大学出版社2002年版。

国家图书馆分馆:《清末时事采新汇选》,北京图书馆出版社2003年版。

王三星主编:《晋商史料全览·临汾卷》,山西人民出版社2006年版。

樊惠杰主编:《晋商史料全览·忻州卷》,山西人民出版社2006年版。

翟纲续主编:《晋商史料全览·大同卷》,山西人民出版社2006年版。

张云翔主编:《晋商史料全览·阳泉卷》,山西人民出版社2006年版。

李儒敏主编:《晋商史料全览·晋中卷》,山西人民出版社2006年版。

尹钟子主编:《晋商史料全览·长治卷》,山西人民出版社2006年版。

靳虎松主编:《晋商史料全览·晋城卷》,山西人民出版社2006年版。

师百韧主编：《晋商史料全览·吕梁卷》，山西人民出版社2006年版。
阎爱英主编：《晋商史料全览·朔州卷》，山西人民出版社2006年版。

专著

潘承锷：《中国之金融》上册，中国图书公司1908年版。
宓公干：《典当论》，商务印书馆1936年版。
陈其田：《山西票庄考略》，商务印书馆1937年版。
卫聚贤：《山西票号史》，说文出版社1944年版。
史念海：《中国的运河》，史学书局1944年版。
严中平：《中国棉纺织史稿》，科学出版社1955年版。
彭信威：《中国货币史》，上海人民出版社1958年版。
傅衣凌：《明清时代商人及商人资本》，人民出版社1965年版。
卫聚贤：《山西票号史》，说文出版社1976年版。
冀朝鼎：《中国历史上的基本经济区与水利事业的发展》，中国社会科学出版社1981年版。
谭其骧主编：《中国历史地图集》，地图出版社1982年版。
王守义：《明代山西的潞绸生产》，《中国经济史论丛》，山西人民出版社1982年版。
韦庆远、鲁素：《清代的矿业》，中华书局1983年版。
陈椽：《茶业通史》，农业出版社1984年版。
许涤新、吴承明主编：《中国资本主义的萌芽》，人民出版社1985年版。
吴承明：《中国资本主义与国内市场》，中国社会科学出版社1985年版。
傅崇兰：《中国运河城市发展史》，四川人民出版社1985年版。
江地：《近代的山西》，山西人民出版社1988年版。
齐宝柱、高志超：《聊城风物》，山东友谊书社1989年版。
岳国芳：《中国大运河》，山东友谊书社1989年版。
陈学文：《中国封建晚期的商品经济》，湖南人民出版社1989年版。
郑昌淦：《明清农村商品经济》，中国人民大学出版社1989年版。
张立：《镇江交通史》，人民交通出版社1989年版。

常征、于德源：《中国运河史》，北京燕山出版社1989年版。
岳国芳：《中国大运河》，山东友谊出版社1989年版。
刘建生：《中国近代经济史稿》，山西经济出版社1992年版。
张海鹏：《中国十大商帮》，黄山书社1993年版。
黄鉴晖：《山西票号史》，山西人民出版社1990年版。
韩大成：《明代城市研究》，中国人民大学出版社1991年版。
李文玉：《山西近代人口统计与研究》，中国经济出版社1992年版。
葛剑雄：《简明中国移民史》，福建人民出版社1993年版。
陈学文：《明清杭嘉湖市镇史研究》，群言出版社1993年版。
张海鹏、张海瀛：《中国十大商帮》，黄山书社1993年版。
陈椽：《中国茶叶外销史》，台湾碧山岩出版社，1993年版。
杨正泰：《明代驿站考》，上海古籍出版社1994年版。
黄鉴晖：《中国银行业史》，山西经济出版社1994年版。
安介生：《山西票商》，福建人民出版社1994年版。
杨纯渊：《山西历史经济地理述要》，山西人民出版社1994年版。
胡春焕、白鹤群：《北京的会馆》，中国经济出版社1994年版。
张正明：《晋商兴衰史》，山西古籍出版社1995年版。
王尚义：《明清晋商与货币金融史略》，山西古籍出版社1995年。
李文治、江太新：《清代漕运》，中华书局1995年版。
王文楚：《古代交通地理丛考》，中华书局1996年版。
刘淼：《明代盐业经济研究》，汕头大学出版社1996年版。
葛贤慧：《商路漫漫五百年》，华中理工大学出版社1996年版。
王振忠《明清徽商与淮扬社会变迁》，三联书店1996年版。
姜守鹏：《明清北方市场研究》，东北师范大学出版社1996年版。
李希曾：《晋商史料与研究》，山西人民出版社1996年版。
刘文锋：《山陕商人与梆子戏》，文化艺术出版社1997年版。
姚汉源：《京杭运河史》，中国水利水电出版社1997年版。
龙登高：《中国传统市场发展史》，人民出版社1997年版。
范金民：《明清江南商业的发展》，南京大学出版社1998年版。
孔祥毅：《金融贸易史论》，中国金融出版社1998年版。
《天津河北文史》第10辑《天津河北史迹专辑》，1998年。

史若民:《票商兴衰史》,中国经济出版社1998年版。

许檀:《明清时期山东商品经济的发展》,中国社会科学出版社1998年版。

于德普:《山东运河文化文集》,山东科学技术出版社1998年版。

张正明:《晋商与经营文化》,世界图书出版公司1998年版。

胡适:《胡适文集》第十册,北京大学出版社1998年版。

陶德冲:《中国茶叶商品经济研究》,军事谊文出版社1999年版。

安介生:《山西移民史》,山西人民出版社1999年版。

〔美〕保罗·克鲁格曼:《发展、地理学与经济理论》,蔡荣译,北京大学出版社2000年版。

江太新、苏金玉:《中华文明史话:漕运史话》,中华大百科全书出版社2000年版。

方行、经君健、魏金玉:《中国经济史·清代经济卷》,经济日报出版社2000年版。

李绍强:《明清工商业形态研究》,吉林人民出版社2000年版。

吴承明:《中国的现代化:市场与社会》,三联书店2001年版。

穆雯英:《晋商史料研究》,山西人民出版社2001年版。

陈璧显:《中国大运河史》,中华书局2001年版。

安作璋:《中国运河文化史》,山东教育出版社2001年版。

董继斌、景占魁:《晋商与中国近代金融》,山西经济出版社2002年版。

〔美〕保罗·克鲁格曼:《地理和贸易》,张兆杰译,北京大学出版社2002年版。

孔祥毅:《百年金融制度变迁与金融协调》,中国社会科学出版社2002年版。

张文尝、金凤君、樊杰:《交通运输经济带》,科学出版社2002年版。

张海英:《明清江南商品流通与市场体系》,华东师范大学出版社2002年版。

黄鉴晖:《明清山西商人研究》,山西经济出版社2002年版。

漆侠:《历史研究方法》,河北大学出版社2003年版。

田贯宝、吴丙友:《德州运河文化》,内部刊物,2004年。

王尚义:《晋商商贸活动的历史地理研究》,科学出版社 2004 年版。

范然、张立:《江河要津》,江苏人民出版社 2004 年版。

张利民:《华北城市经济近代化研究》,天津社会科学院出版社 2004 年版。

刘建生:《明清晋商制度变迁研究》,山西人民出版社 2005 年版

侯文正:《晋商文化旅游区志》,山西人民出版社 2005 年版。

〔美〕黄仁宇:《明代的漕运》,新星出版社 2005 年版。

许涤新、吴承明:《中国资本主义发展史》第一卷,人民出版社 2005 年版。

安作璋:《中国运河文化史》(中),山东教育出版社 2006 年版。

李泉、王云:《山东运河文化研究》,齐鲁书社 2006 年。

薛平:《滨江名镇:盐都十二圩》,广陵书社 2007 年版。

刘建生、燕红忠:《山西典商研究》,山西经济出版社 2007 年版。

傅衣凌:《明清社会经济变迁论》,中华书局 2007 年版。

程光、李绳庆:《晋商茶路》,山西经济出版社 2008 年版。

刘士林:《中国脐带:大运河城市群叙事》,辽宁人民出版社 2008 年版。

淮安市历史文化研究会:《淮安运河文化研究文集》,中国文史出版社 2008 年版。

高春平:《晋商学》,山西经济出版社 2009 年版。

张培安:《孔孟之乡地名寻根》,山东省地图出版社 2009 年版。

张培安:《图说老济宁》,山东省地图出版社 2009 年。

刘建生:《商业与金融:近世以来的区域经济发展》,山西经济出版社 2009 年版。

孙丽萍:《人物、晋商、口述史研究》,山西人民出版社 2011 年版。

论文

张景贤:《北运河考略》,《地学杂志》1919 年第 9、10 期合刊。

陆国香:《山西之质当业》,《民族》1935 年第 6 期。

吴石城:《天津典当业之研究》,《银行周报》1935 年第 36 期。

罗炳绵:《近代中国典当业的分布趋势和同业组织》,《食货月刊》1978

年第 2 期。

林树惠:《明之北边备御》,《史学年报》1940 年第 4 卷。

罗炳绵:《近代中国典当业的分布趋势和同业组织》,《食货月刊》1978 年第 2 期。

罗炳绵:《近代中国典当业的社会意义及其类别与税捐》,台湾《"中央研究院"近代史研究所集刊》第 7 期,1978 年。

薛宗正:《明代盐商的历史演变》,《中国史研究》1980 年第 2 期。

方行:《清代北京地区采煤业中的资本主义萌芽》,载《中国社会科学院经济研究所集刊》第 2 集,中国社会科学出版社 1981 年版。

蔡鸿生:《商队茶考释》,《历史研究》1982 年第 6 期。

李高楼、郝建贵:《山西票号的经营特点》,《上海金融》1983 年第 2 期。

杨正泰:《明清临清的盛衰与地理条件的变化》,载《历史地理研究》第三辑,上海人民出版社 1983 年版。

王绍良:《北宋时期初创的几项运河工程技术》,《武汉水利电力学院学报》1984 年第 4 期。

萧国亮:《关于清代前期松江布产量和商品量问题》,《清史研究通讯》1985 年第 2 期。

张正明:《清代的茶叶商路》,《光明日报》1985 年 3 月 6 日。

吴仁安、唐力行:《明清徽州茶商述论》,《安徽史学》1985 年第 3 期。

张国辉:《二十世纪初期的中国钱庄和票号》,《中国经济史研究》1986 年第 1 期。

林承坤:《长江和大运河的演变与扬州港的兴衰》,《海交史研究》1986 年第 1 期。

许檀:《明清时期的临清商业》,《中国经济史研究》1986 年第 2 期。

冷东:《从临清的衰落看清代漕运经济影响的终结》,《汕头大学学报》(人文科学版)1987 年第 2 期。

郭蕴静:《清代天津商业城市的形成初探》,《天津社会科学》1987 年第 4 期。

高叔平:《旧北京典当业》,载《北京工商史话》第一辑,中国商业出版社 1987 年版。

潘京京：《隋唐运河沿岸城市的发展》，《云南师范大学学报》1988 年第 2 期。

杨正泰：《明清时期长江以北运河城镇的特点与变迁》，载复旦大学中国历史地理研究所编《历史地理研究》第一辑，上海人民出版社1989 年版。

郭蕴深：《论中俄恰克图茶叶贸易》，《历史档案》1989 年第 2 期。

高松凡：《历史上北京城市场变迁及其区位研究》，《地理学报》1989 年第 2 期。

朱成国：《试论"恰克图条约"对中俄贸易的影响》，《西北史地》1989 年第 4 期。

范金民：《明清时期活跃于苏州的外地商人》，《中国社会经济史研究》1989 年第 4 期

柳诒徵：《记镇江开米市及苏州兵变事》，载《镇江文史资料》第 15 辑，1989 年。

樊树志：《明清长江三角洲粮食业市镇与米市》，《学术月刊》1990 年第 12 期。

钱建国、钟永山：《试论明清时期嘉兴湖州运河沿岸市镇经济的发展及其性质》，《浙江财经学院学报》1991 年第 1 期。

王适元：《明清徽商与江南棉纺织业》，《安徽师范大学学报》1991 年第 1 期

钱建国、钟永山：《试论明清时期嘉兴湖州运河沿岸市镇经济的发展及其性质》，《浙江财经学院学报》1991 年第 1 期。

张海英：《明清江南地区棉布市场分析》，《华东师大学报》1991 年第 1 期。

邹逸麟：《略论历史上交通运输与社会经济发展的关系》，《复旦学报》1991 年第 1 期。

田树茂：《清代山西票号的地域分布》，《文史研究》1991 年第 2 期。

孔详毅、张正明：《山西商人及其历史启示》，《山西日报》1991 年 11 月 18 日。

许檀：《明清时期运河的商品流通》，《历史档案》1992 年第 1 期。

王爱民：《近代中国资金清算之枢纽——票号与钱庄》，《山西财经学院

学报》1992 年第 1 期。

陈冬生：《明代山东植棉业的发展》，《中国农史》1992 年第 2 期。

张照东：《清代漕运与南北物质交流》，《清史研究》1992 年第 3 期。

郭孟良、孔祥君：《大运河漕运与中国封建社会的长期的延续》，《黄淮学刊》（社会科学版）1992 年第 3 期。

陈峰：《论漕运对中国古代社会的消极影响》，《陕西师大学报》（哲学社会科学版）1992 年第 4 期。

张民服：《试论明清晋商的商业活动趋向》，《中国史研究》1994 年第 2 期。

刑淑芳：《古代运河与临清经济》，《聊城师范学院学报》（哲学社会科学版）1994 年第 2 期。

肖立军：《九边重镇与明之国运》，《天津师范大学学报》（社会科学版）1994 年第 2 期。

陶德臣：《外销茶运输路线考略》，《中国农史》1994 年第 2 期。

龚胜生：《元明清时期北京城燃料供销系统研究》，《历史地理论丛》1995 年第 1 期。

陶德臣：《近代中国外销茶流通环节考察》，《中国经济史研究》1995 年第 1 期。

刘建生、刘鹏生：《试论晋商的历史地位和作用》，《山西大学学报》（哲学社会科学版）1995 年第 2 期。

曹树基：《洪武时期的鲁西南地区的人口迁移》，《中国社会经济史研究》1995 年第 4 期。

史若民：《票商在近代中国社会转型中的作用》，《文史研究》1996 年第 1、2 期合刊。

官美堞：《明清时期的张秋镇》，《山东大学学报》（哲学社会科学版）》1996 年第 2 期。

侯杨方：《长江中下游地区米谷长途贸易：1912—1937》，《中国经济史研究》1996 年第 2 期。

朱宗宙：《扬州盐商的地域结构》，《盐业史研究》1996 年第 2 期。

朱宗宙：《扬州盐商的地域结构（续）》，《盐业史研究》1996 年第 4 期。

张全盛、尚利平：《潞安当铺兴衰史》，《文史研究》1996 年第 3、4 期合刊。

苏全有：《论清代中俄茶叶贸易》，《北京商学院学报》1997 年第 1 期。

李芳菊：《明清时期河南古商道沿途的商业会馆》，《安阳师范学院学报》1997 年第 1 期。

赵荣达：《试从历史的广角析晋商》，《理论探索》1997 年第 2 期。

陶德臣：《晋商与西北茶叶贸易》，《安徽史学》1997 年第 3 期。

张正明：《清代晋商的对俄茶叶贸易》，《农业考古》1997 年第 4 期。

杨力、王庆华：《晋商在明清时期茶叶贸易中的杰出贡献》，《农业考古》1997 年第 4 期。

解光启：《晋商大军中的交城毛皮业》，《沧桑》1997 年第 6 期。

陈冬生：《明清山东运河地区经济作物种植发展述论——以棉花、烟草、果木为例》，《东岳论丛》1998 年第 1 期。

王建革：《马政与明代华北平原的人地关系》，《中国农史》1998 年第 1 期。

曹新宇：《清代山西的粮食贩运路线》，《中国历史地理论丛》1998 年第 2 期。

梁四宝：《"陆陈帮"及其相关问题》，《山西大学学报》（哲学社会科学版）1998 年第 4 期。

王建革：《近代华北的农业生态与社会变迁——兼论黄宗智"过密化"理论的不成立》，《中国农史》1999 年第 1 期。

邓沛：《明代"九边"考述》，《绵阳高等专科学校学报》1999 年第 4 期。

李伯重：《中国全国市场的形成 1500—1840》，《清华大学学报》（哲学社会科学版）1999 年第 4 期。

许檀：《明清时期山东运河沿线的商业城市》，《货殖》第三辑，1999 年。

许檀：《明清时期城乡市场网络体系的形成及意义》，《中国社会科学》2000 年第 3 期。

崔吉学：《试论秦汉时期运河的开凿及其影响》，《聊城师范学院学报》（哲学社会科学版）2000 年第 4 期。

梁四宝、武芳梅:《明清时期山西人口迁徙与晋商的兴起》,《中国社会经济史研究》2001年第2期。

庄国土:《从闽北到莫斯科的陆上茶叶之路》,《厦门大学学报》(哲学社会科学版)2001年第2期。

刘致富:《浅论山东运河文化的开发和利用》,《发展论坛》2002年第1期。

罗肇前:《全国统一市场形成于19世纪初——兼论明清手工业和商品经济的发展》,《东南学术》2002年第3期。

陈学文:《外国人审视中的运河、西湖与明清杭州城市的发展》,《杭州师范学院学报》(社会科学版)2002年第5期。

刘建生、王瑞芬:《浅析明清以来山西典商的特点》,《山西大学学报》(哲学社会科学版)2002年第5期。

陶德臣:《论清代茶叶贸易的社会影响》,《史学月刊》2002年第5期。

徐木兴:《从杭州地区看市场的近代嬗变》,《贵州文史丛刊》2003年第1期。

王瑞成:《运河和中国古代城市的发展》,《西南交通大学学报》2003年第1期。

王云:《明清时期山东的山陕商人》,《东岳论丛》2003年第2期。

殷俊玲:《近二十年晋商研究述评》,《山西师大学报》(社会科学版)2003年第2期。

赵冕:《略论唐宋时期的运河管理》,《华北水利水电学院学报》2003年第4期。

魏梦太:《试论明清时期山东运河沿岸城市经济》,《济宁师范专科学校学报》2004年第2期。

孙洪升:《明清时期我国城乡茶叶市场的发展探析》,《云南社会科学》2004年第3期。

张思:《19世纪天津、烟台的对外贸易与传统市场网络——以洋纱洋布的输入与运销为例》,《史林》2004年第4期。

赖惠敏:《清乾隆朝内务府的皮货买卖与京城时尚》,《中国社会历史评论》2004年第4期。

刘建生:《晋商研究述评》,《山西大学学报》(哲学社会科学版)2004

年第 6 期。

曲振明：《明清时期中国烟草业概况》，《上海烟业》2005 年第 2 期。

陈桥驿：《南北大运河——兼论运河文化的研究和保护》，《杭州师范学院学报》2005 第 3 期。

赵生玲：《清代乾隆至光绪年间的聊城商业——以山陕会馆碑刻资料为中心的考察》，《聊城大学学报》（社会科学版）2005 年第 3 期。

王弨：《元明清时期运河经济下的城市——济宁》，《菏泽学院学报》2005 年第 4 期。

孙秋燕：《京杭运河与明代经济》，《菏泽学院学报》2006 年第 1 期。

蒋慕东、王思明：《烟草在中国的传播及其影响》，《中国农史》2006 年第 2 期。

宋美云：《天津山西会馆撷录》，《山西档案》2006 年第 4 期。

范金民：《明代地域商帮兴起的社会背景》，《清华大学学报》（哲学社会科学版）2006 年第 5 期。

沈旸：《明清聊城的会馆与聊城》，《华中建筑》2007 年第 2 期。

高寿先：《漕盐转运与明代淮安城镇经济的发展》，《学海》2007 年第 2 期。

戴迎华：《明清时期的镇江商业》，《江苏大学学报》（社会科学版）2007 年第 3 期。

孙迎庆、马杰：《昔日繁华的苏州老会馆》，《寻根》2007 年第 4 期。

许檀：《清代山东周村镇的商业》，《史学月刊》2007 年第 8 期。

刘永：《京杭大运河与聊城的兴衰》，《南通大学学报》（社会科学版）2008 年第 1 期。

乔楠：《清代山西商人行商地域范围研究》，《晋阳学刊》2008 年第 2 期。

王云：《明清山东运河区域社会变迁的历史趋势及特点》，《东岳论丛》2008 年第 3 期。

田承军：《泰安山西会馆寻踪》，《文物世界》2008 年第 5 期。

马亮宽：《大运河与社会政治文化变迁》，《光明日报》2009 年 1 月 20 日。

王云：《明清时期活跃于京杭运河区域的商人商帮》，《光明日报》2009

年2月4日。

陶宏伟:《明清时期平定商人的发展与转型》,《忻州师范学院学报》2009年第2期。

孟宪峰:《大清咸丰年间山西会馆楹联惊现故城》,《燕赵都市报》2009年8月20日。

王明德:《大运河与中国古代运河城市的双向互动》,《求索》2009年第2期。

吴鼎新、张杭:《明清运河淮安段的社会经济效益评价研究》,《淮阴工学院学报》2009年第4期。

李养兴:《乡村"山西会馆":当戏已成往事》,《德州晚报》2010年10月19日。

陈鹏:《明清时期扬州经济的兴衰》,《中国商界》2011年第5期。

王海峰:《明清东昌运河经济研究》,硕士学位论文,南昌大学,2007年。

刘清平:《山西典商的业务经营与组织管理研究》,硕士学位论文,山西大学,2007年。

张新龙:《明清时期华北地区的商路交通及其经济作用》,硕士学位论文,山西大学,2007年。

孔凡英:《试论清末民初通州社会经济发展变迁》,硕士学位论文,首都师范大学,2008年。

张晓玲:《清代的茶叶贸易——基于晋商与徽商的比较分析》,硕士学位论文,山西大学,2008年。

陶敏:《明清淮安漕运与地方社会》,硕士学位论文,北京师范大学,2008年。

李纲:《明清时期枣庄运河文化研究》,硕士学位论文,山东大学,2009年。

朱大为:《16至18世纪中国大宗商品远距离贸易及其社会经济效应》,博士学位论文,福建师范大学,2004年。

陈涛:《明代食盐专卖制度演进研究》,博士学位论文,辽宁大学,2007年。

宋伦:《明清山陕会馆研究》,博士学位论文,西北大学,2008年。

后　记

　　研究晋商在京杭大运河区域的经商情况，缘于时任山西省社会科学院副院长孙丽萍老师主持的山西省社会科学院2010年院级重点课题"晋商与京杭大运河"。孙老师带领历史所的陕劲松老师和我于2009年12月17日到21日专程考察了山东段运河，赴聊城、济宁等地考察和收集资料。聊城大学图书馆的王云馆长给予了热情接待和大力支持。2010年4月，我赴杭州、苏州、镇江、淮安、徐州等地收集资料，实地考察运河文化。2010和2011年两年，我将主要精力用于本书的资料收集和研究工作。

　　当初，孙丽萍老师和我都认为本书的选题具有一定的新意。但是，在研究过程中却遇到了比预想中更多的困难。晋商蜚声海内外，可资利用的资料却很少。虽然在京杭大运河沿线商业城镇的地方志中有关于晋商的记载，但是要对数量众多的地方志一一加入查阅，所需的时间和精力将是非常巨大的，并且这些记述大多也很简略。因此，我也只是有选择的查阅了部分重要古籍文献，同时还大量参考利用了当代学者的研究成果。到2011年底，完成了本书的初稿。

　　最初设想，在本书写作过程中应该能够收集到一些关于晋商的新资料，同时能够运用新的理论剖析晋商在京杭大运河区域经商的商业现象。应该说本书没有达到预期，虽然有客观原因，但主要还是我的水平有限。因此，我曾考虑放弃本书的出版，让一部不成熟和没有太多价值的著作问世，实属浪费资源。孙丽萍老师的鼓励、宽容是本书能够出版的莫大支持。2012年6月，山西省社会科学院成立了晋商文化研究中心，笔者的工作也由历史所调整到了晋商文化研究中心。本书初稿在

2012年搁置了近一年。2013年初，在孙老师的关心下，我花了五个月的时间，对全书进行了一次大的修改，然后怀着忐忑的心情，将书稿交付出版社。

感谢恩师刘建生老师的教导。2002年我有幸跟随刘老师读硕士研究生，是刘老师将我领入晋商研究的殿堂。当我将书稿呈到刘老师案前，请老师斧正和为本书写几句话作为序言时，老师慨然应允，给了我莫大的鼓励。

感谢张正明老师的指导。从2006年开始，我跟随张老师收集明清时期山西的碑刻资料，先后出版了两部关于明清山西碑刻的资料集。期间，得到了张老师在研究上大量的指导。张老师是晋商研究的著名学者，当时还担任着山西省政协副主席和山西省历史学会会长的职务，工作繁忙。初涉晋商研究领域即得到学术大家的教诲，实乃平生之幸。

感谢孙丽萍老师对我在学术上的引领。我刚到山西省社会科学院历史所工作时，孙老师任历史所所长。从那时起，我一直受到孙老师学术上的指导、工作上的支持。后来，不管孙老师升任山西省社会科学院副院长，还是调到北京从事更重要的工作，我仍然能时刻感到孙老师的关怀。

感谢山西省社会科学院副院长杨茂林老师，历史所雒春普老师、高春平老师、刘晓丽老师以及历史所和晋商文化研究中心其他老师对我在研究中的关心和帮助。

感谢妻子王海燕对我研究工作的理解和激励。

在本书写作过程中，参考了大量相关领域学者的论著，在此向这些学界前辈一并深表谢忱。

王勇红
2013年6月于太原